Schweizer Schriften zum Handels- und Wirtschaftsrecht

Herausgegeben von Prof. Dr. Peter Forstmoser

Band 44

Haftungsverhältnisse im Konzern

Von

Dr. Max Albers-Schönberg

Schulthess Polygraphischer Verlag Zürich

Abdruck der
der Rechts- und staatswissenschaftlichen Fakultät
der Universität Zürich
vorgelegten Dissertation

© Schulthess Polygraphischer Verlag AG, Zürich 1980
ISBN 3 7255 2064 X

Dem Andenken meines Urgrossvaters
Dr. h.c. Hans Schulthess
(1872–1959)
gewidmet

Ich danke Herrn Prof. Dr. P. Forstmoser für die vielen Hinweise und Ratschläge, mit denen er mich beim Verfassen dieser Arbeit unterstützt hat; er war stets zu einem Gespräch bereit und vermittelte mir dadurch manche Anregung. Sodann gebührt mein Dank Herrn Prof. Dr. J.N. Druey, der die Entstehung dieser Arbeit mit wohlwollendem Interesse verfolgt hat. Auch bin ich Herrn Max Bühler für wertvolle Literaturhinweise und aufschlussreiche Diskussionen zu Dank verpflichtet.

"'Wirtschaftliche Betrachtungsweise' ist funktionales Denken. Funktionales Denken fragt nach der sozialen Aufgabe der rechtlichen Strukturen, nach ihrem Wirkungssinn, nach ihrer Bedeutung für die von ihnen erfassten Lebensverhältnisse, es prüft den Ordnungsgehalt einer Rechtsfigur und seine notwendigen Rückwirkungen auf andere Ordnungsfragen, es sucht das 'Prinzip', den 'Rechtsgedanken', die 'Idee' der Rechtsfigur; ... es untersucht die 'Sachlogik' rechtlicher Gestaltungen, es prüft, welche Grenzen 'die Natur der Sache' der rechtlichen Gestaltung setzt."

(Günther Jahr, Funktionsanalyse von Rechtsfiguren 16)

"Trotzdem dürfen wir aber nicht übersehen, dass die *Sprengung der Grundform der juristischen Person* aus wirtschaftlichen oder utilitaristischen Überlegungen Bedenken erwecken muss, weil das Recht darauf angewiesen ist, die von ihm ausgestalteten und gesetzlich anerkannten Strukturelemente zu erhalten."

(Wolfhart F. Bürgi, Wandlungen im Wesen der juristischen Person 259)

INHALTSÜBERSICHT

Inhaltsverzeichnis XI
Abkürzungen XXI
Literatur XXIII

EINLEITUNG 1

ERSTER TEIL

Allgemeines 5

1. Kapitel: Der Konzern 7
2. Kapitel: Haftung 16

ZWEITER TEIL

Die persönliche Verantwortlichkeit im Konzern 25

1. Kapitel: Die Konzernorganisation 29

2. Kapitel: Die aktienrechtliche Verantwortlichkeit der Organe der *Obergesellschaft* gegenüber Aktionären und Gläubigern der Konzerngesellschaft für Schädigung der Konzerngesellschaft 38

3. Kapitel: Die aktienrechtliche Verantwortlichkeit der Organe der *Obergesellschaft* gegenüber Aktionären und Gläubigern der *Obergesellschaft* für Schädigung der Konzerngesellschaft 71

4. Kapitel: Die aktienrechtliche Verantwortlichkeit der Organe der *Konzerngesellschaft* gegenüber deren Aktionären und Gläubigern für Schädigung der Konzerngesellschaft 82

5. Kapitel: Die Mehrheit verantwortlicher Personen im Konzern 109

DRITTER TEIL

Die Haftung der Obergesellschaft
für die Verbindlichkeiten der Konzerngesellschaft 115

1. Kapitel: Die Haftbarkeit der Obergesellschaft als Aktionärin der Konzerngesellschaft 120

2. Kapitel: Die Haftbarkeit der Obergesellschaft für das Verhalten ihrer Vertreter im Verwaltungsrat der Konzerngesellschaft 152

3. Kapitel: Organhaftung der Obergesellschaft aus OR 754 168

X

4. Kapitel: Die Geschäftsherrenhaftung der Obergesellschaft für die Verbindlichkeiten der Konzerngesellschaft   174

5. Kapitel: Exkurs: Die Haftung der Obergesellschaft aus Patronatserklärung   181

VIERTER TEIL

Vorschläge de lege ferenda   183

A. Allgemeines   185

B. Die Vorschläge im einzelnen   192

C. Schlussfolgerungen   202

INHALTSVERZEICHNIS

EINLEITUNG

I.	Fragestellung	3
II.	Aufbau und Gliederung der Arbeit	3
III.	Abgrenzungen	3

ERSTER TEIL

Allgemeines   5

1. Kapitel: Der Konzern   7

A. Das Wesen des Konzerns   7
   I. Der Konzernbegriff   7
   II. Die Begriffsmerkmale des Konzerns   7
      1. Rechtliche Selbständigkeit der Konzerngesellschaften   7
      2. Einheitliche Leitung der Konzerngesellschaften   8
      3. Wirtschaftliche Einheit der Konzerngesellschaften   8
   III. Die Konzernarten   9
   IV. Die Abgrenzungen   9
      1. Abgrenzung der Konzernbildung von der Fusion   9
      2. Abgrenzung des Konzerns vom Kartell   10
      3. Abgrenzung des Konzerns vom Trust   10
   V. Terminologie   10

B. Die rechtliche Erfassung des Konzerns   11
   I. Allgemeine Bemerkung   11
   II. Die konzernrechtliche Einheitstheorie   11
   III. Konzerngesellschaften als abhängige Gesellschaften   12
   IV. Die rechtliche Erfassung der abhängigen Gesellschaft   13
      1. Abhängige Gesellschaften sind atypische Gesellschaften   13
      2. Abhängigkeit und Gesetzesauslegung   13
      3. Abhängigkeit und Gesetzesanwendung   14
      4. Schlussfolgerungen   15

2. Kapitel: Haftung   16

A. Terminologie   16

B. Die Bedeutung allgemeiner Rechtsprinzipien bei der Lösung haftpflichtrechtlicher Probleme   16
   I. Die Rechtsprinzipien im allgemeinen   16
   II. Das Gleichgewicht von Herrschaft und Haftung als Haftungsprinzip   17
   III. Das Gleichgewicht von Herrschaft und Haftung im schweizerischen Gesellschaftsrecht   19

1. Im Bereich der Personengesellschaften		19
2. Im Bereich der Körperschaften		20
IV. Schlussfolgerungen für die methodische und praktische Bedeutung des Grundsatzes		21
1. Nicht notwendig zwingende Natur des Grundsatzes		22
2. Geltung des Grundsatzes im Rahmen des objektiven Normsinns		22
3. Geltung des Grundsatzes im Rahmen anderer Rechtsprinzipien		22

ZWEITER TEIL

Die persönliche Verantwortlichkeit im Konzern   25

Vorbemerkung   27

- I. Abgrenzung der Untersuchungen   27
- II. Problemstellung   27
- III. Aufbau des zweiten Teils   28

1. Kapitel: Die Konzernorganisation   29

- I. Übersicht   29
- II. Die Funktionsverteilung im Konzern   29
- III. Die Konzernleitung als Träger der einheitlichen Leitung   30
  1. Der Begriff der Konzernleitung   30
  2. Die organisatorischen Formen der Konzernleitung   30
     - a) Konzernleitung durch Führungsorgane der herrschenden Gesellschaft, sog. "Stammhauslösung"   31
     - b) Rechtlich verselbständigte Konzernleitung, sog. "Holdinglösung"   31
     - c) Personelle Zusammensetzung der Konzernleitung   33
- IV. Die Mittel der einheitlichen Leitung   33
  1. Beteiligung als Mittel der einheitlichen Leitung   33
     - a) Der Begriff der Beteiligung   33
     - b) Arten der Beteiligung   34
     - c) Die rechtliche Bedeutung der Beteiligung in Konzernverhältnissen   35
  2. Personelle Verflechtung als Mittel der einheitlichen Leitung   35
     - a) Vertikale Personalunion – "multiple directorship"   36
     - b) Horizontale Personalunion – "interlocking directorates"   36
     - c) Entsendung von Drittpersonen in den Verwaltungsrat der Konzerngesellschaft   37
     - d) Die rechtliche Bedeutung der personellen Verflechtung   37

2. Kapitel: Die aktienrechtliche Verantwortlichkeit der Organe der *Obergesellschaft* gegenüber Aktionären und Gläubigern der Konzerngesellschaft für Schädigung der Konzerngesellschaft   38

A. Zum Anwendungsbereich der aktienrechtlichen Verantwortlichkeitsvorschriften im allgemeinen   38

I.	Problemstellung	38
II.	Der Tatbestand der faktischen Organschaft	39
	1. Der Begriff der faktischen Organschaft	39
	2. Die Merkmale der faktischen Organschaft	39
	a) Ausübung organschaftlicher Tätigkeit	39
	b) Fehlende Bestellung zum Organ	40
	c) Benutzung des Einflusses auf die Gesellschaft	40
	d) Eingriff in die aktienrechtliche Zuständigkeitsordnung	40
	3. Die aktienrechtliche Bedeutung der faktischen Organschaft	41
	a) Die Verantwortlichkeit des Hauptaktionärs	41
	b) Die Verantwortlichkeit des Hintermannes	41
	c) Die Verantwortlichkeit der Konzernleitung	42
III.	Lehre und Rechtsprechung zur Verantwortlichkeit des faktischen Organs	42
	1. Lehre	42
	2. Rechtsprechung	44
IV.	Materieller Organbegriff und faktische Organschaft	45
	1. Organbegriff und Verbandsperson	45
	2. Gesetzliche Konkretisierung des Organbegriffes	46
	3. Funktionalisierung des Organbegriffes	47
	a) Haftbarkeit der Verbandsperson	47
	b) Persönliche Verantwortlichkeit der Organe	48
	c) Doppelte Abgrenzungsfunktion des Organbegriffes	49
	4. Schlussfolgerungen	49
V.	Auslegung von OR 754	50
	1. Der Wortlaut von OR 754	50
	2. Das historische Auslegungselement	51
	3. Das systematische Auslegungselement	53
	4. Das realistische Auslegungselement	53
	5. Die ratio legis	54
	a) Die Besonderheiten der aktienrechtlichen Verantwortlichkeitsklage	54
	b) Die Begriffe "Verwaltung" und "Geschäftsführung"	55
	c) Der Grundsatz der beschränkten Beitragspflicht – Ausgleichsfunktion des Verantwortlichkeitsrechtes	55
	6. Auslegungsergebnis	56
VI.	Rechtsvergleichender Hinweis auf das derivative suit des amerikanischen corporation-Rechts	56

B. Die aktienrechtliche Verantwortlichkeit der Konzernleitung   57

I.	Die Rechtsliteratur zur Haftbarkeit der Konzernleitung	57
II.	Erfordernis einer haftungsrechtlichen Konkretisierung des Tatbestandes der einheitlichen Leitung	58
III.	Die aktienrechtliche Verantwortlichkeit aus einheitlicher Leitung	59
	1. Vorbemerkung: Konzernorganisation und aktienrechtliche Zuständigkeitsordnung	59
	2. Modellfall eines Konzerns	61
	3. Die aktienrechtliche Verantwortlichkeit der Konzernleitung i.e.S. als Kollektivorgan	63
	4. Die aktienrechtliche Verantwortlichkeit der einzelnen Mitglieder der Konzernleitung i.e.S.	64
	a) Die Vorsteher einer Stabsstelle	64
	b) Präsident und Verwaltungsratsdelegierter der Konzerngesellschaft	64

	c) Die aktienrechtliche Verantwortlichkeit des Vorsitzenden der Konzernleitung i.e.S.	64
5.	Die aktienrechtliche Verantwortlichkeit der Stabsfunktionäre	65
IV.	Einzelfragen	65
1.	Arten der Einflussnahme	65
	a) Weisungen	66
	aa) Erscheinungsformen der Weisungserteilung	66
	bb) Die rechtliche Bedeutung der Weisungserteilung	66
	b) Die haftungsrechtliche Relevanz des Informationsflusses im Konzern	68
2.	Die Sorgfaltspflicht der in die Verwaltung und Geschäftsführung der Konzerngesellschaft eingreifenden Mitglieder der Konzernleitung	68
3.	Der Inhalt der Konzernpolitik	69

3. Kapitel: Die aktienrechtliche Verantwortlichkeit der Organe der *Obergesellschaft* gegenüber Aktionären und Gläubigern der *Obergesellschaft* für Schädigung der Konzerngesellschaft 71

I. Problemstellung 71
II. Schaden der Obergesellschaft als Voraussetzung der aktienrechtlichen Verantwortlichkeit ihrer Organe 72
   1. Unmittelbarer und mittelbarer Schaden im Verantwortlichkeitsrecht 72
   2. Voraussetzungen einer Legitimation der Aktionäre und Gläubiger der Obergesellschaft zur Klage aus OR 755 73
III. Pflichtwidrigkeit der Organe der Obergesellschaft als Voraussetzung der aktienrechtlichen Verantwortlichkeit 75
   1. Die Sorgfaltspflicht der Organe der Obergesellschaft 75
   2. Die pflichtgemässe einheitliche Leitung insbesondere 75
      a) Einheitliche Leitung durch Auswahl, Instruktion und Überwachung der Organe der Konzerngesellschaft (Beteiligungsverwaltung) 76
         aa) Wahl von Verwaltungsorganen der Konzerngesellschaft 77
         bb) Instruktion und Überwachung von Verwaltungsorganen der Konzerngesellschaft 77
      b) Unmittelbarer Eingriff in die Verwaltungs- und Geschäftsführungsfunktionen der Konzerngesellschaft 78
IV. Einzelfragen 78
   1. Zahlung des Schadenersatzes an die Obergesellschaft oder an die Konzerngesellschaft – Problematik der Klagenkonkurrenz 78
      a) Bei Pflichtverletzung *nur* gegenüber der Obergesellschaft 79
      b) Bei Pflichtverletzung gegenüber *beiden* Gesellschaften 79
   2. Das Problem der Schadensquantifizierung 80
V. Rechtsvergleichender Hinweis auf das double derivative suit des amerikanischen corporation-Rechts 80
VI. Zusammenfassung 81

4. Kapitel: Die aktienrechtliche Verantwortlichkeit der Organe der *Konzerngesellschaft* gegenüber deren Aktionären und Gläubigern für Schädigung der Konzerngesellschaft 82

A. Allgemeines 82
   I. Vorbemerkung 82

XV

II.	Abhängige und konzernfreie Verwaltungsräte	82
	1. Der abhängige Verwaltungsrat	82
	2. Der konzernfreie Verwaltungsrat	83
III.	Grundsätzliche aktienrechtliche Verantwortlichkeit aller Verwaltungsräte der Konzerngesellschaft	84
IV.	Zur Sorgfaltspflicht der Verwaltungsorgane im allgemeinen	85
	1. Die Pflicht zu sorgfältiger Geschäftsführung	85
	2. Die Treuepflicht der Gesellschaftsorgane	87

B. Die Sorgfaltspflicht des abhängigen Verwaltungsrates 87

    I. Problemstellung 87
   II. Die zwingenden Elemente des zwischen abhängigem Verwaltungsrat und Konzerngesellschaft bestehenden Rechtsverhältnisses 88
       1. Die Eigenverantwortlichkeit der Verwaltungsorgane 88
       2. Die Gesellschaft als rechtlich geschütztes Interessenszentrum 90
  III. Schlussfolgerungen für die Zulässigkeit von Mandatsverträgen 90
       1. Die Theorie vom doppelten Pflichtennexus 91
       2. Zur Zulässigkeit von Mandatsverträgen 92
  IV. Der Interessenkonflikt des abhängigen Verwaltungsrates 93
       1. Das Gesellschaftsinteresse als massgebendes Kriterium der Interessenabwägung 94
       2. Der rechtliche Schutz des Konzerninteresses 95
       3. Die Eigenverantwortlichkeit der Gesellschaftsorgane im Interessenkonflikt 97
   V. Die Kriterien zur Beurteilung der konkreten Interessenlage 97
       1. Allgemeines 97
       2. Die Interessenkongruenz zwischen Konzernspitze und Konzerngesellschaft als Kriterium 98
       3. Die Grösse des zugefügten Nachteils als Kriterium 99
  VI. Einzelfragen 99

C. Die Sorgfaltspflicht des konzernfreien Verwaltungsrates 101

    I. Problemstellung 101
   II. Berücksichtigung der tatsächlichen Ungleichheit der Stellung konzern*freier* und *abhängiger* Verwaltungsräte im Rahmen des objektivierten Verschuldensmassstabes? 101
  III. Information als Voraussetzung einer pflichtgemässen Überwachung der mit der Geschäftsführung betrauten Personen 103
  IV. Protokollierung der abweichenden Meinung? 105
   V. Weiterzug des Verwaltungsratsbeschlusses an die GV? 105
       1. Zulässigkeit einer Anrufung der GV 106
       2. Tauglichkeit einer Anrufung der GV in Konzernverhältnissen 106
  VI. Richterliche Anfechtung des Verwaltungsratsbeschlusses? 107
 VII. Zusammenfassung 108

5. Kapitel: Die Mehrheit verantwortlicher Personen im Konzern 109

    I. Allgemeines zur Solidarhaftung 109
   II. Die Mehrheit verantwortlicher Personen im Konzern – Versuch eines Lösungsansatzes 111
       1. Bestand und Umfang der solidarischen Haftbarkeit der Organe der Obergesellschaft mit den Verwaltungsorganen der Konzerngesellschaft 112

2. Bestand und Umfang der solidarischen Haftbarkeit der
   Verwaltungsorgane der Konzerngesellschaft untereinander 113

DRITTER TEIL

Die Haftung der Obergesellschaft für die Verbindlichkeiten der Konzerngesellschaft 115

Vorbemerkung 117

I. Fragestellung 117
II. Praktische Bedeutung einer Haftbarkeit der Obergesellschaft 117
III. Abgrenzung der Untersuchungen 119

1. Kapitel: Die Haftbarkeit der Obergesellschaft als Aktionärin der Konzerngesellschaft 120

A. Die Haftbarkeit des Hauptaktionärs im allgemeinen 120

B. Durchgriffshaftung der Obergesellschaft 123
    I. Problemstellung 123
    II. Die Voraussetzungen für die Vornahme eines Durchgriffes 124
    III. Zum Durchgriff im Konzernverhältnis 126
        1. Voraussetzungen und Erscheinungsformen des Durchgriffes 126
        2. Mögliche Durchgriffstatbestände im Konzern 127
           a) Die Unterkapitalisierung von Konzerngesellschaften 127
           b) Die verdeckte Gewinnausschüttung 129
    IV. Zusammenfassung 130

C. Verletzung der Treuepflicht 130
    I. Problemstellung 130
    II. Der Inhalt der Treuepflicht 130
    III. Die Begründung der aktienrechtlichen Treuepflicht 131
        1. Lehre 131
        2. Rechtsprechung 134
        3. Rechtsvergleichende Bemerkung 134
    IV. Die Treuepflicht der Obergesellschaft im Konzern 135
        1. Umfassende wirtschaftliche Eingliederung der Konzerngesellschaft – Generelle Treuepflicht der Konzernspitze 136
        2. Punktuelles Eingreifen in Grundsatzentscheide – Akzidentielle Treuepflicht der Konzernspitze 136
        3. Beteiligungsverhältnis – Treuepflicht nur bei Vorliegen besonderer Umstände 137
        4. Gerichtspraxis zur Treuepflicht im Konzern 138
    V. Die Rechtsfolgen treuwidrigen Verhaltens der Konzernspitze 138
        1. Richterliche Anfechtung eines treuwidrigen GV-Beschlusses 138
        2. Klage beim Richter auf Auflösung der Gesellschaft 139
        3. Schadenersatzklage des konzernfreien Aktionärs gegen die Obergesellschaft aus treuwidrigem Verhalten 139
    VI. Zusammenfassung 141

XVII

D. Die Haftbarkeit der Obergesellschaft für rechtswidrige Ausübung des Stimmrechts in der GV der Konzerngesellschaft	141
I. Problemstellung	141
II. Die rechtsmissbräuchliche Stimmabgabe in der GV	142
1. Zur Ausübung des Stimmrechts im allgemeinen	142
2. Das Gebot der Gleichbehandlung des Aktionärs	144
3. Das Gebot der schonenden Rechtsausübung	146
III. Der Stimmrechtsmissbrauch im Konzernverhältnis	147
1. Die Gleichbehandlung des Aktionärs im Konzern	147
2. Die schonende Rechtsausübung im Konzern	148
IV. Einzelfragen	149
1. Stimmrechtsausübung durch Organe oder Hilfspersonen der Obergesellschaft?	149
2. Klagelegitimation	149
3. Das Verhältnis von Stimmrechtsmissbrauch und anfechtbarem GV-Beschluss	150
4. Die Verteilung der Beweislast	150
V. Zusammenfassung	151
2. Kapitel: Die Haftbarkeit der Obergesellschaft für das Verhalten ihrer Vertreter im Verwaltungsrat der Konzerngesellschaft	152
A. Die Haftbarkeit der Obergesellschaft für ihre Vertreter aus doppelter Organschaft gemäss ZGB 55 II/OR 718 III	152
I. Problemstellung	152
II. Lösung in Doktrin und Praxis	153
III. Eigener Lösungsversuch	156
1. Kann eine natürliche Person Organ zweier Verbandspersonen sein?	157
2. Kann eine konkrete Handlung in "Ausübung geschäftlicher Verrichtung" beider Gesellschaften erfolgen?	157
a) Zum fehlenden Weisungs*r*echt	158
b) Die Vereinbarkeit einer Haftung der entsendenden Gesellschaft mit OR 707 III	159
3. Voraussetzungen für das Vorliegen eines funktionellen Zusammenhangs	161
IV. Die Haftbarkeit der Obergesellschaft aus doppelter Organschaft im Konzernverhältnis	161
V. Einzelfragen	162
1. Haftbarkeit gegenüber der aufnehmenden Gesellschaft oder gegenüber Dritten?	162
2. Klagelegitimation mittelbar geschädigter Aktionäre und Gläubiger der aufnehmenden Gesellschaft?	163
VI. Zusammenfassung	163
B. Die Haftbarkeit der Obergesellschaft für ihre Vertreter als Geschäftsherr nach OR 55	164
I. Problemstellung	164
II. Grundsätzliche Anwendbarkeit von OR 55	165
III. Die Voraussetzungen einer Haftung aus OR 55 im einzelnen	165
3. Kapitel: Organhaftung der Obergesellschaft aus OR 754	168

I.	Problemstellung	168
II.	Rechtliche Zulässigkeit einer Organhaftung der Obergesellschaft	169
	1. Vereinbarkeit mit OR 707 III	169
	2. Vereinbarkeit mit OR 754	170
III.	Die Voraussetzungen einer direkten Organhaftung der Obergesellschaft	171
IV.	Praktische Bedeutung einer Organhaftung der Obergesellschaft	171
V.	Rechtsvergleichende Bemerkung	172

4. Kapitel: Die Geschäftsherrenhaftung der Obergesellschaft für die Verbindlichkeit der Konzerngesellschaft — 174

I.	Problemstellung	174
II.	Lösung in Doktrin und Praxis	174
III.	Die Haftbarkeit der Obergesellschaft aus OR 55	175
	1. Obergesellschaft und Konzerngesellschaft als Geschäftsherr bzw. Hilfsperson im Sinne von OR 55	176
	2. Vorliegen eines Unterordnungsverhältnisses zwischen Konzernspitze und Konzerngesellschaft	177
	3. Fehlender Entlastungsbeweis	179
	a) Auswahl, Instruktion und Überwachung der *Organe* der Konzerngesellschaft	179
	b) Auswahl, Instruktion und Überwachung der *Konzerngesellschaft*	180
IV.	Schlussfolgerungen	180

5. Kapitel: Exkurs: Die Haftbarkeit der Obergesellschaft aus Patronatserklärung — 181

I.	Problemstellung	181
II.	Patronatserklärungen	181

VIERTER TEIL

Vorschläge de lege ferenda — 183

A. Allgemeines — 185

I.	Zusammenfassung der Ergebnisse des zweiten und dritten Teils der Arbeit	185
II.	Das Ziel einer positivrechtlichen Regelung konzernrechtlicher Haftungsfragen	186
III.	Regelung in Form eines Konzernrechts oder im Rahmen des allgemeinen Aktienrechts?	187
	1. Die Wünschbarkeit eines schweizerischen Konzernrechts	187
	2. Mögliche Vorbilder für ein schweizerisches Konzernrecht	187
	a) Deutsches Konzernrecht – Nachteilsausgleich im faktischen Konzern	187
	b) Statut einer Europäischen Aktiengesellschaft (SE) – Subsidiäre Haftung der Obergesellschaft	188
	c) Vorentwurf einer Harmonisierungsrichtlinie zum Konzernrecht – Unmittelbare Organhaftung der Obergesellschaft	189

XIX

	3. Vorteile einer Regelung konzernrechtlicher Haftungsfragen im Rahmen des allgemeinen Aktienrechts	190
IV.	Schlussfolgerungen für die zu erlassenden Normen	190
	1. Die Einzelgesellschaft als rechtlich geschütztes Interessenzentrum	191
	a) Das Konzerninteresse als eine dem Gesellschaftsinteresse gleichgeordnete Grösse?	191
	b) Das Konzerninteresse als Komponente des Gesellschaftsinteresses?	191
	2. Die normative Eigenverantwortlichkeit der Verwaltungsorgane	192
V.	Weiteres Vorgehen	192

B. Die Vorschläge im einzelnen   192

  I. Die aktienrechtliche Verantwortlichkeit der Organe herrschender Gesellschaften für Einflussnahme auf die Geschäftsführung der beherrschten Gesellschaft   192
    1. Vorbemerkung   192
      a) Zur Sorgfaltspflicht der Mitglieder der Konzernleitung   193
      b) Das Erfordernis einer klar abgegrenzten Verantwortlichkeit   194
      c) Regelung durch Erlass einer Verantwortlichkeitsnorm oder durch eine Spezialvorschrift?   194
    2. Vorschlag   195
    3. Erläuterung des Vorschlages   195
      a) Kodifikation der bestehenden Gerichtspraxis   195
      b) Ausdrücklicher Ausschluss juristischer Personen von der Verantwortlichkeit   195
      c) Die Anspruchsvoraussetzungen   196
      d) Die Anspruchsberechtigung   196
      e) Der Anwendungsbereich der Norm   196
  II. Die Regelung des Interessenkonfliktes abhängiger Verwaltungsräte   197
    1. Vorbemerkung   197
    2. Vorschlag   198
    3. Erläuterung des Vorschlages   198
      a) Präzisierung   198
      b) Konkretisierung   199
  III. Die Haftbarkeit der herrschenden Gesellschaft für Schädigung der Konzerngesellschaft, ihrer Aktionäre und Gläubiger   199
    1. Vorbemerkung   199
    2. Vorschlag   200
    3. Erläuterung des Vorschlages   201
      a) Funktioneller Zusammenhang zwischen Pflichtwidrigkeit und der Interessenvertretung als Voraussetzung einer Haftung der Obergesellschaft für das Verhalten ihrer Vertreter   201
      b) Haftung der entsendenden Gesellschaft für *Pflichtwidrigkeit* des Vertreters   201
      c) Primärer Schutz der aufnehmenden Gesellschaft   202
      d) Allgemeiner Charakter der Norm   202
      e) Keine Äusserung über die *rechtliche* Zulässigkeit der Weisungserteilung   202

C. Schlussfolgerungen   202

ABKÜRZUNGEN

a.a.O.	am angeführten Ort
AcP	Archiv für civilistische Praxis (Tübingen)
AG	Aktiengesellschaft
AktG	Deutsches Aktiengesetz vom 6. September 1965
AktG 1937	Deutsches Aktiengesetz vom 30. Januar 1937
a.M.	anderer Meinung
Anm.	Anmerkung, Fussnote
Art.	Artikel
ASR	Abhandlungen zum schweizerischen Recht (Bern)
Aufl.	Auflage
BankG	Bundesgesetz über die Banken und Sparkassen vom 8. November 1934
Basler Studien	Basler Studien zur Rechtswissenschaft
BB	Der Betriebsberater (Heidelberg)
BBl	Bundesblatt
Bd.	Band
Berner Kommentar	Kommentar zum schweizerischen Privatrecht (Bern)
betr.	betreffend
BGB	Deutsches Bürgerliches Gesetzbuch vom 18. Juni 1896
BGE	Amtliche Sammlung der Entscheidungen des schweizerischen Bundesgerichtes (Lausanne)
BGer	Bundesgericht
BGH	Bundesgerichtshof
BGHZ	Entscheidungen des deutschen Bundesgerichtshofes in Zivilsachen (Detmold)
Botschaft	Botschaft des Bundesrates zu einem Gesetzesentwurf über die Revision der Titel 24–33 des schweizerischen Obligationenrechts vom 21. Februar 1928
DB	Der Betrieb (Düsseldorf)
ders.	derselbe (Autor)
d.h.	das heisst
Diss.	Dissertation
Einl.	Einleitung
ff. (f.)	folgende
gl.M.	gleicher Meinung
GmbH	Gesellschaft mit beschränkter Haftung
GV	Generalversammlung
h.M.	herrschende Meinung
hrsg.	herausgegeben
i.d.R.	in der Regel
insb.	insbesondere
JuS	Juristische Schriften (München/Berlin)
KG	Kollektivgesellschaft

KommanditAG	Kommanditaktiengesellschaft
Lit.	Literatur
lit.	litera
m.a.W.	mit anderen Worten
m.E.	meines Erachtens
m.W.	meines Wissens
N	Note, Randnote
NJW	Neue Juristische Wochenschau (München)
Nr.	Nummer
NZZ	Neue Zürcher Zeitung (Zürich)
OR	Bundesgesetz über das Obligationenrecht vom 30. März 1911 und 18. Dezember 1936
ProtExp	Protokoll der Expertenkommission für die Revision der Titel 24–33 des Obligationenrechts (1928)
RabelsZ	Zeitschrift für internationales und ausländisches Privatrecht (Tübingen)
revOR	revidiertes Obligationenrecht
RIW/AWD	Recht der Internationalen Wirtschaft (Heidelberg)
S.	Seite(n)
SAG	Die Schweizerische Aktiengesellschaft (Zürich)
sc.	scilicet (d.h.)
SchKG	Bundesgesetz über Schuldbetreibung und Konkurs vom 1. April 1889
Schweizer Schriften	Schweizer Schriften zum Handels- und Wirtschaftsrecht (Zürich)
SemJud	La Semaine Judiciaire (Genf)
SJZ	Schweizerische Juristen-Zeitung (Zürich)
StenBull NR/StR	Amtliches stenographisches Bulletin der Bundesversammlung, Nationalrat/Ständerat
StGB	Schweizerisches Strafgesetzbuch vom 21. Dezember 1937
u.a.	unter anderem
usw.	und so weiter
Verf.	Verfasser
vgl.	vergleiche
Vorbem.	Vorbemerkung
z.B.	zum Beispiel
ZBJV	Zeitschrift des Bernischen Juristenvereins (Bern)
ZBR	Zürcher Beiträge zur Rechtswissenschaft (Zürich)
Z. f. h. F.	Zeitschrift für handelswissenschaftliche Forschung (Köln/Opladen)
ZGB	Schweizerisches Zivilgesetzbuch vom 10. Dezember 1907
ZGR	Zeitschrift für Unternehmens- und Gesellschaftsrecht (Frankfurt a.M.)
ZHR	Zeitschrift für das gesamte Handels- und Wirtschaftsrecht (Stuttgart)
Ziff.	Ziffer
ZO	Zeitschrift für Organisation (Wiesbaden)
ZSR	Zeitschrift für schweizerisches Recht (Basel)
ZStR	Schweizerische Zeitschrift für Strafrecht (Bern)
Zürcher Kommentar	Kommentar zum Schweizerischen Zivilgesetzbuch und Obligationenrecht (Zürich)

LITERATUR

Die nachstehend aufgeführten Publikationen werden nur mit dem Autorennamen, wo nötig mit einem *kursiv* gesetzten Stichwort zitiert.

Altenburger, Peter R.: Die Patronatserklärungen als "unechte Personalsicherheiten" (Diss. Basel 1978 = Schweizer Schriften Bd. 40).

Bär, Hans J.: Der Verwaltungsrat der herrschenden bzw. der abhängigen Gesellschaft im Konzern – aus der Sicht eines Praktikers, in: Die Verantwortung des Verwaltungsrates in der AG (Schweizer Schriften Bd. 29, Zürich 1978) 95 ff.

Bär, Rolf: *Grundprobleme* des Minderheitenschutzes in der Aktiengesellschaft, ZBJV 95 (1959) 369 ff.

– Aktuelle *Fragen* des Aktienrechts, ZSR 85 (1966) II 321 ff.

– *Verantwortlichkeit* des Verwaltungsrates der Aktiengesellschaft, Probleme bei einer Mehrheit von verantwortlichen Personen, ZBJV 106 (1970) 457 ff.

Baum, Hans-P.: Gestaltung und Organisation der Führung und oberen Leitung deutscher und britischer Konzerne – eine Untersuchung in den Industriezweigen Eisen und Stahl, Maschinenbau, Chemie und Elektrotechnik (Diss. Techn. Univ. Berlin 1963).

Baumbach, Adolf/Hueck, Alfred: Aktiengesetz, Kurzkommentar (13. Aufl., München 1968).

Bauschke, Hans-J.: Durchgriff bei juristischen Personen, BB (1975) 1322 ff.

Becker, Hermann: Obligationenrecht, Berner Kommentar Bd. VI: Allgemeine Bestimmungen (OR 1–183, 2. Aufl., Bern 1941).

Benz, Walter: Die Treuepflicht des Gesellschafters (Diss. Zürich 1947).

Biedenkopf, Kurt H./Koppensteiner, Hans G.: Kölner Kommentar zum Aktiengesetz, hrsg. von Wolfgang Zöllner, Bd. 1/1. Lieferung: §§ 1–53 (Köln/Berlin/Bonn/München 1970), Bd. 3/1. Lieferung: §§ 291–328 (Köln/Berlin/Bonn/München 1971).

Biggel, Hans: Die Verantwortung des Verwaltungsrates gemäss Art. 673 ff. OR/754 ff. revOR unter Berücksichtigung des geltenden und kommenden deutschen, französischen und italienischen Rechts (Diss. Zürich 1940).

Bucher, Eugen: *Organschaft*, Prokura, Stellvertretung, zugleich Auseinandersetzung mit BGE 95 II 442 ("Prospera GmbH"), in: Lebendiges Aktienrecht, Festgabe zum 70. Geburtstag von Wolfhart Friedrich Bürgi (Zürich 1971) 39 ff.

– Für eine strafrechtliche *Durchgriffslehre* bei Delikten der Verwaltung zum Nachteil juristischer Personen, in: Festgabe für Hans Schultz (Bern 1977) 165 ff.

Burckhardt, Walther: Die Organisation der Rechtsgemeinschaft (2. Aufl., Zürich 1944).

von Büren, Bruno: Zur Anfechtung von Generalversammlungsbeschlüssen, SAG 22 (1949/50) 149 ff.

Bürgi, Wolfhart F.: Die Aktiengesellschaft, Zürcher Kommentar Bd. V/b/1–3: 1. Halbbd.: Rechte und Pflichten der Aktionäre (OR 660–697, Zürich 1957), 2. Halbbd.: Organisation der Aktiengesellschaft (OR 698–738, Zürich 1969), 3. Halbbd.: Auflösung usw.; die Kommanditgesellschaft (OR 739–771, Zürich 1970–1979).

– *Wandlungen* im Wesen der juristischen Person, in: Staat und Wirtschaft, Festgabe für Hans Nawiasky (Einsiedeln 1950).

– Das *Problem* des Minderheitenschutzes im schweizerischen Aktienrecht, SAG 29 (1956/57) 81 ff.

– Aktuelle *Fragen* des Aktienrechts, SAG 30 (1957/58) 106 ff.

– Bedeutung und Grenzen der *Interessenabwägung* bei der Beurteilung gesellschaftsrechtlicher Probleme, in: Etude de droit commercial en l'honneur de Paul Carry (Mémoires publiés par la faculté de droit de Genève, Nr. 18, Genève 1964).

– Probleme differenzierter *Schadenersatzpflicht* bei der Solidarhaftung von Verwaltungsräten der AG, in: Festgabe der juristischen Abteilung der Hochschule St. Gallen ... zum Schweizerischen Juristentag 1965 (Bern 1965) 29 ff.

– Revisionsbedürftige *Regelungen* des schweizerischen Aktienrechts, SAG 38 (1966) 57 ff.

Bürgi, Wolfhart F.: Die Bedeutung der tragenden *Ideen* des schweizerischen Aktienrechtes in der Gegenwart, in: Festschrift zum 70. Geburtstag von Walther Hug (Bern 1968) 273 ff.

Caflisch, Silvio: Die Bedeutung und die Grenzen der rechtlichen Selbständigkeit der abhängigen Gesellschaft im Recht der Aktiengesellschaft (Diss. Zürich 1961).

Canaris, Claus-W.: Die Vertrauenshaftung im deutschen Privatrecht (Münchner Universitätsschriftenreihe, Juristische Fakultät, Bd. 16, München 1971).

Capitaine, Georges: Le statut des sociétés holdings en Suisse, ZSR 62 (1943) 1a ff.

Dallèves, Louis: Problèmes de droit privé relatifs à la coopération et à la concentration des entreprises, ZSR 92 (1973) II 561 ff.

Dreger, Karl-M.: Probleme des Gläubigerschutzes im Konzern (Diss. Mannheim 1966).

Drobnig, Ulrich: Haftungsdurchgriff bei Kapitalgesellschaften (Schriftenreihe der Gesellschaft für Rechtsvergleichung Hamburg Bd. 4, Frankfurt a.M./Berlin 1959).

Egger, August: Zürcher Kommentar zum Personenrecht (2. Aufl., Zürich 1930).

– *Schranken* der Majoritätsherrschaft im Aktienrecht, ZSR 45 (1926) 1 ff.

– Über die *Verantwortlichkeit* des Bankiers, in: Festgabe Gottlieb Bachmann (Zürich 1944) 71 ff.

Egger, Wolfgang: Die Besteuerung der Holdinggesellschaft, unter besonderer Berücksichtigung des Steuerrechts des Kantons Zürich und des Bundes (Diss. Zürich 1976 = Schweizer Schriften Bd. 13).

Emmerich, Volker/Sonnenschein, Jürgen: Konzernrecht (2. neubearbeitete Aufl., München 1977).

Esser, Josef: Grundsatz und Norm in der richterlichen Fortbildung des Privatrechts (3. Aufl., Tübingen 1974).

Falkeisen, Emanuel: Die Vertretung juristischer Personen im Verwaltungsrat, insbesondere ihre rechtliche Natur (Diss. Zürich 1947).

Fehr, Konrad: Die zivilrechtliche Verantwortung des Verwaltungsrates im schweizerischen Aktienrecht, in: Schweizerische Beiträge zum vierten internationalen Kongress für Rechtsvergleichung (Genf 1954) 147 ff.

Filbinger, Hans: Die Schranken der Mehrheitsherrschaft im Aktienrecht und Konzernrecht (Diss. Mannheim 1939).

Forstmoser, Peter: *Grossgenossenschaften* (Diss. Zürich 1970 = ASR 397).

– Der Aktionär als *Förderer* des Gemeinwohls?, ZSR 92 (1973) I 1 ff.

– Die *Verantwortlichkeit* der Verwaltungsräte, in: Die Verantwortung des Verwaltungsrates in der AG (Schweizer Schriften Bd. 29, Zürich 1978) 27 ff.

– Die *aktienrechtliche Verantwortlichkeit*, die Haftung der mit der Verwaltung, Geschäftsführung, Kontrolle und Liquidation betrauten Personen (Schweizer Schriften Bd. 30, Zürich 1978).

Forstmoser, Peter/Meier-Hayoz, Arthur: Einführung in das schweizerische Aktienrecht (Bern 1976).

Frankenberg, Philipp: Die konzernmässige Abhängigkeit, rechtsvergleichend dargestellt unter Berücksichtigung des neuesten schweizerischen und deutschen Aktienrechts, sowie des englischen Rechts (Diss. Zürich 1937).

Frick, Emil: Der unmittelbare und der mittelbare Schaden im Verantwortlichkeitsrecht der Aktiengesellschaft (Diss. Zürich 1953).

Fromer, Leo: Die Treuepflicht des Aktionärs, ZSR 58 (1939) 210 ff.

Funk, Fritz: Kommentar des Obligationenrechts (2. Bd., Aarau 1951).

Gadow, W./Heinichen, E.: Aktiengesetz, Grosskommentar, I. Bd./1. Halbbd.: §§ 1–75 (Berlin/New York 1973), I. Bd./2. Halbbd.: §§ 76–147 (Berlin/New York 1973), IV. Bd.: §§ 291–410 (Berlin/New York 1975).

Gasser, Christian: Die Organisation amerikanischer Konzerne, Z. f. h. F. 5 (1953) 182 ff.

Gautschi, Georg: Fiduziarische Rechtsverhältnisse besonderer Art, SJZ 45 (1949) 301 ff.

– Das Obligationenrecht, Berner Kommentar Bd. VI: 4. Teilbd.: Der einfache Auftrag (OR 394–406, 2. neubearbeitete Aufl., Bern 1960).

Gehriger, Olivier: Faktische Organe im Gesellschaftsrecht unter Berücksichtigung der strafrechtlichen Folgen (Diss. St. Gallen 1978 = Schweizer Schriften Bd. 34).

Geigy-Werthemann, Catherine: Die rechtliche Bedeutung garantieähnlicher Erklärungen von herrschenden Unternehmen im Konzern, in: Festgabe zum Schweizerischen Juristentag 1973 (Basel/Stuttgart 1973) 21 ff.
Gessler, Ernst: Leitungsmacht und Verantwortlichkeit im faktischen Konzern, in: Festschrift für Harry Westermann (Karlsruhe 1974) 145 ff.
Gessler, Ernst/Hefermehl, Wolfgang/Eckardt, Ulrich/Kropf, Bruno: Aktiengesetz, Kommentar, I. Bd.: §§ 1–75, II. Bd.: §§ 76–147 (München 1973).
von Gierke, Otto: Die Genossenschaftstheorie und die deutsche Rechtsprechung (Berlin 1887).
Gloor, Max: Der Treuegedanke im Recht der Handelsgesellschaften (Diss. Zürich 1942).
Godin, Freiherr von/Wilhelmi, Hans: Aktiengesetz, Bd. I: §§ 1–178, Bd. II: §§ 179–410 (2. neubearbeitete Aufl., Berlin/New York 1971).
Goldschmidt, Robert: *Grundfragen* des neuen schweizerischen Aktienrechts (Veröffentlichungen der Handelshochschule St. Gallen, Reihe A Heft 12, St. Gallen 1937).
– Die zivilrechtliche *Verantwortlichkeit* der Verwaltungsmitglieder der Aktiengesellschaft, ZHR 113 (1950) 33 ff.
von Graffenried, André: Über die Notwendigkeit einer Konzerngesetzgebung (Europäische Hochschulschriften, Reihe II Bd. 148, Bern/Frankfurt a.M. 1976).
von Greyerz, Christoph: *Solidarität* der Haftung von Verwaltung und Kontrollstelle im Rechtsvergleich, Der Schweizer Treuhänder 50 (1976) Heft 9, 14 ff.
– Die *Verwaltung* in der privaten Aktiengesellschaft, in: Die Verantwortung des Verwaltungsrates in der AG (Schweizer Schriften Bd. 29, Zürich 1978) 57 ff.
Gutzwiller, Max: *Genossenschaften*, Handelsregister und kaufmännische Buchführung, Zürcher Kommentar Bd. V/6: 1. Halbbd.: OR 828–878 (Zürich 1946–1972), 2. Halbbd.: OR 879–926 (Zürich 1974).
– Das Recht der *Verbandspersonen*, Grundsätzliches, in: Schweizerisches Privatrecht Bd. II (Basel 1967) 425 ff.
– Gedanken zur *Typologie* des Gesellschaftsrechts, SJZ 67 (1971) 134 ff.
Haab, Robert: Einleitung und allgemeiner Überblick über die Revision, in: Sieben Vorträge über das neue Obligationenrecht (Basel 1937) 7 ff.
Hafter, Ernst: Die Delikts- und *Straffähigkeit* der Personenverbände (Berlin 1903).
– Zur *Lehre* von den juristischen Personen nach dem Entwurf zu einem Schweizerischen Zivilgesetzbuch, ZSR 25 (1906) 61 ff.
Halbheer, Hans-J.: Die Haftung der Personengesellschaft aus unerlaubter Handlung ihrer Mitglieder (Diss. Zürich 1956).
Hamburger, Georg: Die *Organgesellschaft*, in: Gedächtnisschrift für Emil Seckel (Berlin 1927) 261 ff.
– *Schuldenhaftung* für Konzerngesellschaften (Wirtschaftsrechtliche Abhandlungen Bd. 8).
Hardach, Fritz W.: Die "einheitliche Leitung" von Konzernen, Z. f. h. F. 13 (1961) 713 ff.
Hartmann, Rolf: Der Organbegriff bei der Aktiengesellschaft (Diss. Bern 1945).
Hartmann, Wilhelm: Die Kollektiv- und Kommanditgesellschaft, Berner Kommentar Bd. VII/1 (Bern 1943).
Haussmann, Fritz: Die *Tochtergesellschaft*, eine rechtliche Studie zur modernen Konzernbildung und zum Effektenkapitalismus (Berlin 1923).
– *Grundlegung* des Rechts der Unternehmenszusammenfassungen (Mannheim/Berlin/Leipzig 1926).
Henggeler, J. und E.: Die zivilrechtlichen Verantwortlichkeiten im Bankengesetz und im neuen schweizerischen Aktienrecht (Zürich 1937).
Herzog, B.: § 831 BGB im Konzernrecht, AcP 133 (1931) 52 ff.
Hirsch, Alain: La *responsabilité* des administrateurs dans la société anonyme, SemJud 89 (1967) 249 ff.
– La *cession* du contrôle d'une société anonyme: responsabilité des administrateurs envers les actionnaires, in: Lebendiges Aktienrecht, Festgabe zum 70. Geburtstag von Wolfhart Friedrich Bürgi (Zürich 1971) 183 ff.
– La responsabilité de l'*avocat*, comme administrateur de sociétés: aspects pratiques, Mitteilungen des schweizerischen Anwaltsverbandes (1973) 4 ff.

Hirsch, Alain: La *protection* des actionnaires minoritaires "de lege ferenda", SAG 50 (1978) 65 ff.

Hoffmann, E.M.: Die herrschenden Gesichtspunkte bei der Auswahl der Verwaltungsmitglieder, SAG 27 (1954/55) 57 ff.

von Hofmannsthal, Emil: Haftung der Banken für die von ihnen entsandten Aufsichtsratsmitglieder (Bank Archiv 1929/30) 306 ff.

Homburger, Eric: Zum "Durchgriff" im schweizerischen Gesellschaftsrecht, SJZ 67 (1971) 249 ff.

Hueck, Alfred: Die *Sittenwidrigkeit* von Generalversammlungsbeschlüssen und die Rechtsprechung des Reichsgerichtes (Die Reichsgerichtspraxis im deutschen Rechtsleben Bd. IV, Leipzig 1929).

– Der *Treuegedanke* im modernen Privatrecht (Sitzungsberichte der Bayrischen Akademie der Wissenschaften 1944/46 Heft 7, München 1947).

Hug, Walther: Die rechtliche Organisation der Kartelle und Konzerne, SJZ 37 (1941) 321 ff.

Immenga, Ulrich: Schutz der abhängigen Gesellschaften durch Bindung oder Unterbindung des beherrschenden Einflusses?, ZGR 7 (1978) Heft 2, 269 ff.

Isay, Rudolf: Das Recht am Unternehmen (Berlin 1910).

Jäggi, Peter: Ungelöste *Fragen* des Aktienrechts, SAG 31 (1958/59) 57 ff.

– Ein *Gerichtsurteil* über den "abhängigen" (fiduziarischen) Verwaltungsrat, SJZ 56 (1960) 1 ff.

– Aktionär und *Tagesordnung* der Generalversammlung, SAG 38 (1966) 26 ff.

– Zum Begriff der vertraglichen *Schadenersatzforderung*, in: Festgabe Wilhelm Schönenberger (Freiburg i.Ue. 1968) 181 ff.

Jagmetti, Carlo: Die Nichtigkeit von Massnahmen in der Verwaltung der Aktiengesellschaft (Diss. Zürich 1958).

Jahr, Günther: Funktionsanalyse von Rechtsfiguren als Grundlage einer Begegnung von Rechtswissenschaft und Wirtschaftswissenschaft, in: Das Verhältnis der Wirtschaftswissenschaft zur Rechtswissenschaft, Soziologie und Statistik (Schriften des Vereins für Socialpolitik Bd. 33, Berlin 1964) 14 ff.

Joss, Willy R.: Konzernrechtsfragen im deutschen und schweizerischen Recht (Diss. Zürich 1935 = ZBR 49).

Kaeslin, Theodor: Die AG und die Verantwortlichkeit der Verwaltung nach revidiertem OR (Diss. Bern 1941).

Kastner, Walter: Das österreichische Gesetz über Aktiengesellschaften vom 31. März 1965 (Ausländische Aktiengesetze, hrsg. von der Gesellschaft für Rechtsvergleichung Bd. 12, Frankfurt a.M./Berlin 1965).

Kleiner, Beat: Die Organisation der grossen Aktiengesellschaft unter dem Aspekt der Verantwortlichkeit, SAG 50 (1978) 3 ff.

Kohler, François: Die Anfechtbarkeit von Beschlüssen der Verwaltung in der Aktiengesellschaft (Diss. Bern 1950).

Koller, Arnold: Grundfragen einer Typuslehre im Gesellschaftsrecht (Diss. Freiburg i.Ue. 1967).

Konzernorganisation der BBC, Eigendruck der BBC, Brown, Boveri AG, Baden.

Krähe, Walter/Hardach, Wilhelm: Konzernorganisation, verfasst vom Arbeitskreis Prof. Dr. Krähe der Schmalenbach-Gesellschaft (2. Aufl., Köln und Opladen 1964).

Krause, Hermann: Haftungsfragen beim Mitbestimmungsrecht, BB 6 (1951) 677 ff.

Kreis, Willy: Die Haftung der Organe juristischer Personen nach schweizerischem Privatrecht (Diss. Zürich 1938).

Kronstein, Heinrich: Die abhängige juristische *Person* (München/Berlin/Leipzig 1939).

– *Probleme* des modernen amerikanischen "corporation"-Rechts, RabelsZ 21 (1956) 456 ff.

Kummer, Max: Die Verantwortung des Anwaltes als Verwaltungsrat einer AG (Mitteilungen des schweizerischen Anwaltsverbandes Heft 38, 1972) 7 ff.

Langenegger, Ernst: Konzernunternehmenspolitik, Grundlagen, Grundfragen und Zielsetzungen (Schriftenreihe des Betriebswirtschaftlichen Instituts der Universität Bern Bd. 4, Bern 1967).

Larenz, Karl: *Methodenlehre* der Rechtswissenschaft (3. neubearbeitete Aufl., Berlin/Heidelberg/New York 1975).
- *Wegweiser* zu richterlicher Rechtsschöpfung, in: Festschrift für Arthur Nikisch (Tübingen 1958) 275 ff.

Laule, Gerhard: Zur Durchgriffshaftung nach italienischem Aktien- und GmbH-Recht, RIW/AWD 25 (1979) 29 ff.

Limbach, Jutta: Theorie und Wirklichkeit der GmbH. Theorie und Wirklichkeit der Normaltypen der GmbH und ihr Verhältnis zum Postulat von Herrschaft und Haftung (Berlin 1966).

Lutter, Marcus: Das Konzernrecht der Bundesrepublik: Ziel, Wirklichkeit und Bewährung, SAG 48 (1976) 152 ff.

Marugg, Reto: Die Anknüpfung organschaftlicher Vertretungsmacht bei der Aktiengesellschaft im internationalen Privatrecht (Diss. St. Gallen 1975).

Meier-Hayoz, Arthur: Berner Kommentar zum ZGB, I. Bd.: Einleitung (Bern 1966), Kommentar zu ZGB 1.
- Privatrechtswissenschaft und *Rechtsfortbildung*, ZSR 95 (1959) 89 ff.
- Personengesellschaftliche *Elemente* im Recht der Aktiengesellschaft, in: Festschrift zum 70. Geburtstag von Walther Hug (Bern 1968) 377 ff.
- Der Zug zur personalistischen *Kapitalgesellschaft* in der Schweiz, in: Gedenkschrift für Franz Gschnitzer (Aalen 1969) 303 ff.
- Zur *Typologie* im Aktienrecht, in: Lebendiges Aktienrecht, Festschrift zum 70. Geburtstag von Wolfhart Friedrich Bürgi (Zürich 1971) 243 ff.

Meier-Hayoz, Arthur/Forstmoser, Peter: Grundriss des schweizerischen Gesellschaftsrechts (3. neubearbeitete und erweiterte Aufl., Bern 1978).

Meier-Hayoz, Arthur/Zweifel, Martin: Der Grundsatz der schonenden Rechtsausübung im Gesellschaftsrecht, in: Festschrift für Harry Westermann (Karlsruhe 1974) 383 ff.

Meier-Wehrli, Jörg: Die Verantwortlichkeit der Verwaltung einer Aktiengesellschaft bzw. einer Bank gemäss Art. 754 ff. OR/41 ff. BkG (Diss. Zürich 1968 = ZBR 296).

Mertens, Hans-J.: Kölner Kommentar zum Aktiengesetz, hrsg. von Wolfgang Zöllner, Bd. 1/3. Lieferung: §§ 76–94 (Köln/Berlin/Bonn/München 1973).

Merz, Hans: Berner Kommentar zum ZGB, I. Bd.: Einleitung (Bern 1966), Kommentar zu ZGB 2.

Mestmäcker, Ernst-J.: Verwaltung, Konzerngewalt und Rechte der Aktionäre (Karlsruhe 1958).

Mohr, Jon P.: Die Abgrenzung der Befugnisse der Generalversammlung und des Verwaltungsrates der Aktiengesellschaft (Diss. Zürich 1948).

Mosch, Wolfgang: Patronatserklärungen deutscher Konzernmuttergesellschaften und ihre Bedeutung für die Rechnungslegung (Bielefeld 1978).

Müller, Klaus: Die Haftung der Muttergesellschaft für die Verbindlichkeiten der Tochtergesellschaft, ZGR 6 (1977) 1 ff.

Müller-Erzbach, Rudolf: Das *Erfassen des Rechts* aus den Elementen des Zusammenlebens, veranschaulicht am Gesellschaftsrecht, AcP 154 (1955) 299 ff.
- Die *Umgestaltung* der Aktiengesellschaft zur Kerngesellschaft verantwortungsvoller Grossaktionäre (Berlin 1929).
- Das private Recht der *Mitgliedschaft* als Prüfstein eines kausalen Rechtsgedankens (Weimar 1958).

Müller-Freienfels, Wolfram: Zur Lehre vom sog. "Durchgriff" bei juristischen Personen im Privatrecht, AcP 156 (1957) 522 ff.

Naef, Kurt: Kennt das schweizerische Recht die stille Gesellschaft?, ZBJV 96 (1960) 257 ff.

Naegeli, Eduard: Die Doppelgesellschaft als rechtliche Organisationsform der Kartelle, Konzerne und anderen Unternehmenszusammenschlüsse nach deutschem und schweizerischem Recht Bd. I/Erster Teil (Berlin/Zürich 1936).

Naegeli, Werner: Der Grundsatz der beschränkten Beitragspflicht, insbesondere der Ausschluss der Nachschusspflicht im Aktienrecht (Diss. Zürich 1948).

Nenninger, John: Der Schutz der Minderheit in der Aktiengesellschaft nach schweizerischem Recht (Basler Studien zur Rechtswissenschaft Heft 105, Basel und Stuttgart 1974).

Nobel, Peter: *Europäisierung* des Aktienrechts (Diss. St. Gallen 1974).
- *Angleichung* des Gesellschaftsrechts in der EG, Der Schweizer Treuhänder 52 (1978) 2 ff.

Obermüller, Manfred: Die Patronatserklärung, ZGR 4 (1975) 1 ff.

Oesch, Franz P.: Der Minderheitenschutz im Konzern nach schweizerischem und amerikanischem Recht (Diss. Bern 1971).

Oesch, Richard: Die Holdingbesteuerung in der Schweiz (Diss. Zürich = Schweizer Schriften Bd. 11).

Oftinger, Karl: Schweizerisches Haftpflichtrecht, I. Bd.: Allgemeiner Teil (4. Aufl., Zürich 1975), II. Bd.: Besonderer Teil, Erste Hälfte (3. Aufl., Zürich 1970).

Oser, Hugo/Schönenberger, Wilhelm: Das Obligationenrecht, Zürcher Kommentar, I. Halbbd.: OR 1–183 (2. Aufl., Zürich 1929).

Ott, Walter: Die Problematik einer Typologie im Gesellschaftsrecht, dargestellt am Beispiel des schweizerischen Aktienrechts (Diss. Zürich 1972 = ASR 412).

Patry, Robert: L'égalité des actionnaires dans la société anonyme, SemJud 85 (1963) 81 ff.

Paulick, Heinz: Die eingetragene Genossenschaft als Beispiel gesetzlicher Typenbeschränkung (Tübingen 1954).

Pausenberger, Ehrenfried: Der Konzernaufbau (Diss. München 1957).

Pedrazzini, Mario: Stille Gesellschaft oder (offene) einfache Gesellschaft?, SJZ 52 (1956) 369 ff.

Pestalozzi, Anton: Einige Fragen aus der Praxis des Konzernrechts, SJZ 75 (1979) 249 ff.

Petitpierre-Sauvin, Anne: Droit des sociétés et groupes de sociétés, Responsabilité de l'actionnaire dominant, Retrait des actionnaires minoritaires (Etudes suisses de droit européen Bd. 7, Genf 1972).

Pflüger, Hans: Neue Wege der Verwaltungskontrolle, eine rechtsvergleichende Untersuchung zur Klagebefugnis des Einzelaktionärs unter Berücksichtigung der "derivative suit" des anglo-amerikanischen Rechts (Hamburg 1969).

Picenoni, Vito: Rechtsformen konzernmässiger Abhängigkeit. Ein Beitrag zur Frage des "abhängigen Verwaltungsrates", SJZ 51 (1955) 321 ff.

Portmann, Peter: Organ und Hilfsperson im Haftpflichtrecht (ASR 335, Bern 1958).

Raiser, Ludwig: Der *Gleichbehandlungsgrundsatz* im Privatrecht, ZHR 111 (1948) 75 ff.
- Die *Konzernbildung* als Gegenstand rechts- und wirtschaftswissenschaftlicher Untersuchungen, in: Das Verhältnis der Wirtschaftswissenschaft zur Rechtswissenschaft, Soziologie und Statistik (Schriften des Vereins für Socialpolitik Bd. 33, Berlin 1964) 51 ff.

Rasch, Harold: Deutsches Konzernrecht (*2. Aufl.,* Köln/Berlin/Bonn/München 1955).
- Deutsches Konzernrecht (5. Aufl., Köln/Berlin/Bonn/München 1974).
- Sind auf dem Gebiet des Konzernrechts gesetzgeberische Massnahmen gesellschaftsrechtlicher Art erforderlich?, *Gutachten* zum 42. deutschen Juristentag (Verhandlungen des 42. deutschen Juristentages Bd. I/3. Teil, Tübingen 1957).

Rehbinder, Eckard: *Konzernaussenrecht* und allgemeines Privatrecht. Eine rechtsvergleichende Untersuchung nach deutschem und amerikanischem Recht (Wirtschaftsrecht und Wirtschaftspolitik Bd. 8, Bad Homburg v.d.H./Berlin/Zürich 1969).
- *Treuepflichten* im GmbH-Konzern, ZGR 5 (1976) Heft 3, 387 ff.

Reichwein, Heinz: Über die Solidarhaftung der Verwaltungsräte in der Aktiengesellschaft und ihre Beschränkung, SJZ 64 (1968) 129 ff., RabelsZ (1962) 561 ff.

Richard, Ulrich: Atypische Kommanditgesellschaften (Diss. Zürich 1971).

Rosendorff, Richard: Die rechtliche Organisation der Konzerne (Berlin 1927).

Sanders, Pieter: Vorentwurf eines Statuts für Europäische Aktiengesellschaften (EWG-Studienreihe Wettbewerb Nr. 6, Brüssel 1967).

von Savigny, Friedrich C.: System des heutigen Römischen Rechts, Bd. II (Berlin 1840).

Schaefer, Alfred: Die Aktiengesellschaft als Mitglied und Organ von Handelsgesellschaften (Diss. Zürich 1930).

Schaffland, Hans-J.: Patronatserklärungen – eine Untersuchung des Sicherheitscharakters und ihrer Auswirkungen auf die Rechnungslegung, BB 32 (1977) 1021 ff.

Schaffner, Jakob: Die Grenzen der Vertragsfreiheit und Treu und Glauben in den Beschlüssen der Generalversammlung (Diss. Bern 1940).

Schiess, Maya: Das Wesen aktienrechtlicher Verantwortlichkeitsansprüche aus mittelbarem Schaden und deren Geltendmachung im Gesellschaftskonkurs (Diss. Zürich 1978 = Schweizer Schriften Bd. 31).
Schlegelberger/Quassowski/Gessler/Hefermehl: Aktiengesetz (3. Aufl., Berlin 1939).
Schluep, Walter: Die wohlerworbenen *Rechte* des Aktionärs und ihr Schutz nach schweizerischem Recht (Veröffentlichungen der Handelshochschule St. Gallen Reihe A Heft 12, Zürich und St. Gallen 1955).
- *Schutz* des Aktionärs auf neuen Wegen?, SAG 33 (1960/61) 137 ff., 170 ff., 188 ff.
- *Mitbestimmung?*, in: Lebendiges Aktienrecht, Festgabe zum 70. Geburtstag von Wolfhart Friedrich Bürgi (Zürich 1971) 311 ff.
- Privatrechtliche *Probleme* der Unternehmenskonzentration und -kooperation, ZSR 92 (1973) II 155 ff.
- Die *Bemühungen* um ein Europäisches Gesellschaftsrecht und der Vorschlag für eine Teilrevision des schweizerischen Aktienrechts, SAG 45 (1973) 57 ff.
Schmid, Niklaus: Die strafrechtliche Verantwortlichkeit für Wirtschaftsdelikte im Tätigkeitsbereiche der Aktiengesellschaft, SAG 46 (1974) 100 ff.
Schmidt, Eberhard: Wandlungen und Tendenzen in der Unternehmensführung internationaler Konzerne, ZO 39 (1970) 93 ff.
Schönenberger, Wilhelm/Jäggi, Peter: Obligationenrecht, Zürcher Kommentar Teilbd. V/1a, enthaltend: Allgemeine Einleitung, Vorbemerkung zu OR 1, Kommentar zu OR 1–17 (Zürich 1973).
Schönle, Herbert: Die Einmann- und Strohmanngesellschaft, unter besonderer Berücksichtigung der Fiducia (Diss. Freiburg i.Ue. 1957).
Schucany, Emil: Kommentar zum Schweizerischen Aktienrecht, Schweizerisches Obligationenrecht, 26. und 27. Titel: Die Aktiengesellschaft und Kommanditgesellschaft (2. neubearbeitete Aufl., Zürich 1960).
- Die Abgrenzung der *Befugnisse* der Generalversammlung und des Verwaltungsrates, SAG 26 (1953/54) 108 ff.
- Zur Frage der rechtlichen *Stellung* des "abhängigen" Verwaltungsrates, SAG 27 (1954/55) 109 ff.
Schulthess, Bernhard: Funktionen der Verwaltung einer Aktiengesellschaft (Diss. Zürich 1967).
Secrétan, Roger: L'assemblée générale, "Pouvoir suprême" de la société anonyme (698 CO), SAG 31 (1958/59) 153 ff.
Serick, Rudolf: *Rechtsform* und Realität juristischer Personen. Ein rechtsvergleichender Beitrag zur Frage des Durchgriffs auf die Personen oder Gegenstände hinter der juristischen Person (Beiträge zum ausländischen und internationalen Privatrecht Bd. 26, Berlin/Tübingen 1955).
- *Durchgriffsprobleme* bei Vertragsstörungen unter Berücksichtigung von Organschafts- und Konzernverhältnissen (Schriftenreihe der juristischen Studiengesellschaft Karlsruhe Heft 42, Karlsruhe 1959).
Siegwart, Alfred: Die Aktiengesellschaft, Allgemeine Bestimmungen: OR 620–659, Zürcher Kommentar Bd. V/5a (Zürich 1945).
- Die *Anfechtung* von Beschlüssen der Verwaltung einer Aktiengesellschaft, SJZ 38 (1942) 421 ff.
Simonius, August: Die juristische Person als Mitglied eines Verwaltungsrates, in: Festgabe für Carl Wieland (Basel 1934) 367 ff.
Spiess, Arnold: Der Grundsatz der gleichmässigen Behandlung der Aktionäre (Diss. Zürich 1941).
Staehelin, Max: Gedanken zur Organisation der Aktiengesellschaft, in: Festgabe Ruck (Basel 1952) 249 ff.
Stark, Emil W.: Berner Kommentar zum ZGB, V. Bd.: Sachenrecht, 1. Teilbd.: ZGB 919–941 (Bern 1976).
Stebler, Otto: Die Anfechtbarkeit von Beschlüssen des Verwaltungsrates der Aktiengesellschaft (Diss. Freiburg i.Ue. 1944).
von Steiger, Fritz: Das *Recht der AG* in der Schweiz (4. Aufl., 1970).

von Steiger, Fritz: Zur Frage der rechtlichen *Stellung* des "abhängigen" Verwaltungsrates, SAG 27 (1954/55) 33 ff., 113 ff.
von Steiger, Werner: Die *Rechtsverhältnisse* der Holdinggesellschaften in der Schweiz, 62 (1943) 195a ff.
– Betrachtungen über die rechtlichen *Grundlagen* der Aktiengesellschaft, ZBJV 91bis (1955) 334 ff.
– Über die *Verantwortung* des Hauptaktionärs, in: Ius et Lex, Festschrift für Max Gutzwiller (Basel 1959) 699 ff.
– *Gesellschaftsrecht*, Allgemeiner Teil und Personengesellschaften, in: Schweizerisches Privatrecht Bd. VIII/1 (Basel 1976) 211 ff.
Steinbrüchel, Rico: Organ und Hilfsperson, eine Studie zur Haftung der sog. juristischen Personen nach ZGB Art. 55 Abs. II (Diss. Zürich 1947).
Steiner, E.: Die gerichtliche Anfechtung von Beschlüssen der Generalversammlung der Aktionäre, SAG (1937/38) 133 ff.
Stockmann, Heinrich: Zum Problem der Gleichbehandlung der Aktionäre, in: Lebendiges Aktienrecht, Festgabe zum 70. Geburtstag von Wolfhart Friedrich Bürgi (Zürich 1971) 387 ff.
Stoffel, Armin: Beamte und Magistraten als Verwaltungsräte von gemischtwirtschaftlichen Aktiengesellschaften (Diss. St. Gallen 1975).
Stulz, Landolin: Juristische Personen in der Verwaltung von Handelsgesellschaften (Diss. Freiburg i.Br. 1931).
Tappolet, Klaus: Schranken konzernmässiger Abhängigkeit im schweizerischen Aktienrecht (Diss. Zürich 1973 = ZBR 414).
Thalmann, Anton: Die Treuepflicht der Verwaltung der Aktiengesellschaft (Diss. Zürich 1975).
Tobler, Ernst: Haftungsverhältnisse in verbundenen Unternehmen (Diss. Bern 1948 = ASR 258).
Tschäni, Rudolf: Funktionswandel des Gesellschaftsrechts, die europäisch-gemeinschaftlichen Versuche einer strukturellen Unternehmenskontrolle, illustriert am Verhältnis von Gesellschafts- und Wettbewerbsrecht (Diss. Zürich 1977 = Schweizerische Beiträge zum Europarecht Bd. 22).
von Tuhr, Andreas/Escher, Arnold: Allgemeiner Teil des schweizerischen Obligationenrechts, Bd. II (3. Aufl., Zürich 1974).
Tuor, Peter/Schnyder, Bernhard: Das Schweizerische Zivilgesetzbuch (9. Aufl., Zürich 1975).
Vischer, Frank: Die Stellung der Verwaltung und die Grenzen der *Delegationsmöglichkeit* bei der grossen AG, in: Festgabe für Wilhelm Schönenberger (Freiburg 1968) 345 ff.
– Zur Stellung und *Verantwortung* des Verwaltungsrates in der Grossaktiengesellschaft, in: Die Verantwortung des Verwaltungsrates in der AG (Schweizer Schriften Bd. 29, Zürich 1978) 71 ff.
Vischer, Frank/Rapp, Fritz: Zur Neugestaltung des schweizerischen Aktienrechts (Bern 1968).
Walder, Ernst: Unternehmer- und Publikumsaktionär (Diss. Zürich 1955).
Wander, Jean: Die Organe der Aktiengesellschaft und ihr gegenseitiges Verhältnis nach deutschem, französischem und schweizerischem Recht (Diss. Bern 1958).
de Weck, Philippe: Zur Frage der Beteiligung der Grossbanken an Unternehmen ausserhalb des Bankensektors (SBG-Schriftenreihe zu Wirtschafts-, Bank- und Währungsfragen Nr. 63, Zürich 1979) 3 ff.
Wehrli, Ulrich: Gleichmässige *Behandlung* der Aktionäre, SAG 16 (1943/44) 189 ff.
– Der fehlerhafte *Verwaltungsratsbeschluss* einer Aktiengesellschaft, SJZ 40 (1944) 100 ff.
Weiss, Gottfried: Zum schweizerischen Aktienrecht, Bern 1968 (= Neudruck der allgemeinen *Einleitung* zum Aktienrechtskommentar von 1956, hrsg. von A. Meier-Hayoz, ASR 385).
– Die nichtentziehbaren *Rechte* des Aktionärs, SJZ 39 (1943) 513 ff.
Westermann, Harry: Haftung für fremdes Handeln, JuS 1 (1961) 333 ff.
Wieland, Karl: Handelsrecht Bd. II: Die Kapitalgesellschaften (München/Leipzig 1931).

Wiethölter, Rudolf: *Interessen* und Organisation der Aktiengesellschaft im deutschen und amerikanischen Recht (Karlsruhe 1961).
- Die GmbH & Co. KG, Chancen und Grenzen, in: Aktuelle Probleme der GmbH & Co. (Rechtsfragen der Handelsgesellschaften Heft 15, Köln 1967) 36 ff.

Wilburg, Walter: Elemente des Schadensrechtes (Arbeiten zum Handels-, Gewerbe- und Landwirtschaftsrecht Nr. 84).

Woernle, Günther: Die organähnliche Haftung des machtausübenden Hauptaktionärs gegenüber Gläubigern der abhängigen Gesellschaft, rechtsvergleichende Studie, unter Berücksichtigung des deutschen, schweizerischen und amerikanischen Rechtes (Diss. Lausanne 1970).

Wohlmann, Herbert: Die Treuepflicht des Aktionärs (Diss. Zürich 1968 = ZBR 286).

Wolfers, Arnold: Die Verwaltungsorgane der Aktiengesellschaft nach schweizerischem Recht und besonderer Berücksichtigung des Verhältnisses von Verwaltungsrat und Direktion (Diss. Zürich 1917).

Wydler, Theodor: Die Protokollführung im schweizerischen Aktienrecht (Diss. Zürich 1956).

Zartmann, Hans: Der Gläubigerschutz bei konzermässig verbundenen Unternehmen, insbesondere bei Organschaftsverhältnissen nach geltendem und künftigem Aktienrecht, AG 10 (1965) 93 ff.

Zellweger, Hans-J.: Haftungsbeschränkung und Solidarhaftung im Verantwortlichkeitsrecht der AG (Diss. Bern 1972 = ASR 413).

Zimmermann, Harry: Grundfragen der Stellung der Verwaltungsratsmitglieder, Direktoren und Prokuristen der AG (Reihe "Die AG im neuen OR" Heft 9, Zürich 1946).

Zöllner, Wolfgang: Die Schranken mitgliedschaftsrechtlicher Stimmrechtsmacht bei den privatrechtlichen Personenverbänden (Schriften des Instituts für Wirtschaftsrecht an der Universität Köln, Bd. 15, München/Berlin 1963).

Zünd, André: Kontrolle und Revision in der multinationalen Unternehmung (Schriftenreihe "Planung und Kontrolle in der Unternehmung" Bd. 4, Bern/Stuttgart 1973).

Zweifel, Martin: *Holdinggesellschaft* und Konzern (Diss. Zürich 1973 = Schweizer Schriften Bd. 1).
- Die *Haftungsverhältnisse* im faktischen Konzern infolge Schädigung der abhängigen Gesellschaft durch die herrschende Gesellschaft, in: Aspekte der Rechtsentwicklung. Zum 50. Geburtstag von Prof. A. Meier-Hayoz, hrsg. von Ursula Falkner und Martin Zweifel (Zürich 1972) 126 ff.
- Für ein schweizerisches *Konzernrecht*, SAG 45 (1973) 24 ff.
- Fragen des *Minderheitenschutzes* in einem schweizerischen Konzernrecht, SAG 50 (1978) 91 ff.

Zwischenbericht des Präsidenten und des Sekretärs der Arbeitsgruppe für die Überprüfung des Aktienrechts (Lausanne/Bern 1972).

EINLEITUNG

I. Fragestellung

Das geltende schweizerische Aktienrecht geht "von der Vorstellung der AG als einer rechtlich, wirtschaftlich und organisatorisch selbständigen Einheit"[1] aus; demgegenüber ist der Konzern wirtschaftlich, organisatorisch und interessenmässig eine *Einheit*. Als Folge dieser "Polarität zwischen Einheit des Ganzen und Vielheit der Glieder"[2] wird der Schutz der Gläubiger und konzernfreien Aktionäre zu einem besonders dringenden Anliegen.

In dieser Arbeit soll untersucht werden, inwieweit sich nach geltendem Recht eine der wirtschaftlichen Einheit des Konzerns entsprechende Haftung begründen lässt und das Prinzip der rechtlichen Selbständigkeit der juristischen Person durchbrochen werden kann.

Da der Konzerntatbestand zu einer weitgehenden Gleichrichtung der Interessen der konzernfreien Aktionäre und der Gläubiger der Konzerngesellschaft führt, werden in dieser Arbeit die Haftungsprobleme nicht unter dem Blickwinkel des *Minderheiten-* und *Gläubigerschutzes* behandelt; der Schwerpunkt der Untersuchungen liegt vielmehr auf der Frage nach dem Haftungssubjekt. Die Kernfrage lautet demnach: *Wer* haftet aus einheitlicher Leitung im Konzern?

II. Aufbau und Gliederung der Arbeit

Diese Fragestellung bestimmt den Aufbau der Arbeit: Im *ersten* Teil werden allgemeine Fragen behandelt. Im *zweiten* Teil wird die persönliche Verantwortlichkeit der Gesellschaftsorgane im Konzern untersucht. Der *dritte* widmet sich der Frage nach der Haftbarkeit der Obergesellschaft im Konzern. Im *vierten* Teil werden einige Vorschläge de lege ferenda vorgestellt.

III. Abgrenzungen

Gegenstand der Untersuchungen ist ausschliesslich das schweizerische Recht. Nur am Rande erfolgen rechtsvergleichende Hinweise auf das deutsche Konzernrecht, das Europarecht und das amerikanische Recht.

---

1 Forstmoser/Meier-Hayoz § 44 N 22.
2 Raiser, Konzernbildung 54.

ERSTER TEIL

Allgemeines

1. KAPITEL

Der Konzern

A. *Das Wesen des Konzerns*

I. Der Konzernbegriff

Im Gegensatz zu anderen Rechtsordnungen[1] gibt das schweizerische Recht keine Definition des Konzernbegriffes[2]. Die umfangreiche konzernrechtliche Literatur ist sich über den Konzernbegriff nicht einig[3]. Da der Konzern eine Erscheinungsform des Wirtschaftslebens ist, wird in dieser Arbeit ein Konzernbegriff verwendet, der den rechtlichen *und* den wirtschaftlichen Merkmalen dieses Gebildes Rechnung trägt.

Mit E. NAEGELI verstehen wir den Konzern "als eine Mehrheit von rechtlich (formell) selbständigen Unternehmen, die auf der Grundlage einer einheitlichen Vermögenssphäre ihre gesamte wirtschaftliche Tätigkeit grundsätzlich nach einem einheitlichen Willen und einem einheitlichen wirtschaftlichen Plan zu führen haben und somit eine wirtschaftliche Einheit bilden"[4].

II. Die Begriffsmerkmale des Konzerns

1. Rechtliche Selbständigkeit der Konzerngesellschaften

Nur mehrere rechtlich selbständige Unternehmen bilden einen Konzern. Der rechtliche Träger des Unternehmens muss selbständig sein. Keinen Konzern bil-

---

1 Einen Konzernbegriff enthalten etwa § 18 AktG sowie Art. 223 des Statuts für eine Europäische Aktiengesellschaft.
2 Ausnahmen davon sind OR 671 IV, OR 711 II und OR 707 III; vgl. dazu W. von Steiger, Rechtsverhältnisse 212a ff.; Zweifel, Holdinggesellschaft 78.
3 Baum 4 ff.; Biedenkopf/Koppensteiner, Kölner Kommentar § 18 N 1 ff.; Capitaine 20a ff.; Dreger 5 ff.; Emmerich/Sonnenschein 62 f.; Forstmoser/Meier-Hayoz § 44 N 28 ff.; Frankenberg 6 ff.; Hardach 713 f.; Haussmann, Grundlegung 84 ff.; Hug 321 f.; Joss 21 ff.; Krähe/Hardach 11 ff.; E. Naegeli I/1 193 ff.; F.P. Oesch 128 f.; R. Oesch 66 ff.; Raiser, Konzernbildung 51 ff.; Raiser 54 ff.; Rehbinder, Konzernaussenrecht 33 ff.; Rosendorff 18 ff.; Schluep, Rechte 234 f.; derselbe, Probleme 257 ff.; Siegwart, Einl. N 154 ff.; W. von Steiger, Rechtsverhältnisse 230a ff.; Tappolet 3 ff.; Weiss, Einl. N 319; Zweifel, Holdinggesellschaft 61 ff.
4 E. Naegeli I/205.

det daher die Gesellschaft mit ihrer rechtlich unselbständigen, aber wirtschaftlich selbständigen Zweigniederlassung[5].

2. Einheitliche Leitung der Konzerngesellschaften

Das wichtigste Merkmal des Konzerntatbestandes ist die Zusammenfassung der Unternehmen unter einer einheitlichen Leitung[6]. Sie bewirkt die dem Konzern eigene "Polarität zwischen Einheit des Ganzen und Vielheit der Glieder"[7]. Besondere Bedeutung kommt dem Merkmal der einheitlichen Leitung im deutschen Aktienrecht bei der Auslegung von § 18 AktG zu. Der deutsche Konzerngesetzgeber hat nicht näher umschrieben, was darunter zu verstehen sei. Man ist sich in der Lehre daher uneinig, *wann* einheitliche Leitung im Sinne von § 18 AktG vorliege[8]: Gefordert wird von der einen Seite die Koordination grundsätzlicher Fragen der Geschäftspolitik[9], während andere Autoren allein die zentrale Führung im finanziellen Bereich als wesentliches Merkmal der einheitlichen Leitung ansehen[10].

3. Wirtschaftliche Einheit der Konzerngesellschaften

Die einheitliche Leitung verschiedener rechtlich selbständiger Unternehmen bewirkt die wirtschaftliche Einheit des Gesamtkonzerns und "vernichtet"[11] zugleich die wirtschaftliche Selbständigkeit der einzelnen Konzerngesellschaften. Wichtige unternehmerische Entscheide werden nicht mehr durch die Organe der Konzerngesellschaft, sondern auf Konzernebene gefällt. Die wirtschaftliche Einheit ist kein eigentliches Begriffsmerkmal des Konzerns, sondern die Folge der einheitlichen Leitung.

---

5 Vgl. Biedenkopf/Koppensteiner, Kölner Kommentar § 18 N 2; Zweifel, Holdinggesellschaft 63; zum Begriff der Zweigniederlassung Forstmoser/Meier-Hayoz § 44 N 3 ff.
6 Vgl. dazu Emmerich/Sonnenschein 61 ff.; Raiser, Konzernbildung 54 ff.; Rosendorff 18 f.; Tappolet 5; Zweifel, Holdinggesellschaft 63 f.
7 Raiser, Konzernbildung 54 sowie vorn S. 3.
8 Vgl. die Darstellung der Lehrmeinungen bei Emmerich/Sonnenschein 61 ff. sowie bei Schluep, Probleme 266 ff.
9 Baumbach/Hueck, Aktiengesetz, Kommentar § 18 N 4.
10 Biedenkopf/Koppensteiner, Kölner Kommentar § 18 N 7 ff.
11 Mestmäcker 303.

III. Die Konzernarten

Nach rechtlichen Kriterien[12] kann zwischen Vertragskonzern und faktischem Konzern sowie zwischen Gleichordnungs- und Unterordnungskonzern unterschieden werden:

Beim *Vertragskonzern* beruht die Unternehmenszusammenfassung auf vertraglicher Grundlage. Das deutsche Konzernrecht kennt Gewinnabführungs-[13] und Beherrschungsverträge[14] sowie die Gewinngemeinschaft[15], den Teilgewinnabführungsvertrag[16], die Betriebspacht-[17] und die Betriebsüberlassungsverträge[18].

Im *faktischen* Konzern[19] erfolgt die einheitliche Leitung auf tatsächlicher Grundlage. Der Hauptfall ist der Beteiligungskonzern, wo die Beherrschung aufgrund der Stimmrechtsausübung erfolgt. In der Schweiz finden sich vorwiegend faktische Konzerne.

Im *Gleichordnungskonzern*[20] sind die einzelnen Unternehmen der einheitlichen Leitung unterworfen, "ohne dass das eine Unternehmen vom anderen abhängig ist"[21]. Sie stehen auf gleicher Stufe. Oft schliessen sich Gesellschaften von gleicher Grösse und mit ähnlichen wirtschaftlichen Interessen unter einer sog. Dachgesellschaft zusammen[22]. Der *Unterordnungskonzern*[23] besteht aus einem herrschenden und einem oder mehreren abhängigen Unternehmen.

IV. Die Abgrenzungen

1. Abgrenzung der Konzernbildung von der Fusion

Das Abgrenzungsmerkmal liegt in der rechtlichen Selbständigkeit der vereinten Unternehmen. Die Fusion ist die wirtschaftliche und rechtliche Vereinigung mehrerer Unternehmen[24].

---

12 Vgl. dazu im einzelnen Zweifel, Holdinggesellschaft 71 ff.
13 Emmerich/Sonnenschein 101 ff.
14 Emmerich/Sonnenschein 100 f., 107 ff.
15 Emmerich/Sonnenschein 129 ff.
16 Emmerich/Sonnenschein 134 ff.
17 Emmerich/Sonnenschein 137 ff.
18 Emmerich/Sonnenschein 137 ff.
19 Emmerich/Sonnenschein 196 ff.
20 Emmerich/Sonnenschein 64 f.
21 Vgl. § 18 II AktG.
22 Vgl. Rasch 71.
23 Emmerich/Sonnenschein 64.
24 Vgl. F.P. Oesch 130; zum Begriff der Fusion vgl. Forstmoser/Meier-Hayoz § 43 N 3 ff.

2. Abgrenzung des Konzerns vom Kartell

Abgrenzungsmerkmal ist die wirtschaftliche Selbständigkeit der vereinigten Unternehmen. Als Kartell bezeichnet man den vertraglichen Zusammenschluss wirtschaftlich *und* rechtlich selbständiger Unternehmen zum Zwecke der Marktbeherrschung[25]. Der Konzern wirkt nach innen, das Kartell zielt auf Aussenwirkung ab. Vertragskonzerne und faktische Konzerne mit marktbeherrschender Wirkung sind niemals Kartelle, sondern allenfalls kartellähnliche Organisationen im Sinne von Art. 3 lit. c des Schweizerischen Kartellgesetzes[26].

3. Abgrenzung des Konzerns vom Trust

Der Trust ist ein Institut des angelsächsischen Rechts. Er ist eine Rechtsfigur der Treuhand und des Wettbewerbsrechtes[27]. Keine Einigkeit herrscht in der Literatur über die wettbewerbsrechtliche Ausgestaltung des Trustbegriffes[28]. Für die Abgrenzung des Konzerns vom Trust beschränken wir uns auf die wettbewerbsrechtliche Komponente des Begriffes: Nach HAUSSMANN sind Trusts Unternehmenszusammenfassungen, "die von einer Zentralgewalt nach verwaltungsmässig und wirtschaftlich einheitlichen Gesichtspunkten geleitet werden und in dieser Zusammenfassung eine Marktbeherrschung bezwecken"[29]. Trusts sind Konzerne mit Marktbeherrschungsabsicht[30].

V. Terminologie[31]

In der vorliegenden Arbeit wird das herrschende Unternehmen im Konzern als *Konzernspitze* oder *Obergesellschaft* bezeichnet. Die unter einheitlicher Leitung stehenden Unternehmen sind *Konzerngesellschaften* oder *Konzernglieder*. Die

---

25 Zum Kartellbegriff vgl. Haussmann, Grundlegung 87 ff.; Joss 30 ff.; Merz, Schranken 1 ff. mit weiteren Hinweisen; E. Naegeli I/45 ff.; R. Oesch 70 ff.; Weiss, Einl. N 317.
26 Zur Abgrenzung des Vertragskonzerns vom Kartell vgl. im einzelnen Zweifel 66 f. mit weiteren Hinweisen.
27 Zum Trust vgl. Haussmann, Grundlegung 86 ff.; Joss 35; R. Oesch 69 f.; Weiss, Einl. N 320; Zweifel 68 f.
28 Zweifel, Holdinggesellschaft 68, spricht in diesem Zusammenhang von einer "regelrechten Begriffsverwirrung".
29 Haussmann, Grundlegung 88.
30 Über die Abgrenzung des Kartells vom Trust vgl. Haussmann, Grundlegung 86 f. sowie die von Zweifel, Holdinggesellschaft 68, zitierte Botschaft des Bundesrates zum Entwurf des Kartellgesetzes vom 18. September 1961 (BBl 1961 574).
31 Vgl. Langenegger 13.

Konzernunternehmung umfasst die Konzernspitze und die einzelnen Konzerngesellschaften.

B. Die rechtliche Erfassung des Konzerns

I. Allgemeine Bemerkung

Die Wirtschaftswissenschaft betrachtet den Konzern als eine wirtschaftliche Einheit, d.h. als *ein* Unternehmen[32]. Die schweizerische Rechtsordnung geht demgegenüber von der formalen Selbständigkeit der juristischen Person aus. Es gilt der "Grundsatz der ausschliesslichen Anwendung des allgemeinen Gesellschafts- bzw. Aktienrechts"[33] auf den Konzerntatbestand. Das wirtschaftliche Gebilde findet keinen entsprechenden Rechtsträger.

Auf dem Wege der *wirtschaftlichen Betrachtungsweise*[34] versucht die Doktrin, diese Kluft zwischen der formalen Selbständigkeit der Konzerngesellschaften und der Wirtschaftssubjektivität des Gesamtkonzerns zu überbrücken.

II. Die konzernrechtliche Einheitstheorie

Die konzernrechtliche Einheitstheorie fusst auf dem von ISAY entwickelten *Unternehmensbegriff;* danach ist im Unternehmen eine Vielzahl materieller und immaterieller Rechte zu einem einheitlichen Ganzen vereinigt. Aus der wirtschaftlichen Einheit der zum Konzern vereinigten Unternehmen will ISAY die rechtliche Einheitsbehandlung des Konzerns ableiten: "In diesen Fällen wäre es reiner Formalismus, wollte man die materiell einheitliche Unternehmung um deswillen in zwei zerreissen, weil sie aus äusserlichen Gründen in zwei Rechtsformen gegossen ist."[35]

---

32 Emmerich/Sonnenschein 61.
33 Zweifel, Holdinggesellschaft 78.
34 Die wirtschaftliche Betrachtungsweise ordnet wirtschaftlichen Sachverhalten eine Rechtsfolge zu, auch wenn diese nicht unter den abstrakten Tatbestand eines Rechtssatzes subsumiert werden können. Die wirtschaftliche Betrachtungsweise ist *funktionales Rechtsdenken,* sie verleiht wirtschaftlichen Gegebenheiten normative Bedeutung. Vgl. dazu Bürgi, Wandlungen 256 ff.; Jahr 14 ff.; Meier-Hayoz N 55 zu ZGB 1; derselbe, Elemente 386; R. Oesch 141 ff.; Paulick 40 ff.
35 Isay 101; zur Einheitstheorie vgl. weiter Capitaine 43a ff.; Frankenberg 134 ff.; Gehringer 119; Haussmann, Grundlegung 92 ff.; derselbe, Tochtergesellschaft 26 ff.; E. Naegeli I/ 195 f.; R. Oesch 137 ff.; Rosendorff 19.

Eine solche Einheitsbehandlung des Konzerns wäre mit dem "System der Rechtssubjekte als selbständiger Träger von Rechten und Pflichten"[36] unvereinbar. Die Lehre lehnt sie einhellig ab[37], bekennt sich aber zur *modifizierten Einheitstheorie*[38]: Danach werden die einzelnen Konzerngesellschaften grundsätzlich als rechtlich selbständig betrachtet und erfahren nur unter besonderen Umständen eine Einheitsbehandlung. Die ausnahmsweise vorgenommene einheitliche Erfassung der Konzerngesellschaften erfolgt in methodischer Hinsicht auf dem Wege der Gesetzesauslegung[39] oder über das Institut des Rechtsmissbrauchsverbotes[40].

Zu einer modifizierten Einheitstheorie bekennt sich auch die Organschaftslehre des Steuerrechts: Bei Vorliegen der Organschaft zwischen herrschender und beherrschter Gesellschaft berücksichtigt das Steuerrecht zum Teil die wirtschaftliche Einheit des Konzerns gegenüber der rechtlichen Selbständigkeit der einzelnen Konzernglieder[41].

III. Konzerngesellschaften als abhängige Gesellschaften

Eine Gesellschaft ist dann abhängig, wenn ein anderes Unternehmen auf sie einen beherrschenden Einfluss ausüben kann[42]. Unter einheitlicher Leitung stehende Konzerngesellschaften sind somit *abhängige Gesellschaften.* Die schweizerische Rechtsordnung erfasst ausschliesslich die Einzelgesellschaft. Damit gelangen wir zur Frage nach der rechtlichen Behandlung abhängiger Gesellschaften.

---

36 W. von Steiger, Rechtsverhältnisse 272a.
37 Ablehnend Caflisch 206 ff.; Frankenberg 136 ff.; Haussmann, Grundlegung 92 ff.; derselbe, Tochtergesellschaft 28 f.; E. Naegeli I/331; R. Oesch 138 f.; W. von Steiger, Rechtsverhältnisse 272a ff.; Tobler 26.
38 Caflisch 210, der von einem "Postulat der Einheitsbehandlung in Sonderfällen" spricht; Siegwart, Einl. N 178; Schluep 244 f.; W. von Steiger, Rechtsverhältnisse 273a ff.; Tappolet 133; vgl. auch BGE 71 II 272, 72 II 76, 81 II 345, 85 II 114. (Das BGer äussert sich dazu im Zusammenhang mit dem sog. Durchgriff; vgl. dazu hinten S. 123 ff.
39 W. von Steiger, Rechtsvehältnisse 275a.
40 Bei Vorliegen eines Rechtsmissbrauches kann der Grundsatz der Trennung von Verbandsperson und Mitglied auf dem Wege des *Durchgriffs* durchbrochen werden. Der Durchgriff ist ein Anwendungsfall der modifizierten Einheitstheorie, dazu Tappolet 133 sowie hinten S. 123 ff.
41 Vgl. Rehbinder, Konzernaussenrecht 61 ff.
42 Vgl. § 17 I AktG; dem Abhängigkeitsbegriff kommt vor allem für das deutsche Aktienrecht zentrale Bedeutung zu. Zum Abhängigkeitsbegriff vgl. Caflisch 48 ff.; Emmerich/Sonnenschein 59 ff.; Frankenberg 22 ff.; Haussmann, Grundlegung 148 ff.; Joss 94 ff.; Kronstein, Die abhängige juristische Person; W. von Steiger, Rechtsverhältnisse 278a ff.; Tappolet 12 ff.; im schweizerischen Recht wird vor allem untersucht, ob sich aus dem Wesen der juristischen Person oder ihrem Persönlichkeitsrecht Grenzen der zulässigen Abhängigkeit ableiten lassen.

IV. Die rechtliche Erfassung der abhängigen Gesellschaft

1. Abhängige Gesellschaften sind atypische Gesellschaften

Beim Erlass des revOR ist der Gesetzgeber vom Leitbild der unabhängigen, im eigenen Interesse geleiteten AG ausgegangen. Die abhängige Konzerngesellschaft entspricht diesem Leitbild keineswegs: Sie kann vielmehr als "Schulbeispiel atypischer Gesellschaften"[43] bezeichnet werden. Diese Feststellung führt in die Problematik einer typologischen Betrachtungsweise im Recht[44].

Bei der Regelung der Rechtsinstitute hat dem Gesetzgeber eine bestimmte Grundidee vor Augen gestanden. Die Wirklichkeit bringt aber oft von diesem Leitbild abweichende, atypische Gebilde hervor. Die Grundfrage der Typologie im Recht lautet dahin, ob der Richter diese Typenabweichungen bei der Auslegung und Anwendung des Gesetzes berücksichtigen darf[45].

2. Abhängigkeit und Gesetzesauslegung

Mit der Regelung eines Rechtsinstitutes hat der Gesetzgeber *eine typische* Interessenlage erkannt und geregelt. Bei der atypischen AG kann diese Interessenlage eine wesentlich andere sein. Darf der Richter bei der Gesetzesauslegung die Typenabweichungen und damit die Interessenlage des Einzelfalles berücksichtigen? Nur wenige befürworten eine fallweise Berücksichtigung der atypischen Interessenlage bei der Gesetzesauslegung[46]. JÄGGI beantwortet diese Frage mit einem "klaren Nein"[47] und formuliert das Postulat der typgerechten Auslegung, dem sich die Mehrheit der Schweizer Autoren angeschlossen hat[48].

Das Postulat der typgerechten Auslegung ist indessen vor allem mit dem Hinweis auf die Schwierigkeiten der eindeutigen Eruierung gesetzlicher Typen kritisiert worden[49].

---

43 von Graffenried 127.
44 Vgl. Bär, Grundprobleme 369 ff.; derselbe, Fragen 469 ff.; Bürgi, Regelungen 62; Caflisch 149 ff.; Forstmoser, Grossgenossenschaften 162 ff.; Forstmoser/Meier-Hayoz § 2 N 1 ff.; Gehriger 5 ff.; im Hinblick auf Konzernverhältnisse von Graffenried 127 ff.; Jäggi, Fragen 65 ff.; Koller, Grundfragen einer Typuslehre im Gesellschaftsrecht; Meier-Hayoz, Typologie 243 ff.; Nenninger 6 ff.; Ott, Die Problematik einer Typologie im Gesellschaftsrecht; Paulick 14 ff.; Schluep, Schutz 137 ff., 170 ff., 188 ff.; W. von Steiger, Gesellschaftsrecht 302 ff.; Weiss, Einl. N 263; Wohlmann 81 ff.
45 Vgl. dazu Ott 84 f.
46 Nenninger 11 ff.; Weiss, Einl. N 263: "Die unrichtige Verwendung eines Rechtsinstitutes bestimmt die Gesetzesauslegung."
47 Fragen 70.
48 Bär, Grundprobleme 384; derselbe, Fragen 471; Caflisch 156 f.; Forstmoser, Grossgenossenschaften 163 f.; Koller 147 ff.; Meier-Hayoz 254 f.; Wohlmann 89 f.
49 Kritisch zu diesem Postulat vor allem Schluep, Schutz 197; vgl. weiter Forstmoser,

M.E. sind die Gesetzesnormen typgerecht auszulegen. Die Unzulässigkeit einer die jeweilige atypische Ausgestaltung eines Rechtsinstitutes berücksichtigenden Gesetzesauslegung ergibt sich aus ZGB 1: Das Ziel jeder Auslegung ist die Ermittlung des objektiven Normsinns[50]. Der Gesetzgeber hat eine bestimmte Interessenlage erkannt und im Rahmen der Regelung bewertet. Berücksichtigt der Richter bei der Auslegung eine — wenn auch noch so berechtigte — andere Interessenlage, so legt er das Gesetz nicht richtig aus und verstösst damit gegen ZGB 1. Zudem erweist er dem Gebot der Rechtssicherheit einen schlechten Dienst[51].

3. Abhängigkeit und Gesetzesanwendung

Hier stellt sich die Frage, wie die typgerecht ausgelegte Norm auf den Sachverhalt anzuwenden sei. Dabei ist zwischen der Anwendung zwingenden und dispositiven Gesellschaftsrechtes zu unterscheiden[52]:

Zwingende Rechtsnormen sind auf den atypischen Sachverhalt anzuwenden. Dies ergibt sich logischerweise[53] aus dem numerus clausus im Gesellschaftsrecht sowie aus der Natur des zwingenden Rechts und ist in der Literatur unbestritten[54].

Im Bereich des *dispositiven* Rechts stellt sich die Frage folgendermassen: Soll der Richter die ausgelegte Gesetzesnorm auch auf den atypischen Sachverhalt anwenden (Theorie der formalen Rechtsanwendung) oder in freier Rechtsfindung eine der besonderen Interessenlage angepasste Regelung schaffen (Theorie der freien Rechtsfindung)? Hier gehen die Meinungen auseinander: Die formale Rechtsanwendung wird befürwortet mit dem Argument, die Nichtanwendung der dispositiven Gesetzesnorm auf den atypischen Sachverhalt komme einer die "Schranken des Rechtsmissbrauchsverbotes gemäss Art. 2 ZGB überschreitenden Berichtigung unbefriedigenden Rechts"[55] gleich und verstosse daher gegen ZGB 1. Im Falle der Nichtanwendbarkeit einer Norm auf den atypischen Sachverhalt liege eine unechte Lücke vor, die nur im Falle des Rechtsmissbrauchs ausgefüllt werden dürfe[56]. Weiter wird mit der Rechtssicherheit argumentiert: Der

---

    Grossgenossenschaft 164, mit dem Hinweis darauf, dass sich die typgerechte Auslegung nicht wesentlich von der systematischen Betrachtungsweise unterscheide; Forstmoser/ Meier-Hayoz § 2 N 29 ff.
50 Meier-Hayoz N 140 ff. zu ZGB 1.
51 Meier-Hayoz N 148, 172 zu ZGB 1.
52 Vgl. statt vieler, welche diese Unterscheidung machen, Ott 127.
53 Ott 128.
54 Forstmoser, Grossgenossenschaften 168; Koller 169 f.; Meier-Hayoz 248 ff.; Ott 128 ff.; Wohlmann 88 f.
55 Meier-Hayoz, vor N 302 zu ZGB 1.
56 Vgl. die eingehenden Darlegungen bei Ott 131 ff.; für die formale Rechtsanwendung sprechen sich aus: Caflisch 160 ff.; Forstmoser, Grossgenossenschaften 169 ff.; Jäggi,

Rechtsunterworfene müsse sich gerade darauf verlassen können, dass mangels anderer Abrede die dispositive Norm und nicht eine durch den Richter geschaffene Regelung gelten würde[57]. Für eine freie richterliche Rechtsfindung wird angeführt, die Parteien hätten es in der Hand, die dispositiven Normen durch dem atypischen Sachverhalt angepasste Vereinbarungen zu ersetzen[58].
M.E. ist der formalen Rechtsanwendung der Vorzug zu geben: Der Anwendungsbereich einer Norm ergibt sich aus ihrer Auslegung. Diese bestimmt zugleich den Lückenbereich einer Regelung. Der Lückenbereich ergibt sich aus der Subsumierbarkeit eines Sachverhaltes unter den Rechtssatz und nicht nach seiner Typik. Eine über den Rahmen von ZGB 2 hinausgehende Korrektur unechter Gesetzeslücken würde nicht nur in methodischer Hinsicht gegen ZGB 1 verstossen, sondern zudem die Grenzen des Rechtsmissbrauches verwischen. In komplizierten Verhältnissen wird der Richter generell Schwierigkeiten haben, eine dem konkreten Sachverhalt entsprechende Lösung zu finden. Im Konzern stehen sich die beteiligten Interessen besonders schroff gegenüber. Den Richter hier zur Regelbildung und zu objektiver Würdigung der Interessenlage im Einzelfalle berufen, hiesse Unmögliches von ihm fordern[59].

4. Schlussfolgerungen

Für die rechtliche Erfassung abhängiger Konzerngesellschaften lässt sich folgende Feststellung machen:
Die über den objektiven Normsinn hinausgehende Berücksichtigung der wirtschaftlichen Abhängigkeit einer Konzerngesellschaft bei der *Auslegung* und *Anwendung* des Gesetzes wäre eine unzulässige wirtschaftliche Betrachtungsweise[60] und ist daher abzulehnen.

Fragen 70; Meier-Hayoz, Typologie 260 ff.; Weiss, Einl. N 263; dagegen vor allem Paulick 48 ff., 53 f.
57 Vgl. Ott 137.
58 Koller 171 f.; Schluep, Schutz 198; Wohlmann 89 ff.
59 Zur Methode der richterlichen Lückenfüllung vgl. im einzelnen Meier-Hayoz N 316 ff. zu ZGB 1.
60 Zur wirtschaftlichen Betrachtungsweise vgl. vorn S. 11.

2. KAPITEL

Haftung

A. Terminologie

Der Begriff der Haftung hat in der Rechtssprache zwei Grundbedeutungen[1]. In einem ersten Sinne bedeutet Haftung "das Unterworfensein des Schuldners unter die Zugriffsmacht dessen, dem nicht geleistet wird, was ihm geleistet werden soll"[2]. Sodann kann darunter das Einstehenmüssen einer Person für eigenes oder fremdes Verhalten verstanden werden. In diesem Falle bedeutet Haftung soviel wie "Verantwortung". Der juristische Sprachgebrauch trennt diese beiden Bedeutungen allerdings nicht deutlich; in beiden Fällen wird von "Haftung" gesprochen[3].

In dieser Arbeit wird der Ausdruck "Verantwortlichkeit" nur im Zusammenhang mit der Haftung der Gesellschaftsorgane verwendet. Unter "Haftung" oder "Haftbarkeit" verstehen wir ausschliesslich das Einstehenmüssen der juristischen Person für das unerlaubte Verhalten ihrer Organe oder Hilfspersonen.

B. Die Bedeutung allgemeiner Rechtsprinzipien bei der Lösung haftpflichtrechtlicher Probleme

I. Die Rechtsprinzipien im allgemeinen

Es ist zu untersuchen, welchen Beitrag allgemeine Rechtsprinzipien[4] bei der Lösung konzernrechtlicher Haftungsprobleme leisten können.

Rechtsprinzipien sind allgemeine Rechtsgrundsätze, welche durch "eigene Überzeugungskraft richterliche Entscheidungen rechtfertigen"[5] und die Geset-

---

1 Grundlegend zur Bedeutung des Begriffes "Haftung" Schönenberger/Jäggi N 50 ff. vor OR 1; für das Aktienrecht vgl. auch Biggel 10; Frick 28; Meier-Wehrli 1 f.; Oftinger I/14 ff.
2 Schönenberger/Jäggi N 50 vor OR 1.
3 Frick 28; Meier-Wehrli 2.
4 Grundlegend zur Bedeutung der Rechtsprinzipien: Esser, Grundsatz und Norm; Larenz, Methodenlehre 458 ff.; Meier-Hayoz N 405 ff. zu ZGB 1; derselbe, Rechtsfortbildung 89 ff.
5 Larenz, Methodenlehre 458; zu den verschiedenen Bedeutungen des Begriffes des allgemeinen Rechtsgrundsatzes vgl. Meier-Hayoz N 406 ff. zu ZGB 1.

zesbestimmungen zu einem "zusammenhängenden Ganzen"[6] vereinigen. Es sind "vorpositive"[7], sich aus dem allgemeinen Rechtsbewusstsein ergebende[8] Bewertungsmassstäbe. BÜRGI umschreibt ihre Bedeutung für die Rechtswissenschaft: "Sie dienen der *Einheit* des Rechtssystems, sie erleichtern die *Lückenfüllung* und bestimmen die *Auslegung* ... und ermöglichen ... die immer nötige *Anpassung* positiver Rechtsbestimmungen an veränderte Zeitumstände und deren Anforderungen an die Auslegung ..."[9] Sie sind dem Richter ein Hilfsmittel zur Gesetzesauslegung und Rechtsfortbildung. Die Prinzipien finden ihren Niederschlag im Gesetz, welches sich wiederum aus den Rechtsprinzipien erklären lässt. LARENZ spricht von einem Vorgang "wechselseitiger Erhellung"[10]. Die verschiedenen Prinzipien *ergänzen* und *begrenzen* einander. Es sind mögliche Regelungsgedanken einer Norm, die ratio legis. Einer Gesetzesvorschrift liegen oft verschiedene Rechtsprinzipien zugrunde[11].

Im *Aktienrecht* sind vor allem das Gebot von Treu und Glauben, das Rechtsmissbrauchsverbot, das Gebot der Gleichbehandlung des Aktionärs und der schonenden Rechtsausübung sowie der Gesellschaftstreue von Bedeutung[12]. Auch im *Haftpflichtrecht* spielen Rechtsprinzipien eine grosse Rolle: Eine Person wird nur dann zu Schadenersatz verpflichtet, wenn ihr der Schaden nach objektiven Kriterien zugerechnet werden kann. Als Zurechnungsprinzipien unterscheidet die Lehre etwa das Veranlassungs-, das Verschuldens- und das Risikoprinzip[13].

II. Das Gleichgewicht von Herrschaft und Haftung als Haftungsprinzip

Verschiedene Autoren[14] betrachten es als ein allgemeines gesellschaftsrechtliches Prinzip, dass eine Person in dem Masse für ihre Handlungen verantwortlich

---

6 Larenz, Methodenlehre 458 ff.; derselbe, Wegweiser 300; Esser 227 bezeichnet dieses Ganze als "System von Prinzipien, die dem Richter die Auslese, Anwendung und Neubildung positiver Rechtsnormen erlauben".
7 Meier-Hayoz N 412 zu ZGB 1.
8 Larenz, Wegweiser 301.
9 Bürgi, Ideen 273 (Auszeichnung vom Verfasser).
10 Larenz, Methodenlehre 460.
11 So hat z.B. der Gesetzgeber bei der Regelung des gutgläubigen Eigentumserwerbes in ZGB 933 den Schutz des Eigentums und den Schutz des Vertrauens auf den Rechtsschein gegeneinander abgewogen und eine differenzierte Lösung getroffen; vgl. dazu im einzelnen Stark N 23 ff. vor ZGB 930–937.
12 Bürgi, Ideen 274, 277 ff.
13 Vgl. dazu grundlegend Wilburg, Elemente des Schadensrechts; Canaris 467 ff.
14 Vgl. Koller 134 ff.; Müller-Erzbach, Umgestaltung 37 ff.; derselbe, Erfassen des Rechts 342 ff.; derselbe, Mitgliedschaft 114 ff., insb. 115: "Bei der Entscheidung darüber, ob und inwieweit die Mitglieder rechtsfähiger Verbände für deren Schulden einstehen müssen, muss ... ausschlaggebend sein, wieweit das einzelne Mitglied die Geschäftsführung seines Verbandes zu beeinflussen imstande ist." Vgl. auch Paulick 117 f.

sei, als sie sich an der Geschäftsführung einer Gesellschaft beteilige. Mit LIMBACH kann das Prinzip folgendermassen formuliert werden: "Derjenige haftet unbeschränkt, in dessen Person sich wirtschaftliche Macht (Unternehmensbesitz) und Verantwortung (Unternehmensleitung) vereinigen."[15] Begründet wird ein solches Prinzip hauptsächlich mit dem Gerechtigkeitsgedanken[16].

Diese Theorie des Gleichgewichts zwischen Herrschaft und Haftung[17] ist für das deutsche Recht im Zusammenhang mit der Frage nach der Zulässigkeit der GmbH & Co. KG erörtert und abgelehnt worden[18]. Gegen einen solchen Grundsatz wird vor allem das Postulat einer graduellen *Haftungsbeschränkung* ins Feld geführt[19]: Die wirtschaftliche und technische Entwicklung mache es der Unternehmensführung unmöglich, alle sich stellenden Probleme vollständig zu überblicken. Ergänzt durch einen wirksamen Gläubigerschutz solle diesen Verhältnissen durch eine graduelle Haftungsbeschränkung Rechnung getragen werden[20]. Im Grunde genommen verdiene jede wirtschaftliche Betätigung die "Wohltat" der beschränkten Haftung[21]. Dass das Prinzip der Haftungsbeschränkung nicht nur ein möglicher *Rechtsgrundsatz* ist, sondern das Bewusstsein der im praktischen Wirtschaftsleben stehenden Personen entscheidend prägt, zeigt ein Votum zum Zusammenbruch des deutschen Bankhauses Herstatt KGaA:

"Die Gegenfrage lautet also: Besteht in der heutigen Rechtsordnung, die im Gesellschaftsrecht durch die Möglichkeit geprägt ist, Unternehmen mit *Haftungsbeschränkungen* zu gründen, eine unbeschränkte Haftung des Kapitals? In der Gegenfrage entwickelt sich der Fall Herstatt zu einem Fall Gerling, der unter keinen Umständen Präzedenzfall werden darf. Die marktwirtschaftlichen Prozesse – und die Erfolge der Wirtschaftsordnung 'Marktwirtschaft' – sind geprägt und nur möglich durch haftungsbeschränkte Unternehmen."[22]

In einem die Haftbarkeit des Kommanditärs betreffenden Entscheid hat sich der deutsche Bundesgerichtshof gegen den Grundsatz des Gleichgewichts von Herrschaft und Haftung ausgesprochen[23].

15 Limbach 109.
16 Zu den Begründungen des Postulats vgl. im einzelnen Limbach 107 ff. mit weiteren Hinweisen.
17 Eine andere Terminologie ist *Gleichlauf von Macht und Risiko* (so Ott 116 f.) oder *Verknüpfung von Macht und Verantwortung* (so Naef 309).
18 Limbach 117 ff.; Wiethölter, GmbH & Co. 36 ff.
19 Wiethölter, GmbH & Co. 36 ff.; zum Prinzip der Haftungsbeschränkung vgl. Wieland II/385 ff. mit weiteren Hinweisen.
20 Limbach 109; Wieland II/386.
21 Wiethölter, GmbH & Co. 36, spricht von "Haftungsbeschränkung als Gestaltungshilfe". Nach ihm ist das Verschuldensprinzip nichts anderes als eine Haftungsbeschränkung.
22 NZZ Nr. 526 vom 27. Dezember 1974 S. 5; angespielt wird hier auf den nach langem Hin und Her zustande gekommenen gerichtlichen Vergleich zwischen den Gläubigern und der sich in Liquidation befindenden Bank Herstatt KGaA. Dieser Vergleich kam deshalb zustande, weil sich der ehemalige Aufsichtsratsvorsitzende und Hauptaktionär der Bank, Hans Gerling, zur Zahlung eines grossen Geldbetrages an die Liquidationsmasse verpflichtet hatte.
23 BGHZ 45, 204 ff.

Die schweizerische Rechtsliteratur äussert sich nur vereinzelt über den Grundsatz des Gleichgewichts von Herrschaft und Haftung[24].

III. Das Gleichgewicht von Herrschaft und Haftung im schweizerischen Gesellschaftsrecht

Kennt das schweizerische Gesellschaftsrecht einen Grundsatz des Gleichgewichts von Herrschaft und Haftung, der zur Lösung konzernrechtlicher Haftungsprobleme geeignet ist? Bei der Beantwortung dieser Frage ist zwischen dem Recht der Personengesellschaften und der Körperschaften zu unterscheiden.

1. Im Bereich der Personengesellschaften

Die allen Mitgliedern der *Kollektivgesellschaft* (KG) zustehende[25] Geschäftsführungsbefugnis findet ihre Entsprechung in der unbeschränkten Haftung aller Gesellschafter für die Verbindlichkeiten der Gesellschaft (OR 522). Das Moment der unbeschränkten persönlichen Haftung wird verstärkt durch den Umstand, dass nur natürliche Personen Mitglieder einer Kollektivgesellschaft sein können[26].

In der *Kommanditgesellschaft* steht dem unbeschränkt haftenden Komplementär die Geschäftsführung in Selbstorganschaft zu. Nur natürliche Personen können Komplementäre sein[27]. Der Kommanditär haftet nur in der Höhe seiner Kommanditsumme und ist von der Geschäftsführung ausgeschlossen. Die beschränkte Haftung des Kommanditärs wird dann durchbrochen, wenn der Kommanditär für die Gesellschaft Geschäfte abschliesst, ohne ausdrücklich zu erklären, dass er nur als Prokurist oder als Bevollmächtigter handelt[28]. Die Lösung gewährt Vertrauensschutz nach aussen; sie wird aber den tatsächlichen Macht-

---

24 Bär, Grundprobleme 383, der von einer bestimmten "Relation zwischen Macht über das Gebaren der Gesellschaft und interne Verantwortlichkeit und externer Haftung" spricht; Meier-Hayoz, Kapitalgesellschaft 310; Naef 306 ff.; Ott 116 f.; Pedrazzini 369 ff.; Richard 46 ff., 84 ff.; W. von Steiger, Gesellschaftsrecht 640 ff., 662 ff.
25 OR 557 i.V.m. OR 535; zur Selbst- und Drittorganschaft als Unterscheidungsmerkmal zwischen Personengesellschaften und Körperschaften vgl. Meier-Hayoz/Forstmoser § 2 N 85 f.
26 OR 552; unter dem alten OR wurden auch Aktiengesellschaften als Mitglieder von Kollektivgesellschaften ins Handelsregister eingetragen, vgl. dazu Hartmann N 24 f. zu OR 552.
27 OR 594 II; vgl. dazu W. Hartmann N 27 zu OR 594. Dagegen ist im deutschen Recht die GmbH & Co. KG zulässig und als Mischtyp von Gesellschaftsformen verbreitet, vgl. dazu A. Hueck, Gesellschaftsrecht (17. Aufl., München 1975) 58.
28 OR 605.

verhältnissen nicht gerecht, wenn der Kommanditär nach aussen nicht auftritt, sich aber effektiv an der Geschäftsführung beteiligt[29].

Bei der Regelung der Personengesellschaften hat dem Gesetzgeber also der Grundsatz der Einheit von Macht und Verantwortung vor Augen gestanden.

In einem eine atypische stille Gesellschaft betreffenden Entscheid hat das BGer die *gesellschaftsrechtliche* Haftbarkeit des als Vertreter des offenen Gesellschafters auftretenden dominierenden stillen Gesellschafters verneint[30]. PEDRAZZINI[31] betrachtet diesen Entscheid als Absage an den Grundsatz der "Verknüpfung von Initiative und Verantwortung", weil es das Gericht unterlassen habe, den stillen Gesellschafter angesichts der atypischen Interessenlage *gesellschaftsrechtlich* gleich haften zu lassen wie den offenen. Dem ist m.E. nicht zuzustimmen. Das BGer stellt lediglich fest, dass für die gesellschaftsrechtliche Haftung des stillen Gesellschafters das Aussenverhältnis und nicht die tatsächlichen Machtverhältnisse massgebend sind. Der Entscheid ist als Bekenntnis zum Vertrauensprinzip (Rechtsscheinsprinzips)[32], keineswegs aber als generelle Absage an den Grundsatz der Einheit von Macht und Verantwortung aufzufassen.

2. Im Bereich der Körperschaften

Auch dem Recht der *AG* scheint der Grundsatz des Gleichgewichts von Herrschaft und Haftung zugrunde zu liegen; er weist ein positives und ein negatives Merkmal auf:

Negatives Merkmal ist der in OR 620 niedergelegte Ausschluss der persönlichen Haftung des Aktionärs für die Schulden der Gesellschaft, der zusammen mit der Beschränkung der Aktionärspflichten auf die Liberierung des gezeichneten Grundkapitals nach OR 680 I als *Grundsatz der beschränkten Haftung*[33] bezeichnet wird. Er dient dem Gerechtigkeitsgedanken: Der unbeschränkten Haftung für die Verbindlichkeiten der AG soll nur derjenige unterliegen, der an der Geschäftsführung der AG beteiligt ist. Aus dem Ausschluss des Aktionärs von

---

29 Die unbeschränkte Haftung des atypischen Kommanditärs in Kommanditgesellschaften wird im schweizerischen Recht unter Hinweis auf die Struktur der Kommanditgesellschaft abgelehnt und nur in Fällen des Rechtsmissbrauchs bejaht; vgl. dazu W. von Steiger, Gesellschaftsrecht 640 ff. mit weiteren Hinweisen.
30 BGE 81 II 520 ff.
31 Pedrazzini 369 ff., 371: "Die Verneinung der unmittelbaren Haftung des stillen Teilhabers kann dann nicht anerkannt werden, wenn realiter er der Geschäftsinhaber ist."
32 Vgl. die Formulierung des Bundesgerichtes in BGE 81 II 524: "... konnte er daher in *guten Treuen* ... nicht den Schluss auf das Vorliegen eines offenen Gesellschaftsverhältnisses ... ziehen, ..." (Auszeichnung vom Verfasser).
33 Vgl. Bürgi N 1 zu OR 680; Forstmoser/Meier-Hayoz § 36 N 2 ff.; W. Naegeli 15 f.; Schluep, Rechte 193 ff.; F. von Steiger, Recht der AG 29; Goldschmidt 136 ff.

der Geschäftsführung[34] fliesst sein wohlerworbenes Recht auf Beschränkung der Haftung und Beitragspflicht[35].

Positives Merkmal ist die strenge persönliche aktienrechtliche Verantwortlichkeit der Gesellschaftsorgane. Die beschränkte Haftung des Aktionärs bringt naturgemäss eine Gefährdung der Gläubigerinteressen mit sich[36]. Die die Geschäftsführung der AG ausübenden Personen unterliegen daher einer strengen persönlichen Verantwortlichkeit nach OR 754 ff.[37]. Das Verantwortlichkeitsrecht hat somit eine *Ausgleichsfunktion*. Allerdings ist das Gleichgewicht von Herrschaft und Haftung in der personalistischen AG nicht mehr gewährleistet, wo der Aktionär die Möglichkeit zur Beeinflussung der Geschäftsführung der AG hat[38].

Auch der *Kommandit-AG* liegt der Leitgedanke der Einheit von Herrschaft und Haftung zugrunde: In der Kommandit-AG bilden die persönlich und unbeschränkt haftenden Teilhaber von Gesetzes wegen den Verwaltungsrat[39]. Ihnen stehen die Geschäftsführung und Vertretung zu. Dem Schutz der Gläubiger dienen die umfangreichen Verwaltungs- und Kontrollrechte der Aktionäre sowie die persönliche und unbeschränkte Haftung der die Geschäftsführung ausübenden Gesellschafter.

Als einziger Gesellschaftsform scheint im schweizerischen Recht der *Gesellschaft mit beschränkter Haftung*[40] das Postulat der graduellen Haftungsbeschränkung zugrunde zu liegen: Die Haftung der Gesellschafter ist gemäss OR 802 I auf die Höhe des eingetragenen Stammkapitals beschränkt.

IV. Schlussfolgerungen für die methodische und praktische Bedeutung des Grundsatzes

Aus den vorstehenden Darlegungen folgt, dass der Grundsatz des Gleichgewichts von Herrschaft und Haftung als ein dem schweizerischen Gesellschaftsrecht zugrundeliegender *Leitgedanke* betrachtet werden kann, der dem Gesetz-

---

34 Es herrscht in der AG Drittorganschaft; vgl. dazu Forstmoser/Meier-Hayoz § 1 N 14.
35 Dazu Schluep, Rechte 194 ff.
36 Zu den verschiedenen Vorschriften des Aktienrechts, welche dem Schutze des Grundkapitals dienen, vgl. Meier-Hayoz/Forstmoser § 29 N 19 ff.
37 Vgl. dazu hinten S. 38 ff.
38 Die Rechtsliteratur hat verschiedentlich de lege ferenda den Vorschlag gemacht, für die personalistische AG eine spezielle Regelung aufzustellen: Bürgi, Regelungen 63; Meier-Hayoz, Elemente 391; gegen eine solche Regelung Vischer/Rapp 216 ff.
39 OR 765 I; zur Kommandit-AG vgl. Meier-Hayoz/Forstmoser § 13 N 1 ff.; Christoph Reinhardt, Die Kommandit-AG im schweizerischen Gesellschaftsrecht (Diss. Zürich 1971).
40 OR 811; zur GmbH vgl. Meier-Hayoz/Forstmoser § 14 N 1 ff.; W. von Steiger, Die Gesellschaft mit beschränkter Haftung, Zürcher Kommentar, Bd. V/5c (Zürich 1965).

geber bei der Regelung der einzelnen Gesellschaftsformen vor Augen stand. Er ist die ratio legis aller Vorschriften über die persönliche Verantwortlichkeit der Gesellschaftsorgane und der Gesellschafter. In den typischen Gesellschaften besteht ein Gleichgewicht von Herrschaft und Haftung; in atypischen Erscheinungsformen aller Gesellschaften ist das Gleichgewicht möglicherweise gestört. Das Gleichgewicht von Herrschaft und Haftung ist somit ein *Typenmerkmal.* Daraus lassen sich folgende Schlüsse ziehen:

1. Nicht notwendig zwingende Natur des Grundsatzes

Aus seiner Eigenart als Typenmerkmal ergibt sich, dass der besagte Grundsatz nicht notwendig zwingender Natur ist. Nicht der Gesellschaftstypus, sondern das zwingende Recht beschränkt die Vertragsfreiheit[41]. Die Parteien können im Rahmen von OR 19 und ZGB 2 alle Vorschriften abändern, welche den Grundsatz des Gleichgewichts von Herrschaft und Haftung widerspiegeln.

2. Geltung des Grundsatzes im Rahmen des objektiven Normsinns

Bei allen typischen Gesellschaften ist ein Gleichgewicht von Herrschaft und Haftung gegeben. Die Frage nach dem Geltungsbereich des Grundsatzes wird erst bei atypischen Gesellschaften — z.B. bei der abhängigen AG — interessant. Darf der Richter bei der Auslegung und Anwendung der Gesetze dem Gleichgewicht von Herrschaft und Haftung dadurch Geltung verschaffen, dass er die Normen in Berücksichtigung der besonderen Interessenlage auslegt? Diese Frage muss im Hinblick auf das erwähnte *Postulat der typgerechten Auslegung* verneint werden: Ziel der Gesetzesauslegung ist allein der objektive Normsinn. Diese These scheint der Entscheid BGE 81 II 520 ff. zu bestätigen: Hier hat sich das Gericht nicht dazu verleiten lassen, bei der Gesetzesauslegung der besonderen Interessenlage in der atypischen stillen Gesellschaft Rechnung zu tragen und so dem Gleichgewicht von Herrschaft und Haftung zum Durchbruch zu verhelfen.

3. Geltung des Grundsatzes im Rahmen anderer Rechtsprinzipien

Der Entscheid BGE 81 II 520 ff. zeigt m.E. die Grenzen dessen auf, was der Grundsatz des Gleichgewichts von Herrschaft und Haftung im Gesellschaftsrecht

---

41 Vgl. Ott 85 ff.

zu leisten vermag: Indem das Gericht für die Beurteilung einer gesellschaftsrechtlichen Haftung des machtausübenden stillen Gesellschafters auf das Aussenverhältnis abstellt und somit das Vertrauensprinzip betont, begrenzt es den Grundsatz des Gleichgewichts von Herrschaft und Haftung durch die anderen Rechtsprinzipien.

ZWEITER TEIL

Die persönliche Verantwortlichkeit im Konzern

VORBEMERKUNG

I. Abgrenzung der Untersuchungen

Der zweite Teil widmet sich ausschliesslich der *aktienrechtlichen* Verantwortlichkeit der Gesellschaftsorgane im Konzern. Nicht behandelt wird somit die Frage nach der Verantwortlichkeit der Organe nach den Vorschriften des Schuldrechts. Ausser Betracht fällt namentlich die Verantwortlichkeit aus unerlaubter Handlung nach OR 41 ff.[1] sowie aus Geschäftsführung ohne Auftrag gemäss OR 419 ff.[2].

II. Problemstellung

Wie weit kann der Kreis der aktienrechtlich verantwortlichen Personen gezogen werden? Welche Verhaltensweise kann von den Gesellschaftsorganen billigerweise erwartet werden? Im Konzern, wo die rechtlichen Strukturen teilweise durch Organisationsmechanismen überdeckt sind, erhalten die beiden grundlegenden Fragestellungen nach dem personellen *Anwendungsbereich* der Verantwortlichkeitsnormen und nach dem richtigen *Massstab* der durch die Organe zu erbringenden *Sorgfaltspflicht* eine besondere Bedeutung.

Das Verantwortlichkeitsrecht hat eine Doppelfunktion: Es dient nicht nur dem Schutz der Gläubiger und Aktionäre, sondern hat vor allem auch eine Präventivwirkung gegen pflichtwidriges Verhalten der Gesellschaftsorgane. Nur eine strenge Verantwortlichkeit garantiert das Verantwortungsbewusstsein der Gesellschaftsorgane.

Es ist zu untersuchen, in welchem Masse das Verantwortlichkeitsrecht der AG in Konzernverhältnissen diesen beiden Anforderungen zu genügen vermag.

---

1 Zur Verantwortlichkeit der Gesellschaftsorgane aus unerlaubter Handlung vgl. Bürgi N 32, 41 zu OR 753/4; Forstmoser, Aktienrechtliche Verantwortlichkeit N 450 ff. mit weiteren Hinweisen; Gehriger 112 f.; m.E. ist einer Klage aus OR 41 deshalb kaum Erfolg beschieden, weil den Kläger die Beweislast für den Schaden, den adäquaten Kausalzusammenhang und das Verschulden trifft.
2 Zur Verantwortlichkeit der Gesellschaftsorgane aus Arbeitsvertrag oder Auftrag vgl. Forstmoser, Aktienrechtliche Verantwortlichkeit N 440 ff.; eine Haftung des faktischen Organs, insb. aus Geschäftsführung ohne Auftrag *befürworten* Gehriger 115; Wohlmann 129; *gegen* eine Anwendung von OR 419 ff. Zweifel, Holdinggesellschaft 98 (allerdings eher im Zusammenhang mit der Frage nach der Haftung der herrschenden Gesellschaft).

III. Aufbau des zweiten Teils

Aus der geschilderten Problemstellung ergibt sich die Gliederung des zweiten Teils: Nach einer Darstellung der möglichen Organisationsformen im Konzern (1. Kapitel) wird untersucht, ob die Organe der Obergesellschaft für Schädigungen der Konzerngesellschaft aktienrechtlich verantwortlich werden (2./3. Kapitel). Der Frage nach der massgeblichen Sorgfaltspflicht widmet sich eine Untersuchung der aktienrechtlichen Verantwortlichkeit in der Konzerngesellschaft (4. Kapitel). Am Schluss wird das Solidaritätsproblem gestreift (5. Kapitel).

1. KAPITEL

Die Konzernorganisation

I. Übersicht

Ein Hauptproblem des Konzernrechts ist die Beurteilung der rechtlichen Relevanz wirtschaftlicher und organisatorischer Gegebenheiten. Der Entscheidungsablauf im Konzern bestimmt sich nach *organisatorischen* Gesichtspunkten; für die Verantwortlichkeit der Entscheidungsträger gelten dagegen *rechtliche* Massstäbe. Aus diesem Grunde sei hier kurz auf die Konzernorganisation eingegangen. Über die Möglichkeiten einer Konzernorganisation existiert eine sehr umfängliche Literatur[1]. Wir beschränken uns hier auf das Nötigste.

Ausgangspunkt der Darstellung ist das Konzernmerkmal der einheitlichen Leitung[2] mehrerer rechtlich selbständiger und wirtschaftlich unselbständiger Unternehmen; wir stellen die Fragen nach der Funktionsverteilung im Konzern (II.) sowie nach den Trägern (III.) und den Mitteln (IV.) der einheitlichen Leitung im Konzern.

II. Die Funktionsverteilung im Konzern

Als Folge der einheitlichen Leitung werden einzelne Unternehmensfunktionen aus den Konzerngesellschaften ausgegliedert und für den Gesamtkonzern zentral auf Konzernebene wahrgenommen. Welche Funktionen durch die Konzernspitze ausgeübt werden müssen, damit von einheitlicher Leitung gesprochen werden kann, ist umstritten[3]. Die Konzernleitung[4] legt die Funktionsverteilung durch strukturelle Grundsatzentscheide fest: "Die Herbeiführung einer rationellen Arbeitsteilung zwischen den Konzerngliedern ist eine Hauptaufgabe der Konzernleitung."[5] Man kann daher im Konzern von einem zentralisierten und einem dezentralisierten Unternehmensbereich sprechen. Praktische Untersuchungen

---

1 Vgl. etwa Baum, Gestaltung und Organisation; Krähe 713 ff.; Krähe/Hardach, Konzernorganisation; Langenegger, Konzernunternehmenspolitik; Pausenberger, Konzernaufbau; Rehbinder, Konzernaussenrecht 38 ff. mit weiteren Hinweisen; Zünd 70 ff.
2 Vgl. dazu vorn S. 8.
3 Vgl. dazu vorn S. 8 mit weiteren Hinweisen sowie hinten S. 58.
4 Zum Begriff der Konzernleitung vgl. nachfolgend S. 30.
5 Rehbinder, Konzernaussenrecht 40.

haben ergeben[6], dass in fast allen Konzernen das Finanzwesen[7], die Investitionspolitik[8] sowie das Forschungs- und Entwicklungswesen leitungsmässig zentralisiert sind.

Auch im Konzern besteht die Notwendigkeit einer optimalen Dezentralisation unternehmerischer Aufgaben[9]. Daher besitzen die einzelnen Konzerngesellschaften oft eine recht grosse organisatorische Selbständigkeit. Je nach dem Masse, in dem einzelgesellschaftliche Unternehmensfunktionen vergemeinschaftet[10] sind, spricht man von zentralisierten oder dezentralisierten Konzernen.

III. Die Konzernleitung als Träger der einheitlichen Leitung

1. Der Begriff der Konzernleitung[11]

Die Konzernleitung ist der Träger der einheitlichen Leitung. In einem *engeren* Sinne verstehen wir unter Konzernleitung das Gremium, dem im Konzern die obersten geschäftspolitischen Grundsatzentscheide obliegen. Es sind dies meist die Mitglieder der Geschäftsleitung der Obergesellschaft. Im *weiteren* Sinne kann man unter der Konzernleitung denjenigen Personenkreis verstehen, welcher die vergemeinschafteten Unternehmensfunktionen ausübt. So aufgefasst besteht die Konzernleitung i.w.S. aus der Konzernleitung i.e.S. und allen dieser unterstellten Stabs- oder Produktionsstellen.

2. Die organisatorischen Formen der Konzernleitung[12]

Die Konzernleitung i.w.S. kann einmal *organisatorisch* unselbständiger oder selbständiger Teil des herrschenden Unternehmens sein (a); sodann kann sie

---

6 Vgl. Baum 118 ff.; Krähe/Hardach 75 ff.; eine Zusammenfassung der Resultate von Baums Untersuchung gibt Rehbinder, Konzernaussenrecht 45 ff.
7 Dies scheint von einer anderen Seite her die Ansicht von Biedenkopf/Koppensteiner, Kölner Kommentar § 18 N 7 ff., zu bestätigen, wonach für die einheitliche Leitung im Konzern vor allem die Bestimmungsmacht im finanziellen Bereich massgebend ist.
8 Rehbinder, Konzernaussenrecht 46.
9 Die Amerikaner verwenden dafür den Ausdruck "decentralized plan of organization"; vgl. dazu Gasser 182 ff.; Schmidt 93 ff.
10 Rehbinder, Konzernaussenrecht 40; eingehend zur Zentralisation und Dezentralisation im Konzern Krähe/Hardach 75 ff. sowie Langenegger 47 ff.
11 Zum Begriff der Konzernleitung vgl. Krähe/Hardach 33 ff.; Hardach 717 ff.; Rehbinder, Konzernaussenrecht 38 f.; Zünd 70 ff.
12 Zu dieser Unterscheidung vgl. Krähe/Hardach 37 f.

durch eine für diesen Zweck ins Leben gerufene oder umstrukturierte rechtlich selbständige Gesellschaft wahrgenommen werden (b):

a) Konzernleitung durch Führungsorgane der herrschenden Gesellschaft, sog. "Stammhauslösung"[13]

Hier üben die Führungsorgane des Stamm- oder Mutterhauses die Oberleitung aller Konzerngesellschaften aus. Solche Konstellationen ergeben sich meist dann, wenn ein Unternehmen nachträglich mehrere andere Unternehmen erwirbt und diese in rechtlich selbständiger Form weiterführt. Das Stammhaus ist in diesem Falle eine gemischte Holdinggesellschaft[14]. Oft ist in diesem Falle die Muttergesellschaft zugleich die grösste Produktionsgesellschaft[15]; es besteht keine organisatorische Trennung zwischen der Leitung des Stammhauses und der Konzernleitung. Die Mitglieder der Konzernleitung üben eine *Doppelfunktion* aus[16]: Neben der Geschäftsführung des Stammhauses obliegen ihnen auch die den Gesamtkonzern betreffenden Grundsatzentscheidungen. In komplizierteren Verhältnissen ist die Führung des Stammhauses von der Konzernleitung organisatorisch getrennt.

In der Schweiz sind die meisten grossen Konzerne nach dem Stammhausprinzip organisiert: Als Beispiele seien hier die Gebrüder Sulzer AG[17] sowie die Schweizerische Aluminium AG[18] erwähnt.

b) Rechtlich verselbständigte Konzernleitung, sog. "Holdinglösung"

Um die organisatorische und interessenmässige Trennung zwischen Gesamtkonzern und Stammhaus optimal sicherzustellen, werden oft alle Führungs- und Verwaltungsaufgaben im Konzern einer rechtlich selbständigen Gesellschaft übertragen. Die Konzernspitze ist in diesem Falle eine reine Holdinggesellschaft[19]; die Mitglieder der Geschäftsleitung dieser Holdinggesellschaft bilden die Konzern-

---

13 Den Begriff "Stammhauslösung" verwendet Langenegger 52; Zünd 73; Rehbinder, Konzernaussenrecht 38 spricht von einer "Werksholding".
14 Zum Begriff der gemischten Holdinggesellschaft vgl. R. Oesch 58 ff.; Zweifel 51.
15 Rehbinder, Konzernaussenrecht 39.
16 Über die organisatorischen Vor- und Nachteile dieser Doppelfunktion vgl. Zünd 73 sowie Langenegger 52: "Die Ausübung dieser Doppelfunktionen bringt die betreffenden Personen nicht selten in innere Konfliktsituationen ... und in vielen Fällen kommt es zu einer sachlich nicht gerechtfertigten Überbewertung der Stammhausinteressen."
17 Vgl. Geschäftsbericht 1978.
18 Vgl. Geschäftsbericht 1978.
19 Zum Begriff der reinen Holdinggesellschaft vgl. R. Oesch 51 ff.; Zweifel 51.

leitung und üben alle Führungsfunktionen im Konzern aus. Diese Lösung ist steuerlich günstig[20] und bietet in organisatorischer Hinsicht den Vorteil, dass alle Führungsfunktionen im Konzern in *einer* Spitzengesellschaft vereinigt sind. Allerdings wird die nachträgliche Umstrukturierung eines Unternehmens zum Holdingaufbau (Errichtung einer Führungsspitzengesellschaft durch Ausgründung aller Beteiligungen aus dem Stammhaus) oft aus steuerlichen Gründen erschwert sein[21]. Sehr häufig findet sich diese Form organisatorisch *und* rechtlich verselbständigter Konzernführung in den Vereinigten Staaten von Amerika[22], aber auch in der Schweiz sind verschiedene Konzernunternehmen nach dem Holdingprinzip organisiert: So besitzt z.B. die Nestlé-Gruppe[23] eine reine Führungsspitzengesellschaft.

Daneben finden sich häufig Konzerne mit einer modifizierten Holdingstruktur: Eine Holdinggesellschaft vereinigt die Beteiligungen an allen Konzerngesellschaften, stellt also den faktischen Konzern sicher. Zugleich werden alle Leitungsfunktionen im Konzern einer verselbständigten Gesellschaft (Gestionsgesellschaft)[24] übertragen. Neben den bereits erwähnten Vorteilen gewährt die modifizierte Holdingstruktur eine optimale Trennung von Vermögensträgerschaft und Organisationsstruktur: So kann z.B. unabhängig voneinander der Sitz der Holding nach steuerrechtlichen und der Sitz der Gestionsgesellschaft nach betriebswirtschaftlichen Kriterien bestimmt werden. Beispiele eines nach modifiziertem Holdingprinzip organisierten Konzerns sind die Holderbank Financière Glarus AG[25] und die Vetropack Holding AG[26].

---

20 Um eine wirtschaftliche Dreifachbesteuerung zu verhindern, verzichten die kantonalen Steuergesetze und der Wehrsteuerbeschluss auf die Besteuerung des Einkommens der Holdinggesellschaft aus Beteiligungserträgen. Dieses sog. *Holdingprivileg* (vgl. dazu im einzelnen R. Egger 5 ff.; R. Oesch 93 ff.; Zweifel 131 ff.) wird entweder unter objektiven oder subjektiven Voraussetzungen gewährt: Im ersten Fall wird eine Steuerbefreiung nach sachlichen Kriterien zugestanden, im zweiten Fall wird die Gewährung des Holdingprivilegs von der Qualifikation einer Gesellschaft als Holdinggesellschaft abhängig gemacht (Zweifel, Holdinggesellschaft 37 f.).
In Konzernen mit Holdingstruktur wird der Gewinn der Konzerngesellschaften im Rahmen des steuerlich zulässigen Masses gering gehalten und durch interne Gewinnverschiebungen der Konzernspitze übertragen, welche das Holdingprivileg besitzt.
21 Vgl. dazu Langenegger 53; Rehbinder, Konzernaussenrecht 39; Zünd 73, Anm. 107; zu den steuerrechtlichen Aspekten einer nachträglichen Umwandlung vgl. W. Egger 111 ff. (Umwandlung des Stammhauses in eine Holdinggesellschaft) sowie 139 ff. (Errichtung der Holding durch Ausgründung aus einer Betriebsaktiengesellschaft).
22 Vgl. Krähe/Hardach 38; zu den holding companies vgl. auch Herman Daems, The holding company and corporate control (Nijenrode studies in economics, volume 3, Leiden/Boston 1978) sowie Mestmäcker 101 ff.
23 Vgl. Geschäftsbericht der Nestlé AG 1978. Ein weiteres Beispiel einer reinen Holdingstruktur bietet die Elektrowatt AG Zürich (vgl. Geschäftsbericht 1978).
24 Die Gestionsgesellschaft ist entweder eine Tochtergesellschaft der Holding oder Alleinaktionär einer Holding, welche die Beteiligungen an den Konzerngesellschaften "hält" (letzteres ist z.B. bei der Schweizerischen Rückversicherungsgesellschaft der Fall).
25 Vgl. Geschäftsbericht der Holderbank Financière AG 1978.
26 Vgl. Geschäftsbericht der Vetropack Holding AG 1978.

c) Personelle Zusammensetzung der Konzernleitung

Die personelle Zusammensetzung der Konzernleitung kann bedeutsam werden, da sie sich auf den Führungsstil und somit unmittelbar auf die Verantwortlichkeiten im Konzern auswirkt. Sie ist stark von der konkreten Ausgestaltung des Konzerns abhängig. Generelle Aussagen sind daher kaum möglich: Mit ZÜND[27] wären etwa folgende mögliche persönliche Konstellationen zu unterscheiden: Führungskollektive mit wechselnder Koalitionsbildung, Gremien, die in besonderem Masse durch *eine* Persönlichkeit — den "starken Mann" — geprägt sind, und Gremien, in denen einem oder mehreren Aktionären ein besonderer Einfluss zukommt.

IV. Die Mittel der einheitlichen Leitung

Voraussetzung für die Ausübung der einheitlichen Leitung der Konzerngesellschaften ist die tatsächliche Möglichkeit der Einflussnahme auf die einzelnen Unternehmen, d.h. deren Abhängigkeit[28]. Wichtigstes Mittel der konzernmässigen Beherrschung ist im faktischen Konzern die Beteiligung (1.) und die personelle Verflechtung (2.):

1. Beteiligung als Mittel der einheitlichen Leitung

a) Der Begriff der Beteiligung

Im weitesten Sinne kann unter Beteiligung "die Summe aller Mitgliedschaftsrechte an einer Gesellschaft"[29] verstanden werden. Als weitere Merkmale verlangen die Betriebswirtschaftslehre und das Steuerrecht "ein gewisses Mass an Interessenahme an einer Gesellschaft, ferner eine gewisse Dauer derselben"[30]. Zur Konzernbindung ist die Beteiligung dann geeignet, wenn sie die Ausübung eines "beherrschenden Einflusses" ermöglicht[31].

---

27 Zünd 72.
28 Zum Begriff der Abhängigkeit vgl. vorn S. 12 f.
29 Rasch, 5. Aufl. 42 ff., 245 f.; W. von Steiger, Rechtsverhältnisse 240a ff.; Zweifel, Holdinggesellschaft 52.
30 Vgl. Langenegger 16 f.; zum steuerrechtlichen Beteiligungsbegriff vgl. W. von Steiger, Rechtsverhältnisse 241a f.; Zweifel, Holdinggesellschaft 52.
31 Vgl. § 17 I AktG.

b) Arten der Beteiligung

Nach der Wirksamkeit zur Beeinflussung einer Gesellschaft lassen sich die Minderheits-[32], Sperr-[33], Mehrheitsbeteiligung[34] und die hundertprozentige Beteiligung[35] unterscheiden.

Es liegt im Interesse der Konzernspitze, die einzelnen Gesellschaften mit möglichst geringem Kapitaleinsatz zu beherrschen[36]. Der Erwähnung bedürfen daher die Begriffe der *optimalen* und der *indirekten* Beteiligung:

Die optimale Beteiligung ist diejenige, "die erfahrungsgemäss ausreicht, um Beschlüsse herbeizuführen"[37].

Ist die Obergesellschaft A mehrheitlich an der Konzerngesellschaft B beteiligt und besitzt diese wiederum die Mehrheit an der Gesellschaft C, so kann die Obergesellschaft A auch auf die Gesellschaft C einen beherrschenden Einfluss ausüben. Auf diesem Wege lässt sich eine Gesellschaft mit minimalem Kapitaleinsatz beherrschen[38].

Häufige Erscheinungsform ist in Konzernverhältnissen die zu 100% beherrschte Konzerngesellschaft[39]; ebensooft findet sich aber auch die 49%-, 50%- und die 51%-Beteiligung. Die Konsolidierung ist übrigens im Konzern ein recht zuverlässiges Indiz dafür, dass die Beteiligung an einer Gesellschaft die einheitliche Leitung bewirkt[40].

---

32 Zweifel, Holdinggesellschaft 54.
33 Zweifel, Holdinggesellschaft 54 f.
34 Zweifel, Holdinggesellschaft 55 f. unterscheidet die optimale, absolute und qualifizierte Mehrheitsbeteiligung.
35 Zweifel, Holdinggesellschaft 57.
36 Mosch 27.
37 Zweifel, Holdinggesellschaft 55.
38 Ein Beispiel dafür gibt Pausenberger 66 f.: "Um auf ein Unternehmen A mit einem Grundkapital von 100 Mio. einen beherrschenden Einfluss auszuüben, ist es ... notwendig, 51 Mio. des Aktienkapitals in Händen zu haben ... Die nach der Herrschaft strebende Gesellschaft O (Obergesellschaft) hat häufig nicht die breite Kapitalbasis, um die Aktienmajorität von A zu erwerben. Aus diesem Grunde wird eine Kontrollgesellschaft K 1 eingeschaltet, die mit einem Grundkapital von 51 Mio. ... ausgestattet, die Mehrheit der Aktiengesellschaft A übernimmt. Die Majorität des Grundkapitals von K 1 und damit die Herrschaft über diese liegt wiederum bei der Obergesellschaft O."
39 Vgl. dazu Zweifel, Holdinggesellschaft 57; da in diesem Falle die Auseinandersetzung mit dem Minderheitsaktionär wegfällt, erleichtern hundertprozentige Beteiligungen die einheitliche Leitung im Konzern.
40 Aus den konzernrechtlichen Konsolidierungsvorschriften des AktG ergibt sich, dass die Beteiligungsquote ein wichtiges, aber nicht das einzige Indiz für die Annahme der einheitlichen Leitung darstellt: Nach § 319 II AktG ist jede Konzernunternehmung in die Konsolidierung einzubeziehen, deren Anteil zu mehr als 50% im Besitz der Konzernspitze steht. Andere Konzernunternehmen müssen dann in der Konsolidierung berücksichtigt werden, wenn ihre Einbeziehung zu einer "anderen Beurteilung des Vermögens und der Ertragslage des Konzerns führt". Zur Rechnungslegung im deutschen Konzernrecht vgl. Emmerich/Sonnenschein 262 ff. mit weiteren Hinweisen.

c) Die rechtliche Bedeutung der Beteiligung in Konzernverhältnissen

Die rechtliche Bedeutung der Beteiligung ist eine doppelte: Die Beteiligungshöhe hat einmal eine wichtige Indizfunktion im Zusammenhang mit der Frage, ob und in welchem Masse die Konzernspitze in die Geschäftsführung der Konzerngesellschaft eingegriffen hat. Je höher die Beteiligung, desto eher wird die Beeinflussung vermutet[41,42]. Weiter ist die Beteiligungsquote für die Haftung der Obergesellschaft für die Verbindlichkeiten der Konzerngesellschaft bedeutsam: Eine massgebliche Beteiligung kann möglicherweise bei Dritten die nach Vertrauensprinzip berechtigte Annahme erwecken, die Obergesellschaft stehe für die Verbindlichkeiten der Konzerngesellschaft ein[43].

2. Personelle Verflechtung als Mittel der einheitlichen Leitung

In den meisten Konzernen finden sich personelle Verflechtungen. Diese verstärken vor allem im faktischen Konzern die auf Beteiligung[44] beruhende Konzernbindung. Sie weisen eine Vielfalt menschlich bedingter Nuancen auf, die sich kaum systematisch erfassen lassen.

Wir unterscheiden im folgenden die vertikale[45] und die horizontale[46] Personalunion sowie die Entsendung selbständiger Interessensvertreter in die Verwaltung der Konzerngesellschaft.

Zunächst ein Hinweis auf den Unterschied zwischen Board- und Aufsichtsratssystem[47]: Im Boardsystem sind Geschäftsführungs- und Überwachungsfunktionen in *einem* Organ vereinigt[48]. Im Aufsichtsratssystem sind diese beiden Funktionen auf zwei Organe (Vorstand/Aufsichtsrat) verteilt[49].

---

41 Zur Frage, *wann* in Konzernverhältnissen eine Weisungserteilung vermutet wird, vgl. hinten S. 66 f.
42 Ein Beispiel dafür, dass mit steigender Beteiligung eine ansteigende Beeinflussung vermutet wird, bildet die abgestufte Ordnung des deutschen Konzernrechts; vgl. insb. die Abhängigkeitsvermutung nach § 17 II AktG: "Von einem in Mehrheitsbesitz stehenden Unternehmen wird vermutet, dass es von dem an ihm mit Mehrheit beteiligten Unternehmen abhängig ist."
43 Vgl. Geigy-Werthemann 21 ff.
44 Baum 92 ff.; Dreger 25 f.; Frankenberg 33; Mestmäcker 204 ff.; Picenoni 321.
45 Diese Erscheinungsform personeller Verflechtung wird oft mit dem englischen Ausdruck *multiple directorship* umschrieben; vgl. Dreger 25 f.
46 Interlocking directorates; vgl. Mestmäcker 240 ff.
47 Zum Unterschied zwischen Board- und Aufsichtsratsystem vgl. Mestmäcker 95 ff.; Vischer, Verantwortung 72 ff.; Vischer/Rapp 142 ff.
48 Dieses System kennen die schweizerische und amerikanische Rechtsordnung.
49 Dieses System kennt das deutsche Aktienrecht.

a) Vertikale Personalunion — "multiple directorship"

Hier entsendet die Obergesellschaft die Mitglieder ihrer Geschäftsleitung (d.h. die Konzernleitung) als Vertreter in die Verwaltung der Konzerngesellschaften. Diese nehmen dort entweder Ausführungs- oder Aufsichtsfunktionen wahr. Im Aufsichtsratssystem kommt der Unterschied dieser beiden Fälle formal zum Ausdruck: Das Mitglied der Konzernleitung nimmt entweder im Vorstand oder im Aufsichtsrat der Konzerngesellschaft Einsitz. Aber auch im Boardsystem des schweizerischen Rechts üben die Vertreter in der Konzerngesellschaft entweder Ausführungs- oder Aufsichtsfunktionen aus: Im ersten Fall ist das entsandte Mitglied der Konzernleitung Verwaltungsratsdelegierter der Konzerngesellschaft; im zweiten Fall ist es häufig Präsident, nicht aber Verwaltungsratsdelegierter der Gesellschaft.

Mischformen sind denkbar: Oft sitzen auch Mitglieder des Verwaltungsrates der Obergesellschaft gleichzeitig im Verwaltungsrat der Konzerngesellschaft[50]. Nicht selten werden auch Mitglieder des Verwaltungsrates oder der Geschäftsführung der Konzerngesellschaft in die Verwaltung der Obergesellschaft berufen. Dies ist dann der Fall, wenn eine Konzerngesellschaft eine besonders starke Stellung innerhalb des Gesamtkonzerns besitzt. Solche Konstellationen dienen der Verstärkung des personellen Einflusses.

Die Personalunion hat Vor- und Nachteile[51]: Vorteilhaft ist sicher die enge persönliche Bindung zwischen Konzernspitze und Konzerngesellschaft. Entscheidungen können rascher und formloser gefällt werden. Zugleich wird die oberste Behörde durch ihre im Verwaltungsrat der einzelnen Konzerngesellschaften sitzenden Mitglieder über die laufenden Geschäfte besser informiert. Nachteilig kann sich möglicherweise das Übergewicht derjenigen Personen auswirken, die Doppelfunktionen innehaben. Zudem besteht die Gefahr einer Verwischung der Kompetenzen und Verantwortlichkeiten.

b) Horizontale Personalunion — "interlocking directorates"

Diese besteht im gegenseitigen Austausch[52] von Mitgliedern der Geschäftsleitung oder des Verwaltungsrates zweier Gesellschaften. Dies ist häufig dann der

---

50 So sind z.B. verschiedene Verwaltungsratsmitglieder der BBC Aktiengesellschaft, Brown, Boveri & Cie., Baden, gleichzeitig Mitglieder des Aufsichtsrates der deutschen Tochtergesellschaft Brown, Boveri & Cie., Aktiengesellschaft, Mannheim (Angaben gemäss dem Geschäftsbericht dieser beiden Gesellschaften 1978).
51 Krähe/Hardach 67 f.
52 Dreger 26; häufigster Fall des gegenseitigen Austausches von Organen ist die Überkreuzvertretung: Ein Vorstandsmitglied der Gesellschaft B sitzt im Aufsichtsrat der Gesellschaft A und umgekehrt. Nach § 100 II Ziff. 3 AktG ist die Überkreuzvertretung unzulässig; vgl. dazu Rasch 118 f.; Vischer/Rapp 161.

Fall, wenn die beiden Gesellschaften ähnliche Geschäftsinteressen verfolgen und in einer Interessengemeinschaft vereinigt sind. Die Mitglieder der Geschäftsleitung der einen Gesellschaft sitzen im Verwaltungsrat der anderen Gesellschaft und umgekehrt.

Dient die vertikale Personalunion der Subordination von Konzerngesellschaften, so dient der gegenseitige Austausch von Organen vorwiegend der Koordination der Geschäftstätigkeit zweier gleichgestellter Gesellschaften.

c) Entsendung von Drittpersonen in den Verwaltungsrat der Konzerngesellschaft

Bedeutsam ist die Entsendung von Drittpersonen (meist Anwälten) als Interessensvertreter in die Verwaltung der Konzerngesellschaften. Dies ist einmal dann der Fall, wenn die Beteiligung aus irgendeinem Grunde nicht publik werden soll[53]. Am häufigsten findet sie sich in multinationalen Konzernen: Hier beruft die Konzernspitze oft nationale Vertreter in die Verwaltung ihrer ausländischen Konzerngesellschaften, welche die Interessen des Gesamtkonzerns wahrnehmen[54].

d) Die rechtliche Bedeutung der personellen Verflechtung

Die in die Verwaltung der Konzerngesellschaften entsandten Vertreter haben die Interessen der entsendenden *und* der aufnehmenden Gesellschaft wahrzunehmen. Materiell liegt Doppelvertretung vor[55].

Welches ist die rechtliche Bedeutung dieser Doppelfunktionen? Der Vertreter der Obergesellschaft steht in einem Interessenskonflikt[56]: Nimmt er nur die Konzerninteressen wahr, so verletzt er möglicherweise die ihm gegenüber der Konzerngesellschaft obliegenden Pflichten. Anderseits ist er gegenüber der Obergesellschaft zur Wahrung der Konzerninteressen berufen. Die Obergesellschaft beherrscht die Konzerngesellschaften über ihre Vertreter; daher muss billigerweise auch eine *Haftung der Obergesellschaft* in Erwägung gezogen werden[57].

---

53 Zur verdeckten Vertretung G. Schucany 96 ff.
54 Zu den Aufgaben des Verwaltungsrates einer Konzerngesellschaft aus praktischer Sicht vgl. H.J. Bär 101 f.
55 Zum Begriff der Doppelvertretung vgl. Bürgi N 35 f. zu OR 707; Schulthess 86 ff.; Siegwart, Einl. N 212 ff.; Vischer/Rapp 154 f.
56 Zum Interessenkonflikt des abhängigen Verwaltungsrates vgl. hinten S. 93 ff.
57 Vgl. dritter Teil dieser Arbeit.

2. KAPITEL

Die aktienrechtliche Verantwortlichkeit der Organe der OBERGESELLSCHAFT gegenüber Aktionären und Gläubigern der Konzerngesellschaft für Schädigung der Konzerngesellschaft

A. Zum Anwendungsbereich der aktienrechtlichen Verantwortlichkeitsvorschriften im allgemeinen

I. Problemstellung

Im Rahmen der einheitlichen Leitung[1] üben die Organe der Obergesellschaft als Mitglieder der Konzernleitung Geschäftsführungsfunktionen für die einzelnen Konzerngesellschaften aus. Diese Verschiebung wichtiger Unternehmensfunktionen von den Konzerngesellschaften auf Konzernebene führt zum Postulat nach einer diesen Gegebenheiten angepassten Verantwortlichkeit. Es ist zu untersuchen, ob die Organe der Obergesellschaft gegenüber der Konzerngesellschaft, ihren Aktionären und Gläubigern für die pflichtwidrige Beeinflussung der Konzerngesellschaft aktienrechtlich nach OR 754 ff. verantwortlich werden.

Sitzen die Mitglieder der Konzernleitung gleichzeitig im Verwaltungsrat der Konzerngesellschaft[2], so ergibt sich ihre aktienrechtliche Verantwortlichkeit aus der formalen Organposition bei der Konzerngesellschaft. Ein Blick auf die Praxis zeigt aber, dass oft nicht alle Mitglieder der Konzernleitung im Verwaltungsrat der Konzerngesellschaften sitzen, sondern dass die rechtlichen Hierarchien teilweise durch organisatorische Gegebenheiten überlagert sind. Die Mitglieder der Konzernleitung üben Organfunktionen für die Konzerngesellschaften aus, ohne formell Organ zu sein: Ist z.B. ein Mitglied der Konzernleitung für das Rechnungswesen aller Konzerngesellschaften zuständig, so übt es im Sachbereich Rechnungswesen materiell Organfunktionen für alle Konzerngesellschaften aus, unabhängig davon, ob es formell zu dieser Aufgabe berufen worden ist oder nicht.

Es frägt sich, ob die bloss *tatsächlich* Organfunktionen für eine Konzerngesellschaft ausübenden Mitglieder der Konzernleitung einer aktienrechtlichen Verantwortlichkeit für Pflichtwidrigkeit unterstehen.

---

1 Zur einheitlichen Leitung als Begriffsmerkmal des Konzerns vgl. vorn S. 8.
2 Es ist dies der Tatbestand der Doppelorganschaft; vgl. dazu hinten S. 152 ff.

II. Der Tatbestand der faktischen Organschaft

Personen, welche ohne formale Organposition Verwaltungs- und Geschäftsführungsfunktionen einer AG ausüben, bezeichnet die Rechtsliteratur als "verdeckte Verwaltungsräte"[3], als "administrateurs camouflés"[4] oder als "faktische Organe"[5]. In Anlehnung an GEHRIGER[6] bezeichnen wir die quasiorganschaftliche Ausübung von Verwaltungs- und Geschäftsführungsfunktionen als *faktische Organschaft* und untersuchen, ob die Verwendung dieser Rechtsfigur neue Erkenntnisse für die aktienrechtliche Verantwortlichkeit der Gesellschaftsorgane bringt.

1. Der Begriff der faktischen Organschaft[7]

Faktische Organschaft ist die *ohne rechtlichen Bestellungsakt* zum Gesellschaftsorgan unter *Benutzung eines rein tatsächlichen Einflusses* auf die Gesellschaft erfolgende *Ausübung von Organfunktionen* durch eine *ausserhalb der Organisationsstruktur* der Gesellschaft stehende Person.

2. Die Merkmale der faktischen Organschaft

a) Ausübung organschaftlicher Tätigkeit

Das faktische Organ übt Verwaltungs- und Geschäftsführungsfunktionen einer Gesellschaft aus. *Verwaltung* kann verstanden werden als diejenige Tätigkeit, für welche der Verwaltungsrat "in jedem Fall die Verantwortung trägt"[8]. Die Geschäftsführung ist "jene in vollem Umfange delegierbare Tätigkeit, welche selbständige Entscheidungsbefugnisse sowie die Möglichkeit einer wenigstens indirek-

---

3 Vgl. Bürgi N 10 zu OR 712, N 119 zu OR 753/4; Meier-Wehrli 21.
4 BGE 102 II 359.
5 Vgl. dazu Gehriger, Faktische Organe im Gesellschaftsrecht; Reich 1663 ff.; Woernle 47 f.
6 Vgl. die Definition bei Gehriger 15.
7 Die Rechtswissenschaft bezeichnet mit *faktisch* meist den Gegensatz zu *rechtlich:* So ist in der Doktrin von faktischen Vertragsverhältnissen und von faktischen Gesellschaften die Rede; vgl. W. von Steiger, Gesellschaftsrecht 310 ff.
8 Meier-Wehrli 10; weiter zum Begriff der Verwaltung Bürgi N 14 ff. zu OR 712; Forstmoser, Aktienrechtliche Verantwortlichkeit N 480.

ten Beeinflussung von Verwaltungsratsbeschlüssen umfasst und geeignet ist, unmittelbar zur Realisierung des Gesellschaftszweckes beizutragen"[9].

b) Fehlende Bestellung zum Organ

Das faktische Organ ist weder gemäss OR 698 II Ziff. 2 durch einen GV-Beschluss zum Verwaltungsrat gewählt noch gemäss OR 717 II auf dem Wege zulässiger Delegation mit der Geschäftsführung und Verwaltung betraut worden.

c) Benutzung des Einflusses auf die Gesellschaft

Die tatsächliche Ausübung der Verwaltungs- und Geschäftsführungsfunktionen erfolgt durch Beherrschung der Gesellschaft. Voraussetzung der Beherrschung ist die Abhängigkeit der Gesellschaft[10]. Abhängigkeit bedeutet Beeinflussungs*möglichkeit*.

Neben der Beeinflussungs*möglichkeit* ist die tatsächlich erfolgende Beeinflussung der Gesellschaft erforderlich. Macht z.B. eine der Gesellschaft kreditgewährende Bank keinen Gebrauch von ihrer Möglichkeit, die Geschäftsführung durch Auflagen zu beeinflussen, so liegt keine faktische Organschaft vor.

d) Eingriff in die aktienrechtliche Zuständigkeitsordnung

Das faktische Organ ist weder durch GV-Beschluss zum Gesellschaftsorgan gewählt worden, noch sind ihm auf dem Wege zulässiger Delegation Geschäftsführungsbefugnisse gemäss OR 717 II verliehen worden. Faktische Organschaft stellt einen Eingriff in die aktienrechtliche Zuständigkeitsordnung[11] dar:

Alle innerhalb der aktienrechtlichen Hierarchie stehenden Personen, denen Geschäftsführungsbefugnisse in rechtlicher oder tatsächlicher Hinsicht übertragen worden sind, üben in der Organisationsstruktur der AG verankerte, *abgeleitete* Befugnisse aus, die ihnen jederzeit entzogen werden können[12]. Demgegenüber ist die faktische Organschaft die Folge einer rein tatsächlichen Machtkonstellation.

---

[9] Meier-Wehrli 12; vgl. weiter Bürgi N 5 zu OR 717; Forstmoser, Aktienrechtliche Verantwortlichkeit N 480.
[10] Zum Begriff der Abhängigkeit vgl. vorn S. 12 mit Hinweisen.
[11] Vgl. dazu hinten S. 88 f.
[12] Vgl. OR 726 I.

3. Die aktienrechtliche Bedeutung der faktischen Organschaft

Die Frage nach der aktienrechtlichen Verantwortlichkeit des faktischen Organs stellt sich im Zusammenhang mit der rechtlichen Stellung des Hauptaktionärs[13], des Hintermannes in fiduziarischen Rechtsverhältnissen[14] sowie beim Konzerntatbestand[15]:

a) Die Verantwortlichkeit des Hauptaktionärs

Der Hauptaktionär[16] ist dank seiner hohen Beteiligung am Grundkapital der AG imstande, alle wichtigen Beschlüsse der Gesellschaft herbeizuführen. Bei welcher Beteiligungsquote dies der Fall ist, hängt von den konkreten Verhältnissen ab. Damit ist aber noch nicht gesagt, ob der Hauptaktionär von seiner Beeinflussungs*möglichkeit* Gebrauch macht. Der Hauptaktionär ist nicht schon dann als faktisches Organ der Gesellschaft zu betrachten, wenn er einen Entscheid der Gesellschaft durch Gebrauch seines Stimmrechts wesentlich beeinflussen kann. Die Stimmrechtsausübung hat als solche keine faktische Organschaft zur Folge. Auch der Einmann-Aktionär ist nicht a priori faktisches Organ der Gesellschaft. Wesentliche Voraussetzung für die faktische Organschaft des Hauptaktionärs ist sein Eingriff in die aktienrechtliche Zuständigkeitsordnung[17]. Der Hauptaktionär ist faktisches Organ, wenn

11. er eindeutig in den Zuständigkeitsbereich der Verwaltung oder Geschäftsführung fallende Entscheide durch die GV beschliessen lässt,
22. er einen direkten Einfluss auf die Organe der Gesellschaft nimmt: Mit dem Hinweis auf die Entfernung vom Amte oder auf die Möglichkeit, den fraglichen Entscheid durch eine rasch einberufene GV fällen zu lassen, kann er über die formell gewählten Gesellschaftsorgane in die Geschäftsführung und Verwaltung der Gesellschaft eingreifen[18].

b) Die Verantwortlichkeit des Hintermannes

Der Hintermann[19] in fiduziarischen Rechtsverhältnissen kann Auftraggeber eines fiduziarischen Verwaltungsrates oder Aktionärs sein: Im ersten Fall lässt

---

13 Zur Verantwortlichkeit des Hauptaktionärs vgl. im einzelnen hinten S. 120 ff.
14 Zur Verantwortlichkeit des Hintermannes vgl. Forstmoser, Aktienrechtliche Verantwortlichkeit N 491 f.; Meier-Wehrli 21 f.
15 Zur aktienrechtlichen Verantwortlichkeit der Konzernleitung vgl. hinten S. 57 ff.
16 Zum Begriff des Hauptaktionärs vgl. W. von Steiger, Verantwortung 700.
17 Zur Kompetenzverteilung in der AG vgl. hinten S. 88 f.
18 Vgl. W. von Steiger, Verantwortung 702.
19 Zum Begriff des Hintermannes vgl. Gehriger 77 ff.

ein Aktionär nicht sich selber, sondern eine ihm genehme andere Person in den Verwaltungsrat wählen. Über diesen fiduziarischen Verwaltungsrat versucht er, die Verwaltung und Geschäftsführung der Gesellschaft zu beeinflussen. Im zweiten Fall überträgt der Hintermann seine Aktien einem Treuhänder, der nach aussen als eigenberechtigter Aktionär auftritt und im Innenverhältnis dem Fiduziant gegenüber zur Weisungsbefolgung verpflichtet ist.

Als faktisches Organ ist auch der Hintermann nur dann zu betrachten, wenn er über den Strohmann die Verwaltungs- und Geschäftsführungsfunktionen der Gesellschaft *tatsächlich* beeinflusst.

c) Die Verantwortlichkeit der Konzernleitung

Träger der einheitlichen Leitung der Konzerngesellschaften sind die Mitglieder der Konzernleitung und die Obergesellschaft. Die einheitliche Leitung der Konzerngesellschaften hat den Tatbestand der faktischen Organschaft nicht automatisch zur Folge. Wie an anderer Stelle ausführlicher darzulegen ist[20], weist der Tatbestand der einheitlichen Leitung nicht alle Merkmale der faktischen Organschaft auf, sondern ist weiter gefasst. Er kann alle Abstufungen aufweisen von der zentralisierten Ausübung von Geschäftsführungsfunktionen auf Konzernebene bis zur blossen Koordination einzelner Grundsatzentscheide. *Wann* er sich zum Tatbestand der faktischen Organschaft verdichtet, kann nur aufgrund einer Konkretisierung des Konzerntatbestandes gesagt werden[21].

III. Lehre und Rechtsprechung zur Verantwortlichkeit des faktischen Organs

1. Lehre

Der Frage nach der aktienrechtlichen Verantwortlichkeit des faktischen Organs hat sich die Rechtsliteratur – selten unter diesem Ausdruck[22] – im Zusammenhang mit der Verantwortlichkeit des Hintermannes, des Hauptaktionärs sowie der Konzernleitung und der Obergesellschaft in Konzernverhältnissen gewidmet. Aus der Zahl der für und gegen eine aktienrechtliche Verantwortlich-

---

20 Vgl. hinten S. 58 f.
21 Vgl. hinten die einzelnen typischen Tatbestände der einheitlichen Leitung S. 59 ff.
22 Vgl. Gehriger, Faktische Organe im Gesellschaftsrecht; Marugg 4; Woernle 47 f.; für das deutsche Recht Reich 1663 ff.

keit des faktischen Organs vorgebrachten Argumente[23] greife ich folgende heraus:

Die *Befürworter* einer aktienrechtlichen Verantwortlichkeit des faktischen Organs nach OR 754 ff. begründen sie mit der Rechtsnatur der aktienrechtlichen Verantwortlichkeit als *Organhaftung:* Der Verantwortlichkeit nach OR 754 ff. unterliegt jedermann, dem die Organqualität zukommt. Als Folge dieser Auffassung hat der Organbegriff eine wichtige Abgrenzungsfunktion: Eine weite Fassung des Organbegriffes unterwirft einen grossen, eine enge Umschreibung nur einen kleinen Personenkreis den aktienrechtlichen Verantwortlichkeitsvorschriften.

Die stichhaltigste Begründung einer extensiven Auslegung von OR 754 gibt die Doktrin mit dem Hinweis auf den sog. *materiellen Organbegriff*[24]. Danach sind alle Personen Organe, die "effektiv und in entscheidender Weise an der Bildung des Verbandswillens teilnehmen"[25]. Die Organqualität einer Person bestimmt sich nach formellen *und* tatsächlichen Kriterien. Die funktionelle Betrachtungsweise hat sich zunächst aus dem Bestreben heraus entwickelt, auch untergeordnete Funktionäre einer Gesellschaft der aktienrechtlichen Verantwortlichkeit zu unterstellen. Daneben versucht die Doktrin, auch eine ausserhalb der aktienrechtlichen Zuständigkeitsordnung erfolgende Beeinflussung der Gesellschaft den Vorschriften von OR 754 ff. zu unterstellen.

Ein triftiges Argument gegen eine weitgefasste Passivlegitimation nach OR 754 ist dasjenige der vertraglichen Natur des Verantwortlichkeitsanspruchs[26]. Darauf soll kurz eingegangen werden: Zunächst ist festzustellen, dass die Rechtsnatur des Verantwortlichkeitsanspruches umstritten ist[27]; damit verliert das Argument der vertraglichen Natur des Verantwortlichkeitsanspruches einen Teil seiner Überzeugungskraft. Bei der Klage auf Ersatz ihres unmittelbaren Schadens nach OR 754 können sich Aktionäre und Gläubiger auf die Verletzung des zwischen den verantwortlichen Personen und der Gesellschaft bestehenden Vertragsverhältnisses berufen, obwohl sie nicht Vertragspartner der Gesellschaftsorgane sind. Mit dieser Regelung hat der Gesetzgeber relativen Vertragsrechten eine

---

23 Für eine *weite* Fassung des nach OR 754 passivlegitimierten Personenkreises setzen sich ein: Bürgi N 10 zu OR 712, N 119 zu OR 753/4; Forstmoser, Aktienrechtliche Verantwortlichkeit N 491 ff.; derselbe, Verantwortlichkeit 30 ff.; Forstmoser/Meier-Hayoz § 25 N 2 ff.; Gehriger 91 ff.; Hirsch, cession 183; Meier-Wehrli 22; Nenninger 116; F.P. Oesch 228 f.; Petitpierre-Sauvin 135; Schmid 108 (allerdings aus strafrechtlicher Sicht); Woernle 59 ff.; für eine *enge* Fassung von OR 754 und somit gegen eine Haftbarkeit des faktischen Organs nach OR 754 sprechen sich aus: Dallèves 676; von Greyerz 62 f.; Wohlmann 129; Zweifel 98; vgl. im übrigen die übersichtliche Darstellung der in Praxis und Literatur zu dieser Frage vertretenen Meinungen bei Gehriger 97 ff.
24 Zum materiellen Organbegriff vgl. hinten S. 45 ff.
25 Vgl. Forstmoser/Meier-Hayoz § 15 N 9.
26 Dallèves 676; Wohlmann 129.
27 Vgl. dazu Forstmoser, Aktienrechtliche Verantwortlichkeit N 108 ff. mit weiteren Hinweisen; Schiess 31 f.

"quasidingliche" Drittwirkung verliehen[28]. Daraus lässt sich erkennen, dass der Gesetzgeber im Zusammenhang mit der aktienrechtlichen Verantwortlichkeit nur geringen Wert auf eine scharfe Unterscheidung zwischen absoluten und relativen Rechten gelegt hat[29].

2. *Rechtsprechung*[30]

Die Rechtsprechung zur Frage nach der aktienrechtlichen Verantwortlichkeit des faktischen Organs ist kärglich:

Das Zürcher Obergericht bejaht im Zusammenhang mit einer grundsätzlichen Erörterung der Zulässigkeit des fiduziarischen Verwaltungsrates eine der Machtstellung des Hintermannes entsprechende Haftung aus OR 754[31]. Neulich hat das BGer zwei eine AG beherrschende Aktionäre als haftbar nach OR 754 erklärt und damit das Problem der faktischen Organschaft kurz gestreift[32].

Deutlicher äussert sich ein verwaltungsrechtlicher Entscheid des BGer[33]: Hier rechnet das Gericht der Leitungsgesellschaft eines Anlagefonds das unlautere Gebaren ihres Hauptaktionärs gemäss OR 718 III/ZGB 55 II an, der nicht im Verwaltungsrat sitzt, aber die Geschäftsführung der Leitungsgesellschaft innehat: "Le fait qu'il n'a jamais fait officiellement partie du conseil d'administration n'est a cet égard nullement déterminant."[34]

Sodann verdienen zwei strafrechtliche Entscheide Erwähnung[35]: BGE 78 IV 30 stellt fest, "dass nicht nur Mitglieder des Verwaltungsrates, sondern auch Per-

---

28 Vgl. Bürgi N 15 zu OR 753/4; eingehend zu dieser Regelung Schiess 26 ff.
29 Zu den Besonderheiten der aktienrechtlichen Verantwortlichkeitsklage hinten S. 54 ff.
30 Zur Rechtsprechung über diese Frage vgl. auch eingehend Gehriger 101 ff.
31 BlZR 1959 179 ff., 190: "... während doch gerade nach den Grundsätzen des Aktienrechts die Verantwortlichkeit sowohl des Strohmann-Verwaltungsrates, als auch des herrschenden Alleinaktionärs für schädigende rechtswidrige Handlungen feststeht". Diese Formulierung ist m.E. als obiter dictum zu betrachten: Das Gericht hatte sich in diesem Entscheid über die *Zulässigkeit* des abhängigen Verwaltungsrates und nicht über die Haftungsfrage zu äussern.
32 BGE 102 II 353 ff., 359 bezeichnet die beiden Hauptaktionäre als "administrateurs camouflés" und nimmt mit diesem Ausdruck auf den von Bürgi N 119 zu OR 753/4 geprägten Ausdruck des "verdeckten Verwaltungsrates" Bezug; vgl. zu BGE 102 II 353 ff. die Bemerkung von Gehriger 101, dass in diesem Falle die beiden Hauptaktionäre gleichzeitig als Einzelprokuristen im Handelsregister eingetragen waren und daher nicht als "typische" Fälle faktischer Organe betrachtet werden können.
33 BGE 101 Ib 422 ff.
34 BGE 101 Ib 436. Zu diesem Entscheid ist zu bemerken, dass es um die Haftung der Verbandsperson für das Verhalten ihres Organs und nicht um dessen persönliche Verantwortung geht; im übrigen bestätigt er die These Hirschs, contrôle 183, von der Verantwortlichkeit des Hauptaktionärs: "elle (sc. die Vorschrift von OR 754) peut même s'appliquer à l'actionnaire majoritaire, s'il s'immisce dans la gestion sociale ...".
35 Zu diesen Entscheidungen vgl. Bucher, Durchgriffslehre 169 ff.; Gehriger 140 ff., 154 ff.; Schmid 106 ff.

sonen, welche die Gesellschaft tatsächlich leiten, indem sie die Mitglieder der statutarischen Verwaltung, die Direktoren oder die Bevollmächtigten als Strohmänner benützen", Verwaltungsorgane im Sinne von StGB 172/326 seien[36]. Nach BGE 97 IV 10 ist auch ein die Gesellschaft tatsächlich leitendes Verwaltungsorgan Geschäftsherr im Sinne von StGB 159[37]. Beide Urteile billigen somit nicht nur den gesetzlichen und statutarischen Organen die Organeigenschaft zu, sondern stellen daneben auch auf die tatsächlichen Gegebenheiten ab. Sie enthalten ein Bekenntnis zum materiellen Organbegriff im Bereiche des Strafrechts. Die weitherzige Auslegung strafrechtlicher Begriffe kann aber nicht unbesehen ins Zivilrecht übernommen werden[38].

IV. Materieller Organbegriff und faktische Organschaft

1. Organbegriff und Verbandsperson

Die Problematik des Organbegriffes ist verknüpft mit der Kontroverse um das Wesen der juristischen Person[39].

Von der Vorstellung ausgehend, dass nur der Mensch rechtsfähig sei, betrachtet die romanistische *Fiktionstheorie*[40] die juristische Person als einen Kunstgriff. Da sie weder willens- noch handlungsfähig ist, vermag sie Rechte und Pflichten nicht durch eigenes Handeln, sondern nur über die Stellvertretung zu erwerben. Die Stellvertretung für unerlaubte Handlungen ist ausgeschlossen; daher wird der juristischen Person keine Deliktsfähigkeit zuerkannt.

Demgegenüber versteht die von der germanistischen Rechtsschule entwickelte *Realitäts- oder Organtheorie*[41] die juristische Person als wirklich existierende, rechts- und handlungsfähige Person. Sie äussert ihren Willen durch ihre *Organe,* deren rechtsgeschäftliche und unerlaubte Handlungen ihr als *eigene* angerechnet werden. Organschaftliches Handeln schliesst die Stellvertretung also begriffsnot-

---

36 Gehriger 140; Schmid 108.
37 Gehriger 154 ff.; Schmid 108 f.
38 Zum Verhältnis strafrechtlicher und zivilrechtlicher Begriffe vgl. Hans Schultz, Das Schweizerische Strafgesetzbuch in der Rechtsprechung des Bundesgerichtes, ZStR 78 (1962) 150 ff., 168 ff.
39 Zum Wesen der juristischen Person vgl. Bucher, Organschaft 39 ff.; Burckhardt, Organisation 292 ff.; Bürgi, Wandlungen 245 ff.; derselbe, N 8 ff. vor OR 698–731; Egger N 11 ff. vor ZGB 55; Gutzwiller, Verbandspersonen 479 ff.; Hafter, Lehre 75 ff.; derselbe, Straffähigkeit 43 ff.; Meier-Hayoz/Forstmoser § 2 N 9 ff.; W. von Steiger, Gesellschaftsrecht 282 ff.; Tuor/Schnyder 106 ff.
40 Hauptsächlichster Vertreter: F.C. von Savigny, System des heutigen Römischen Rechts, Bd. II, Berlin 1840, § 85 ff., 235 ff.
41 O. von Gierke, Die Genossenschaftstheorie und die deutsche Rechtsprechung (Berlin 1887), insb. 603 ff.

wendig aus. Das Organ ist kein Dritter, sondern ein Teil der juristischen Person. Die wichtigste praktische Folge dieser Auffassung besteht in der Deliktsfähigkeit der juristischen Person.

Mit der positivrechtlichen Statuierung der Handlungsfähigkeit der juristischen Person in ZGB 54/55 hat der Theorienstreit über das Wesen der Verbandspersonen seine praktische Bedeutung verloren[42]. Es "vollzieht sich eine Rückkehr zu den Ausgangspunkten der Fiktionstheorie"[43].

2. Gesetzliche Konkretisierung des Organbegriffes

ZGB 55 I gibt eine im wesentlichen von der Realitätstheorie geprägte Nominaldefinition des Organbegriffes. "Organe sind demnach diejenigen Personen, deren Handeln der juristischen Person als eigenes zugerechnet wird."[44] Damit ist noch nicht ausgesagt, wer in concreto Organ ist. Der Organbegriff ist allgemein und bedarf der *Konkretisierung*.

Anhaltspunkte für eine Konkretisierung des Organbegriffes gibt das Aktienrecht: OR 718 II/III regelt die Handlungsfähigkeit der AG, OR 754 statuiert eine strenge persönliche Verantwortlichkeit der für die AG handelnden Organe. Diese Vorschriften entsprechen *materiell* also ZGB 55 II/III; man kann sie als aktienrechtliche Konkretisierungen des Organbegriffes bezeichnen[45]. In ihnen spricht das Gesetz nicht von Organen, sondern bedient sich der Begriffe "Verwaltung" und "Geschäftsführung". Dadurch erklärt es die *Ausübung von Verwaltungs- und Geschäftsführungsfunktionen zum Wesensmerkmal organschaftlichen Handelns.* Das Organ übt also nicht eine untergeordnete, sondern eine auf den Gesellschaftszweck ausgerichtete Tätigkeit aus.

Auch bei der Regelung der anderen Gesellschaftsformen bedient sich der Gesetzgeber der Begriffe "Verwaltung" und "Geschäftsführung" zur Konkretisierung des Organbegriffes[46].

---

42 Ob sich unser ZGB mit dieser Regelung zur Organtheorie bekannt hat, ist umstritten. Als positivrechtliche Fixierung der Organtheorie betrachten ZGB 55 II: Oser/Schönenberger N 4 zu OR 55; Hartmann 13 f.; Steinbrüchel 12; Tuor/Schnyder/Jäggi 108 ff.; gegen eine solche Interpretation von ZGB 55 II: Egger N 13 vor ZGB 52 ff., der darauf hinweist, dass das Gesetz unabhängig vom Willen des Gesetzgebers aus sich selbst heraus zu interpretieren sei; Meier-Hayoz/Forstmoser § 2 N 27 f.
43 Meier-Hayoz/Forstmoser § 2 N 27.
44 Portmann 3; Burckhardt, Organisation 298.
45 Vgl. Zimmermann 64 f.; zur Frage, ob die mit der Geschäftsführung und Vertretung betrauten Personen Organqualität aufweisen, vgl. Meier-Wehrli 20 f.; Oftinger II/1 106 f.; Portmann 23 f.; Steinbrüchel 49 f.
46 Vgl. OR 765, 767 (Kommandit-AG); OR 811 (GmbH).

3. Funktionalisierung des Organbegriffes

Mit seiner positivrechtlichen Umschreibung in ZGB 55 löst sich der Organbegriff aus seiner dogmatischen Verknüpfung mit dem Wesen der juristischen Person und erhält eine selbständige funktionale Bedeutung. Wir untersuchen, welche *Funktion* diesem Begriff bei der Lösung haftungsrechtlicher Probleme zukommt. Dabei ist zwischen der Haftbarkeit der juristischen Person für das Verhalten ihrer Organe (Aussenrecht) und deren persönlichen Verantwortlichkeit (Innenrecht) zu unterscheiden.

a) Haftbarkeit der Verbandsperson

Das rechtsgeschäftliche und unerlaubte Verhalten der *Organe* verpflichtet die juristische Person. Der Umfang des Organbegriffes bestimmt die Geschäfts- und Deliktsfähigkeit der juristischen Person. Auf die letztere soll kurz eingegangen werden:

Die *Deliktsfähigkeit* der juristischen Person ergibt sich weniger aus dogmatischen Erwägungen um das Wesen der Verbandsperson als aus allgemeinen Rechtsgedanken. "Nicht weil das Handeln der Organe Handeln der juristischen Person ist, sondern weil diese haften *soll*, werden bestimmte Kategorien von Personen als Organe bezeichnet."[47] Da die juristischen Personen weitgehend mit den natürlichen gleichgestellt sind, verlangen die Bedürfnisse des Rechtsverkehrs, dass sie in haftungsrechtlicher Hinsicht gleich behandelt werden wie die natürlichen Personen. Die Deliktsfähigkeit der Verbandsperson dient dem "Ziel einer billigen Haftungsverteilung"[48]; sie ist ein Postulat des "Verkehrs- und Rechtslebens"[49].

Da letzten Endes nur natürliche Personen handeln können, ist die Deliktsfähigkeit der juristischen Person in ihrem Kern eine Haftung für unerlaubtes Handeln ihrer Funktionäre[50]. Die Besonderheit dieser Haftung besteht darin, dass die unerlaubte Handlung der Organe die Verbandsperson als *eigene* verpflichtet und dieser damit eine Haftung *ohne Entlastungsmöglichkeit* auferlegt. Da juristische Personen nicht schuldfähig sind, wird ihre Deliktsfähigkeit als "gesetzliche und durch keinen Befreiungsbeweis gemilderte Kausalhaftung der Verbandsperson"[51] bezeichnet.

---

47 Wolfers 6 (Auszeichnung vom Verfasser).
48 So BGE 48 II 7; verschiedene Autoren weisen darauf hin, dass der Deliktsfähigkeit juristischer Personen das Postulat der gerechten Verteilung der Schadenstragung zugrunde liegt: Burckhardt 392 ff.; Egger N 2 zu ZGB 54/55; derselbe, Verantwortlichkeit 74 ff.; Kreis 26; Portmann 13; Steinbrüchel 52; Wolfers 6; Zimmermann 63.
49 Egger, Verantwortlichkeit 76.
50 Egger N 2 zu ZGB 54/55; Portmann 12.
51 Egger, Verantwortlichkeit 79; die Haftung der juristischen Person nach ZGB 55 betrachten als Kausalhaftung: Egger N 2 zu ZGB 54/55; Hartmann 20; Steinbrüchel 52, 58; als

Der Deliktsfähigkeit der juristischen Person liegt der Billigkeitsgedanke zugrunde, der sich zu den Prinzipien der billigen Schadensverteilung sowie der Gleichbehandlung juristischer und natürlicher Personen konkretisiert. Welche Bedeutung kommt dem Organbegriff zu? Er bestimmt den Umfang der Deliktsfähigkeit juristischer Personen und damit den Geltungsbereich der beiden Prinzipien; diese *begrenzen* und *ergänzen* einander: Eine im Interesse der billigen Schadensverteilung erfolgende weite Fassung des Organbegriffes wird dann unzulässig, wenn sie dem Gebot der Gleichbehandlung juristischer und natürlicher Personen widerspricht[52]. Zu eng ist die Fassung des Organbegriffes, wenn sie dem Postulat der billigen Haftungsverteilung zuwiderläuft. Dass die Deliktsfähigkeit der juristischen Person Resultat einer Interessenabwägung ist, zeigt sich auch darin, dass die Verbandsperson nicht schlechthin für das unerlaubte Verhalten ihrer Organe haftet. Voraussetzung einer Haftung ist vielmehr, dass die Handlungen des Organs in *Ausübung geschäftlicher Verrichtung* erfolgen. Mit dem Erfordernis des funktionellen Zusammenhangs hat die Rechtsprechung die in ZGB 55 II niedergelegte Haftung der Verbandsperson für fremdes Verschulden differenziert[53].

b) Persönliche Verantwortlichkeit der Organe

Das Aktienrecht unterwirft die Gesellschaftsorgane in OR 754 ff. einer im Vergleich zu den allgemeinen Haftpflichtnormen strengeren persönlichen Verantwortlichkeit[54]. Dadurch erhält der Organbegriff auch im Innenrecht eine funktionale Bedeutung: Er bestimmt den Personenkreis, der den Verantwortlichkeitsvorschriften gemäss OR 754 ff. unterliegt.

Wie die Deliktsfähigkeit der Verbandsperson, so findet auch die aktienrechtliche Verantwortlichkeit der Gesellschaftsorgane ihre Begründung in allgemeinen

---

Verschuldenshaftung betrachtet die Haftung der juristischen Person für das Verhalten ihrer Organe nach ZGB 55 II: Oftinger II/1 109; nach Portmann ist es "wenig sinnvoll, die Haftung für schuldhafte Organhandlungen als Kausalhaftung zu bezeichnen". M.E. ist es problematisch, die Haftung der juristischen Person deshalb als Kausalhaftung zu bezeichnen, weil sie Haftung für fremdes Verschulden darstelle: Die Handlungen des Organs sind ja gerade nicht *fremde*, sondern werden der Verbandsperson als *eigene* zugerechnet. Die Terminologie ist indessen kaum bedeutsam: Von einer *Verschuldenshaftung* kann insofern gesprochen werden, als für die Haftung der juristischen Person stets schuldhaftes Verhalten vorausgesetzt wird. Nimmt man hingegen eine *Kausalhaftung* an, so wird hervorgehoben, dass für die Zurechnung des Verhaltens kein weiteres Verschulden der juristischen Person erforderlich ist.

52 Zum Gebot der Gleichbehandlung natürlicher und juristischer Personen Bürgi, Wandlungen 252, 259; Hartmann 62; Kreis 27; Portmann 18.
53 Zum funktionellen Zusammenhang vgl. Bürgi, Probleme 29 ff.; Forstmoser/Meier-Hayoz § 7 N 2 ff.; Gutzwiller, Verbandspersonen 494, Anm. 82; Halbheer 39 ff.
54 Zu den Besonderheiten der aktienrechtlichen Verantwortlichkeitsklage vgl. hinten S. 54 ff.

Rechtsgedanken: Der strengen persönlichen Verantwortlichkeit nach OR 754 ff. liegen das Postulat des Vertrauensschutzes sowie der Einheit von Macht und Verantwortung zugrunde[55].

c) Doppelte Abgrenzungsfunktion des Organbegriffes

Der Organbegriff hat im Aktienrecht eine doppelte *Abgrenzungsfunktion:* Im Aussenrecht bestimmt er die Handlungsfähigkeit der AG, im Innenrecht umschreibt er den der aktienrechtlichen Verantwortlichkeit unterstehenden Personenkreis.

Kann angesichts dieser Doppelfunktion von einem einheitlichen materiellen Organbegriff gesprochen werden? Dies ist m.E. zu bejahen, da die Interessenlage im Innen- und im Aussenrecht übereinstimmt: Wer die AG durch rechtsgeschäftliches und unerlaubtes Handeln verpflichten kann, soll auch einer strengen persönlichen Verantwortlichkeit unterstehen. Dies ergibt sich aus dem Grundsatz der Einheit von Macht und Verantwortung.

Organe im Sinne dieses einheitlichen Organbegriffes sind alle Personen, deren rechtsgeschäftliches und unerlaubtes Verhalten der Verbandsperson ohne Entlastungsmöglichkeit als eigenes zugerechnet werden *soll* und die dafür einer persönlichen Verantwortlichkeit unterliegen *sollen.*

Wer in concreto zu diesem Personenkreis gehört, kann nicht generell, sondern nur aufgrund einer Interessenabwägung im Einzelfall beurteilt werden. Hilfsmittel dieser Interessenabwägung sind die vorgängig erwähnten Postulate der billigen Haftungsverteilung, der Gleichbehandlung juristischer und natürlicher Personen, des Vertrauensschutzes sowie der Einheit von Macht und Verantwortung.

4. Schlussfolgerungen

Diese Interessenabwägung führt Literatur und Rechtsprechung[56] dazu, bei der Beurteilung der Organeigenschaft einer Person neben formellen auch tatsächliche Momente zu berücksichtigen. Ergebnis dieser *funktionellen Betrachtungs-*

---

55 Egger, Verantwortlichkeit 84.
56 Die Schwierigkeiten einer objektiven Interessenabwägung bewirken eine gewisse Unsicherheit der Rechtsprechung in der Formulierung des Organbegriffes. Die Gerichte sind oft versucht, zugunsten einer Billigkeitsentscheidung den Organbegriff im Einzelfall *weit* zu fassen; vgl. dazu im einzelnen Gutzwiller, Verbandspersonen 489 ff.

weise[57] ist der sog. materielle Organbegriff: Danach ist Organ, "wer effektiv und in entscheidender Weise an der Bildung des Verbandswillens teilhat"[58].

Organe im materiellen Sinne sind Personen, die in einem qualifizierten Verhältnis zur Gesellschaft stehen. Dieses ergibt sich entweder aus ihrer formalen Organstellung oder aus der tatsächlich erfolgten Ausübung von Verwaltungs- und Geschäftsführungsfunktionen. Der materielle Organbegriff umfasst daher folgenden Personenkreis:

11. alle Personen mit formaler Organstellung,
22. alle *innerhalb* der Hierarchie der AG stehenden Personen, denen Verwaltungs- und Geschäftsführungsfunktionen auf dem Wege der Delegation nach OR 717 II übertragen worden sind,
33. alle Personen, welche durch die Benutzung ihres tatsächlichen Einflusses Verwaltungs- und Geschäftsführungsfunktionen der Gesellschaft ausüben.

Für die Rechtsfigur des faktischen Organs lässt sich folgendes Ergebnis festhalten: Anders als im deutschen Recht[59], das von einem relativ engen Organbegriff ausgeht, vermag im schweizerischen Recht die Rechtsfigur der faktischen Organschaft keinen Personenkreis zu bezeichnen, der nicht schon durch den materiellen Organbegriff erfasst würde. Der Ausdruck "faktisches Organ" dient lediglich der Bezeichnung einer Personengruppe, der aufgrund eines *funktionalen Rechtsdenkens* die Organqualität zugebilligt wird. *Wer* Organ im materiellen Sinne ist und als solches der aktienrechtlichen Verantwortlichkeit nach OR 754 ff. untersteht, ergibt sich allein aufgrund einer Gesetzesauslegung.

V. Auslegung von OR 754[60]

1. Der Wortlaut von OR 754[61]

OR 754 unterstellt "alle mit der Verwaltung, Geschäftsführung oder Kontrolle betrauten Personen" der aktienrechtlichen Verantwortlichkeit im Falle der Pflichtwidrigkeit.

---

57 Zur funktionellen Betrachtungsweise vgl. Bürgi N 19 ff., 33 ff. vor OR 698–731; Forstmoser/Meier-Hayoz § 15 N 13; Gehriger 19 f.; W. von Steiger in ZBJV 113 (1977) 242 f.
58 BGE 87 II 187; vgl. Forstmoser/Meier-Hayoz § 15 N 9; Gutzwiller, Verbandspersonen 479 ff.; Portmann 11 ff.
59 Vgl. dazu im einzelnen Gehriger 102 ff.
60 Eine Auslegung von OR 754 im Hinblick auf die Verantwortlichkeit des faktischen Organs nimmt bereits Gehriger 91 ff. vor. Da wir teilweise zu anderen Ergebnissen kommen, erfolgt hier nochmals eine Auslegung.
61 Zur Methodik vgl. Meier-Hayoz N 184 ff. zu ZGB 1; Larenz, Methodenlehre 307 ff.

Das faktische Organ übt die Verwaltung und Geschäftsführung der Gesellschaft aus[62]. Die Worte "Verwaltung" und "Geschäftsführung" lassen eine Subsumtion der faktischen Organschaft unter OR 754 durchaus zu.

Gegen eine Anwendbarkeit dieser Vorschrift scheint zunächst aus grammatikalischen Erwägungen das Wort "betraut" zu sprechen[63]. Die Frage lautet also: Kann derjenige, der die Geschäftsführung und Verwaltung einer AG auf rein tatsächlicher Grundlage ausübt, als mit der Verwaltung und Geschäftsführung *betraut* betrachtet werden? Der Ausdruck "betraut" scheint — dies im Sinne einer systematischen Überlegung — auf die vom Gesetz vorgesehene Verleihung von Verwaltungs- und Geschäftsführungsbefugnissen Bezug zu nehmen. Nach unbestrittener Auffassung[64] unterliegen neben dem Verwaltungsrat alle Personen der aktienrechtlichen Verantwortlichkeit, denen die Geschäftsführung auf dem Wege zulässiger Delegation gemäss OR 717 II "übertragen" ist. OR 712 I und OR 754 verwenden dagegen das Wort "betraut"[65]. Aus der Tatsache, dass der Gesetzgeber im Zusammenhang mit der aktienrechtlichen Verantwortlichkeit einmal von "betraut" und einmal von "übertragen" spricht, lässt sich das Fehlen einer exakten Terminologie erkennen. Bei der Umschreibung des OR 754 unterworfenen Personenkreises hat der Gesetzgeber offensichtlich nur geringen Wert auf formale Elemente gelegt[66].

M.E. gestattet der Wortlaut trotz der Wendung "betraut", den Kreis der aktienrechtlich verantwortlichen Personen nach tatsächlichen und nicht nach formalen Elementen zu bestimmen[67].

2. Das historische Auslegungselement[68]

Das historische Auslegungselement besteht in der Untersuchung der Entstehungsgeschichte einer Gesetzesvorschrift zwecks deren besseren Verständnisses. Hierzu dienen die Gesetzesmaterialien.

Die grundlegende Fragestellung lautet in unserem Zusammenhang dahin, *wen* der Gesetzgeber[69] aus dem Jahre 1936 den aktienrechtlichen Verantwort-

---

62 Zum Begriff des faktischen Organs vgl. vorn S. 39.
63 So Gehriger 91 f.
64 Vgl. Bürgi N 21 ff. zu OR 717.
65 OR 712: "Sind mit der Verwaltung mehrere Personen *betraut* (Auszeichnung vom Verfasser), so bilden sie den Verwaltungsrat."
66 Eindeutiger wäre der Wortlaut, wenn der Gesetzgeber "gewählt" oder "eingesetzt" verwendet hätte.
67 A.M. Gehriger 94.
68 Zur Methode vgl. Meier-Hayoz N 214 ff. zu ZGB 1; Larenz, Methodenlehre 315 f.
69 Zum Begriff des Gesetzgebers vgl. Larenz, Methodenlehre 316.

lichkeitsvorschriften unterstellen wollte. Eine Durchsicht des Materials führt zu folgenden Feststellungen:

Eines der wichtigsten Anliegen der Aktienrechtsrevision aus dem Jahre 1936 ist die Verschärfung der Vorschriften über die Verantwortlichkeit[70].

Die Frage, ob die nach Art. 748 des Entwurfs 1928 verantwortlichen Personen[71] Organqualität aufweisen oder nicht, wird nicht endgültig entschieden und nicht als wichtig betrachtet[72]. Diejenigen Drittpersonen, denen nach Art. 712 des Entwurfs 1928 die Geschäftsführung ganz oder teilweise übertragen wird, werden wie Organe behandelt. Als wesentlich wird nicht die Organqualität der Person, sondern die Ausübung der Geschäftsführung betrachtet.

Die Frage, wer unter den Kreis der mit der Verwaltung und Kontrolle betrauten Personen fällt, wird absichtlich offengelassen[73]. Bezeichnenderweise stand zur Zeit des Gesetzesentwurfes die Frage im Vordergrund, ob Direktoren und andere Personen *innerhalb* der AG einer aktienrechtlichen Verantwortlichkeit unterstünden. Der Tatbestand der faktischen Organschaft ist ein völlig anderer: Hier übt eine *ausserhalb* der Gesellschaftsorganisation stehende Person die Verwaltung und Geschäftsführung aus. An diese Möglichkeit hat der Gesetzgeber bei Erlass des revOR nicht gedacht. Dass der Gesetzgeber bei Erlass einer Vorschrift eine bestimmte Situation oder einen ähnlich liegenden Fall nicht vor Augen gehabt hat, besagt noch nicht, dass er ihn nicht regeln wollte[74].

Art. 748 II des Entwurfs 1928 spricht nur von den "mit der Verwaltung oder Kontrolle betrauten Personen". Trotzdem wird in den Beratungen verschiedentlich von Haftung aus Geschäftsführung gesprochen. Am Schluss der Gesetzesberatungen wird der Ausdruck "Geschäftsführung" im Sinne einer Präzisierung in den Verantwortlichkeitsartikel aufgenommen[75]. Man erkennt, dass der Gesetzgeber die Ausübung von Geschäftsführungsfunktionen erfassen wollte und dass ihm an formalen Gesichtspunkten nicht viel gelegen war.

Folgerung: Wäre der Gesetzgeber von 1936 mit dem Tatbestand der faktischen Organschaft konfrontiert worden, so hätte er ihn möglicherweise der aktienrechtlichen Verantwortlichkeit ausdrücklich unterstellt[76].

---

70 Vgl. Bericht 83; Protokoll der Expertenkommission 439, 441, 449; Bürgi N 7 zu OR 753/4; Goldschmidt 115.
71 Art. 748 Entwurf 1928 lautet: "Die mit der Verwaltung und Kontrolle betrauten Personen sind ... verantwortlich."
72 Vgl. dazu das Votum Aeby in StenBull NR 1934, 336: "Laissons à la doctrine le soin de déterminer si les directeurs sont des organes."
73 Vgl. Gehriger 93; StenBull StR 1931, 614.
74 Vgl. Meier-Hayoz N 154 f. zu ZGB 1.
75 StenBull StR 1935, 107; StenBull NR 1935, 192.
76 A.M. Gehriger 93.

3. Das systematische Auslegungselement[77]

Die aktienrechtlichen Verantwortlichkeitsvorschriften können nicht isoliert betrachtet werden, sondern müssen zum richtigen Verständnis mit den anderen Gesetzesvorschriften in Zusammenhang gebracht werden. Allerdings hat das Aktienrecht einen recht unsystematischen Aufbau[78], so dass dem systematischen Element eine untergeordnete Bedeutung zukommt. Immerhin lassen sich m.E. folgende Schlüsse ziehen:

Daraus, dass die Haftung aus OR 754 im gleichen Abschnitt mit den einen sehr weiten Personenkreis erfassenden Vorschriften über die Prospekt- und Gründerhaftung[79] steht, kann nicht ohne weiteres geschlossen werden, dass gleiches auch für OR 754 gelte. Die Prospekt- und Gründerhaftung haben kaum Gemeinsamkeiten mit dem Verantwortlichkeitsrecht.

Wichtiger ist dagegen die Berücksichtigung des allgemeinen Bedeutungszusammenhangs einer Norm: Die Auslegung von OR 754 muss so erfolgen, dass sie nicht in Widerspruch zu anderen Auslegungsergebnissen und allgemeinen Rechtsgrundsätzen gerät[80]. Eine zu enge Auslegung von OR 754 wird unzulässig, wenn sie den in der Prospekt- und Gründerhaftung niedergelegten Rechtsgedanken widerspricht. In diesem Sinne ist die weitgefasste Passivlegitimation bei den Vorschriften über die Prospekt- und Gründerhaftung ebenfalls bei der Auslegung von OR 754 zu berücksichtigen.

4. Das realistische Auslegungselement[81]

Hier erfolgt die Berücksichtigung der tatsächlichen Verhältnisse, in denen eine Gesetzesvorschrift entstanden ist[82]. Es frägt sich, ob sich die Wirklichkeit seit Erlass des OR 1937 massgebend geändert habe. Im Bereiche der aktienrechtlichen Verantwortlichkeit ist dies der Fall: Beim Erlass des revOR ist der Gesetzgeber vom Leitbild der unabhängigen AG ausgegangen. Auf diese Grundkonzeption sind die Verantwortlichkeitsvorschriften der AG zugeschnitten. Das vom Gesetzgeber angestrebte Gleichgewicht von Herrschaft und Haftung[83] hat die Konzentrationsbewegung zerstört. Eine enge – d.h. die Haftbarkeit des faktischen Organs ablehnende – Auslegung von OR 754 würde den heutigen Gegeben-

---

77 Vgl. zur Methode Meier-Hayoz N 188 ff. zu ZGB 1; Larenz, Methodenlehre 311 ff.
78 Vgl. Weiss, Einl. N 51.
79 Vgl. Bürgi N 18 zu OR 752, N 109 zu OR 753/4.
80 Larenz, Methodenlehre 324.
81 Zur Methode vgl. Meier-Hayoz N 210 ff. zu ZGB 1; Larenz, Methodenlehre 336 ff.
82 Meier-Hayoz N 211 zu ZGB 1.
83 Vgl. dazu vorn S. 17 ff.

heiten nicht gerecht werden. M.E. führt auch der realistische Gesichtspunkt zur Bejahung einer aktienrechtlichen Verantwortlichkeit des faktischen Organs nach OR 754.

5. Die ratio legis[84]

Bei der Frage nach dem normativen Sinn von OR 754 dürfen wir die unbestrittene Wünschbarkeit der aktienrechtlichen Verantwortlichkeit des faktischen Organs nicht mit dem Zweck der Norm a priori gleichsetzen[85]. Der Zweck der Norm ist nur, was objektiv und vernünftigerweise ihr Inhalt sein kann. Teleologische Auslegung ist nach LARENZ[86] eine an den erkennbaren Zwecken und dem Gerechtigkeitsgedanken der Norm orientierte Auslegung.

Welches sind die der Regelung von OR 754 ff. zugrunde liegenden Rechtsgedanken? Hinweise ergeben sich m.e. aus den zivilrechtlichen Besonderheiten der aktienrechtlichen Verantwortlichkeitsklage (a), aus den in OR 754 verwendeten Begriffen "Geschäftsführung" und "Verwaltung" (b) sowie aus der Struktur der AG (c).

a) Die Besonderheiten der aktienrechtlichen Verantwortlichkeitsklage

Die Besonderheiten dieser Klage liegen in zwei Umständen:

— Die Gesellschaftsorgane befinden sich nur mit der Gesellschaft in einem Vertragsverhältnis[87]. Dadurch, dass OR 754 auch Dritten — dem Aktionär und Gläubiger — einen Schadenersatzanspruch aus Verletzung des zwischen Gesellschaftsorgan und Gesellschaft bestehenden Rechtsverhältnisses zubilligt, durchbricht das Gesetz den schuldrechtlichen Fundamentalsatz der "ausschliesslichen Wirkung einer obligatio unter den Parteien"[88]. Es liegt eine Art Drittwirkung relativer Rechte vor. Diese Ausnahmeregelung dient einem wirksamen Vertrauens- und Vermögensschutz der Aktionäre und Gläubiger.
— Gläubigern und Aktionären billigen OR 755 ff. — mit prozessualen Einschränkungen allerdings[89] — den Ersatz ihres mittelbaren Schadens zu. Die Klage geht auf Leistung an die Gesellschaft. Der mittelbare Schaden der Aktionäre

---

84 Zur Methode vgl. Meier-Hayoz N 192 ff. zu ZGB 1; Larenz, Methodenlehre 322 ff.
85 In diesem Sinne argumentiert m.E. Gehriger 95.
86 Methodenlehre 322.
87 Zur Rechtsnatur des Verwaltungsratsmandates vgl. Bürgi N 5 zu OR 708.
88 Egger, Verantwortlichkeit 84; im gleichen Sinne Bürgi N 15 zu OR 753/4; Frick 86 f.; Kaeslin 64 ff.; Wieland II/134.
89 Vgl. dazu Forstmoser, Aktienrechtliche Verantwortlichkeit N 47 ff., 88 ff.

und Gläubiger besteht darin, dass die AG einen unmittelbaren Vermögensschaden erleidet. Unsere Rechtsordnung gewährt generell nur den Ersatz des unmittelbaren Schadens. Für den Ersatz des Reflexschadens bedarf es einer Sondernorm[90]. Wie OR 43 III durchbricht OR 755 diesen haftpflichtrechtlichen Grundsatz im Interesse der Besserstellung des Geschädigten[91].

Aus den dargestellten Besonderheiten der Verantwortlichkeitsklage lässt sich m.E. erkennen, dass der Gesetzgeber bei Erlass der Verantwortlichkeitsvorschriften ein besonderes Augenmerk auf die Interessen der Aktionäre und Gläubiger der Gesellschaft gerichtet hat.

b) Die Begriffe "Verwaltung" und "Geschäftsführung"

OR 754 unterwirft die mit der Geschäftsführung und Verwaltung betrauten Personen einer aktienrechtlichen Verantwortlichkeit. Die Vorschrift erfasst also nicht jedermann, der für die Gesellschaft tätig wird, sondern nur die besonders wichtige Funktionen ausübenden Personen[92]. Der Grundgedanke ist folgender: Wer die eine gewisse Gefahr für das Vermögen der Aktionäre und Gläubiger in sich bergende Institution der AG dem Rechtsverkehr in besonderem Masse zugänglich macht — der die Geschäftsführung Ausübende —, soll einer strengen persönlichen Verantwortlichkeit unterliegen. OR 754 bringt also den im schweizerischen Gesellschaftsrecht verankerten *Grundsatz des Gleichgewichts von Herrschaft und Haftung*[93] zum Ausdruck.

c) Der Grundsatz der beschränkten Beitragspflicht —
Ausgleichsfunktion des Verantwortlichkeitsrechtes

Der in OR 620 II statuierte Ausschluss der persönlichen Haftung des Aktionärs und der Grundsatz der beschränkten Beitragspflicht nach OR 680 finden ihre Begründung in der mangelnden Einflussmöglichkeit des Aktionärs auf die Geschäftsführung der Gesellschaft[94]. Da das Vermögen des Aktionärs als Haftungssubstrat ausser Betracht fällt[95], gewinnt die persönliche Verantwortlichkeit derjeniger Personen erhöhte Bedeutung, welche die Unternehmensleitung tatsächlich innehaben: Die persönliche Verantwortlichkeit der für die AG handelnden

---

90 Becker N 78 f. zu OR 41; Frick 102; Oser/Schönenberger N 52 zu OR 41; für das Genossenschaftsrecht vgl. OR 917 II; für Banken vgl. BankG 43 I.
91 Vgl. Frick 86; Meier-Wehrli 54; F.P. Oesch 222.
92 Nämlich Verwaltungs- und Geschäftsführungsfunktionen.
93 Vgl. dazu vorn S. 17 ff.
94 W. Naegeli 42.
95 In diesem Zusammenhang sind die Vorschriften zu sehen, die der Erhaltung des Grundkapitals dienen; vgl. dazu Forstmoser/Meier-Hayoz § 29 N 19 ff.

Funktionäre ist das notwendige Gegenstück zum Grundsatz der beschränkten Haftung des Aktionärs.

Das Verantwortlichkeitsrecht kann seine *Ausgleichsfunktion*[96] nur dann erfüllen, wenn es diejenigen Personen erfasst, welche die Verwaltung und Geschäftsführung einer Gesellschaft *tatsächlich* ausüben. Aus dieser Überlegung ergibt sich die Notwendigkeit einer weiten Fassung der Passivlegitimation nach OR 754. Das Postulat des Vertrauensschutzes und des Gleichgewichts von Herrschaft und Haftung können als die OR 754 ff. zugrunde liegenden Gedanken bezeichnet werden.

6. Auslegungsergebnis

Als *Auslegungsergebnis* halten wir fest, dass die tatsächliche Ausübung von Geschäftsführungs- und Verwaltungsfunktionen das massgebliche Kriterium für die Anwendbarkeit von OR 754 auf den konkreten Fall ist. Diese Vorschrift gestattet eine flexible und der konkreten Interessenlage entsprechende Lösung nach dem Vorbild des *derivative suit* des amerikanischen Rechts[97].

VI. Rechtsvergleichender Hinweis auf das derivative suit des amerikanischen corporation-Rechts[98]

Nach amerikanischem Recht obliegt nicht nur der Verwaltung, sondern auch den in die Geschäftsführung der corporation eingreifenden Grossaktionären und Drittpersonen eine allgemeine Sorgfalts- und Treuepflicht gegenüber der corporation. In den meisten Fällen ist die Gesellschaft durch die Verletzung der fiduciary duties geschädigt[99]. Sie wird aber immer dann von einer Klage gegen ihren Vorstand oder Grossaktionär absehen, wenn sie von diesem beherrscht ist. Daher gibt das amerikanische Recht dem einzelnen Aktionär die Möglichkeit, mit einem *derivative suit* gegen die Verantwortlichen vorzugehen: Der durch den Schaden der Gesellschaft mittelbar geschädigte Aktionär kann mit einer – wie ihr Name sagt – abgeleiteten Klage von den Fehlbaren Schadenersatzleistung an die Gesellschaft verlangen. Klage*berechtigt* ist der Aktionär; Träger des materiel-

---

96 Vgl. vorn S. 55 f.
97 Vgl. dazu nachfolgend S. 56 f.
98 Zum derivative suit vgl. Kronstein, Probleme 504 ff.; F.P. Oesch 28 ff.; Pflüger 28 ff.; Wiethölter, Interessen 200 ff.
99 Vgl. dazu auch hinten S. 134 f.

len Ersatzanspruches ist aber die geschädigte Gesellschaft. Der Aktionär ist "eine Art Notstandsbevollmächtigter"[100] der Gesellschaft.

Im folgenden interessieren uns die *Unterschiede* und die *Gemeinsamkeiten* des derivative suit zur Verantwortlichkeitsklage des schweizerischen Aktienrechts; dabei vergleichen wir mit den Klagen aus unmittelbarem und mittelbarem Schaden:

Anders als bei der Klage aus OR 754 ff. bestimmt sich beim derivative suit die Passivlegitimation nach rein faktischen und nicht nach rechtlichen Kriterien. Die Klage erfasst die Gesellschaftsorgane, den Hauptaktionär und Drittpersonen.

Gemeinsamkeiten weist das derivative suit mit der Klage nach OR 755 auf: Danach kann der mittelbar geschädigte Aktionär oder Gläubiger eine Schadenersatzleistung zugunsten der unmittelbar geschädigten Gesellschaft geltend machen. Beide Klagen sind abgeleitete Klagen. Das derivative suit entspricht daher der Aktionärs- und Gläubigerklage aus mittelbarem Schaden gemäss OR 755.

Welchen methodischen Wert hat die rechtsvergleichende Beschäftigung mit dem derivative suit für das schweizerische Verantwortlichkeitsrecht? Das derivative suit des amerikanischen Rechts ist auf ganz anderem Boden gewachsen als die Verantwortlichkeitsklage nach OR 754 ff.: Es ist das Resultat eines an wirtschaftliche Gegebenheiten anknüpfenden *funktionalen Rechtsdenkens* und als solches "eine der grossen schöpferischen Leitungen des angelsächsischen Equity Rechtes"[101]. Im deutschen und schweizerischen Recht findet die Verantwortlichkeit der Gesellschaftsorgane ihren gedanklichen Ursprung in der Organtheorie und ist eng verknüpft mit der Frage nach dem Wesen der juristischen Person[102].

Daher vermag der rechtsvergleichende Hinweis auf das derivative suit nur wenig zur Begründung einer weiten Passivlegitimation nach OR 754 ff. beizutragen.

B. Die aktienrechtliche Verantwortlichkeit der Konzernleitung

I. Die Rechtsliteratur zur Haftbarkeit der Konzernleitung

Uneinig ist sich die Rechtsliteratur über die aktienrechtliche Verantwortlichkeit der Konzernleitung: BÜRGI bejaht die aktienrechtliche Verantwortlichkeit der Mitglieder der Konzernleitung nach OR 754, da sie als "verdeckte Verwal-

---

100 Kronstein, Probleme 504; zur prozessualen Struktur der derivative suit vgl. F.P. Oesch 29 f.; Pflüger 33 ff.
101 F.P. Oesch 50.
102 Vgl. die Ausführungen zum materiellen Organbegriff vorn 45 ff.

tung der Tochtergesellschaft"[103] zu betrachten seien. Dagegen vertritt FORST-MOSER mit Hinweis auf den materiellen Organbegriff[104] eine differenziertere Lösung: Nach ihm werden die Mitglieder der Konzernleitung dann nach OR 754 verantwortlich, wenn sie "bei der Tochtergesellschaft Verwaltungs- oder Geschäftsführungsfunktionen tatsächlich direkt oder indirekt ausüben"[105].

II. Erfordernis einer haftungsrechtlichen Konkretisierung des Tatbestandes der einheitlichen Leitung

Die Formulierung des materiellen Organbegriffes ist zu allgemein und bringt keine Lösung: Dieser Begriff gestattet keine Aussage darüber, wann der Tatbestand der einheitlichen Leitung das Merkmal der tatsächlichen Ausübung von Verwaltungs- und Geschäftsführungsfunktionen einer Gesellschaft aufweist. Es stellt sich die Frage nach dem gegenseitigen Verhältnis der beiden Tatbestände:

Der Tatbestand der *einheitlichen Leitung* ergibt sich aus seiner Funktion als Merkmal des Konzerntatbestandes. Im Hinblick auf die an den Konzerntatbestand anknüpfenden Rechtsfolgen[106] versteht die deutsche Rechtsliteratur den Begriff der einheitlichen Leitung nach *wirtschaftlichen Gesichtspunkten* und legt ihn weit aus: "Die einheitliche Leitung kann mehr oder weniger fühlbar sein, sie kann sich auf alle Einzelheiten der Geschäftsführung erstrecken oder nur auf grundsätzliche Richtlinien für die Politik der Gesellschaft beschränkt sein. Jedenfalls muss sie soweit gehen, dass von einer wirtschaftlichen Selbständigkeit der einzelnen Unternehmen nicht gesprochen werden kann."[107]

Der für die aktienrechtliche Verantwortlichkeit nach OR 754 massgebende *materielle Organbegriff*[108] bestimmt sich dagegen nach den dieser Norm zugrunde liegenden Haftungsprinzipien: Es sind dies die Postulate der Einheit von Macht und Verantwortung sowie des Vertrauensschutzes[109].

Aus den gänzlich verschiedenen Funktionen der beiden Begriffe ergibt sich ihre Inkongruenz: Die Mitglieder der Konzernleitung sind nicht generell als materielle Organe der Konzerngesellschaften zu betrachten; der Tatbestand der einheitlichen Leitung erfüllt nicht a priori den Tatbestand der Ausübung von Verwaltungs- und Geschäftsführungsfunktionen. So wäre es wirklichkeitsfremd,

---

103 Bürgi N 124 zu OR 753/4.
104 Zum materiellen Organbegriff vgl. vorn S. 43 ff.
105 Forstmoser, Aktienrechtliche Verantwortlichkeit N 498; in diesem Sinne auch Gehriger 105.
106 Zu den Rechtsfolgen des Konzerntatbestandes im deutschen Recht vgl. Emmerich/Sonnenschein 61.
107 Rasch 57.
108 Zum materiellen Organbegriff vgl. vorn S. 45 ff.
109 Vgl. dazu vorn S. 55 f.

der Konzernleitung die Verantwortung auch für den dezentralisierten Unternehmensbereich zuzuweisen. Ein Blick auf die Konzernwirklichkeit zeigt nämlich, dass die Führungsorgane der Konzerngesellschaften keineswegs generell als "Befehlsempfänger"[110] der Konzernspitze betrachtet werden können. Es gibt viele Konzerne, wo den einzelnen Konzerngesellschaften — oft zur Erhaltung des Wettbewerbs innerhalb des Konzerns — eine grosse Selbständigkeit eingeräumt wird[111]. Der Tatbestand der einheitlichen Leitung bedarf der Konkretisierung.

Wir bilden im folgenden typische Fallgruppen der einheitlichen Leitung im Konzern und untersuchen, ob sie den Tatbestand der effektiven Ausübung von Verwaltungs- und Geschäftsführungsfunktionen erfüllen.

III. Die aktienrechtliche Verantwortlichkeit aus einheitlicher Leitung

1. Vorbemerkung:
Konzernorganisation und aktienrechtliche Zuständigkeitsordnung

Da im folgenden die rechtliche Relevanz der Organisationsstrukturen im Konzern untersucht wird, sind vorgängig einige Überlegungen über das Verhältnis von Konzernorganisation und rechtlicher Kompetenzordnung in der AG anzustellen.

Im Bereich der *einzelnen AG* entspricht die rechtliche Kompetenzordnung dem organisatorischen Leitbild des Gesetzgebers. Dem Verwaltungsrat als höchstem geschäftsführenden Organ ist ein Kreis *nicht delegierbarer* Aufgaben zugewiesen, welche ihm in unentziehbarer Eigenverantwortlichkeit obliegen[112]. Daraus ergibt sich folgender Mechanismus der Verantwortlichkeit: Die Übertragung nicht delegierbarer Funktionen an untergeordnete Organe bewirkt grundsätzlich keine Haftungsbeschränkung. Im Bereiche zulässiger Kompetenzdelegation nach OR 717 II reduziert sich die Verantwortlichkeit der Verwaltungsorgane auf die cura in eligendo, instruendo vel custodiendo[113].

---

110 Vgl. etwa die Äusserung von Zweifel, Holdinggesellschaft 97: "Bei der Betrachtung der Verhältnisse in der Konzernpraxis stellt man fest, dass die Konzerngesellschaften meist derart fest in den Konzernverbund eingegliedert sind, dass sie oft nur blosse Befehlsempfänger der Konzernleitung sind."
111 So weist Gasser 182 ff. darauf hin, dass die grossen amerikanischen Konzerne nur dank einer decentralized organization geführt werden können.
112 Zur Eigenverantwortlichkeit der Verwaltungsorgane vgl. hinten S. 88 f.
113 Vgl. Forstmoser, Aktienrechtliche Verantwortlichkeit N 229; Meier-Wehrli 35 f.; Vischer, Delegationsmöglichkeit 351 ff., 362 f.; uneinig ist sich die Lehre über die Grenzen der zulässigen Delegation: F. von Steiger, Recht der AG 235 f. und Bürgi N 14 ff. zu OR 714 nehmen eine Unterteilung in delegierbare Geschäftsführung und nicht delegierbare Verwaltung i.e.S. vor; dagegen spricht sich Vischer a.a.O. für eine an den im Spiele stehenden Interessen ausgerichtete funktionelle Unterteilung aus.

Diese Unterscheidung zwischen delegierbaren und nicht delegierbaren Aufgaben kann aber nicht auf den Gesamtkonzern übertragen werden, denn hier herrscht eine weitgehende Diskrepanz zwischen organisatorischer und rechtlicher Kompetenzordnung: Unsere Rechtsordnung hat der Konzernleitung keinerlei Kompetenzen zugewiesen; nur in organisatorischer Hinsicht hat die Konzernleitung gewisse Aufgaben an sich gezogen. Eine Konzernleitung *kann* gewisse Entscheidungen an sich ziehen, sie ist aber keineswegs dazu rechtlich verpflichtet. Der Konzerntatbestand ist ein rein tatsächlicher Eingriff in die aktienrechtliche Zuständigkeitsordnung. Geeignet für eine Differenzierung ist daher nicht das rechtliche Kriterium der Delegierbarkeit von Aufgaben, sondern ein sich aus der Natur des Konzerntatbestandes ergebendes Moment: Auszugehen ist von der Unterscheidung zwischen *zentralisiertem* und *dezentralisiertem* Unternehmensbereich im Konzern:

Als Folge der einheitlichen Leitung[114] werden gewisse einzelgesellschaftliche Unternehmensfunktionen auf Konzernebene ausgeübt. Dieser *zentralisierte* Unternehmensbereich entspricht dem Umfang der einheitlichen Leitung. Diese Feststellung bleibt notwendigerweise abstrakt: Uneinig ist sich die Lehre darüber, welcher Grad an Zentralisierung vorliegen muss, damit von einem Konzern gesprochen werden kann[115]. Sodann kann nur aufgrund der konkreten Konzernorganisation beurteilt werden, welche Funktionen zentral ausgeübt werden. Bezüglich der Verantwortlichkeit lässt sich nun folgende Feststellung machen:

Im *dezentralisierten* Unternehmensbereich kann von einer Verantwortlichkeit der Konzernleitung nicht gesprochen werden, da dieser Bereich den einzelnen Konzerngesellschaften als angestammter Bereich verblieben ist.

Für den *zentralisierten* Unternehmensbereich ist davon auszugehen, dass die Zuweisung einzelner gliedgesellschaftlicher Funktionen an die Konzernspitze im Rahmen der einheitlichen Leitung grundsätzlich einen Eingriff in die aktienrechtliche Zuständigkeitsordnung darstellt[116], welcher billigerweise zu einer entsprechenden Verantwortlichkeit der Konzernleitung führen muss: Der *organisatorischen* Zuständigkeit entspricht die *Verantwortlichkeit* im rechtlichen Bereich. Weiter muss im zentralisierten Bereich zwischen den konzernpolitischen Grundsatzentscheidungen und der laufenden Geschäftsführung unterschieden werden[117].

Wir konstruieren im folgenden ein Konzernmodell und spielen an diesem die sich stellenden haftungsrechtlichen Probleme im einzelnen durch. Zu diesem Modell ist zu bemerken, dass es bewusst einfach gehalten ist; kompliziertere,

---

114 Vgl. vorn S. 8.
115 Vgl. vorn S. 8 mit Verweisungen in Anm. 8, 9 und 10.
116 Vgl. vorn S. 40.
117 Vgl. den Modellbeschrieb S. 61 ff.

zum Teil historisch gewachsene Organisationsstrukturen eines Konzerns lassen sich kaum systematisieren[118].

2. Modellfall eines Konzerns

Als Modellfall wählen wir die Holdinglösung[119], in der alle Führungsaufgaben im Konzern einer rechtlich selbständigen Gesellschaft (Holdinggesellschaft oder Gestionsgesellschaft) übertragen sind.

Die Konzernleitung i.e.S. besteht aus der Geschäftsleitung der Holdinggesellschaft. Vorsitzender der Konzernleitung ist der Verwaltungsratsdelegierte der Holdinggesellschaft. Die Konzernleitung i.w.S. setzt sich folgendermassen zusammen:

1. die Konzernleitung i.e.S.
2. der Vorsitzende der Konzernleitung i.e.S.
3. die einzelnen Mitglieder der Konzernleitung i.e.S.
4. die der Konzernleitung i.e.S. unterstellten Stabsstellen.

Die Holdinggesellschaft H ist an den Produktionsgesellschaften A, B und C zu 40, 50 und 50% beteiligt. Zwecks einheitlicher Leitung entsendet die Holdinggesellschaft die Mitglieder ihrer Geschäftsleitung (Konzernleitung i.e.S.) in die Verwaltung der einzelnen Konzerngesellschaften. Diese sind Präsidenten und Verwaltungsratsdelegierte je einer der drei Konzerngesellschaften.

Aus organisatorischen Gründen werden die drei Unternehmensfunktionen Forschung, Recht und Rechnungswesen durch entsprechende Stabsstellen auf Konzernebene wahrgenommen. Drei weitere Mitglieder der Konzernleitung sind als Vorsteher je einer von drei Stabsstellen für diesen zentralisierten Unternehmensbereich zuständig.

Zeichnerisch lässt sich diese Organisation folgendermassen darstellen:

---

118 So weisen verschiedene Konzerne neben der Primärstruktur eine produkte- oder marktorientierte *Sekundärorganisation* auf.
119 Zur Holdingstruktur vgl. vorn S. 31 f.

Zeichnerische Darstellung des Modellkonzerns

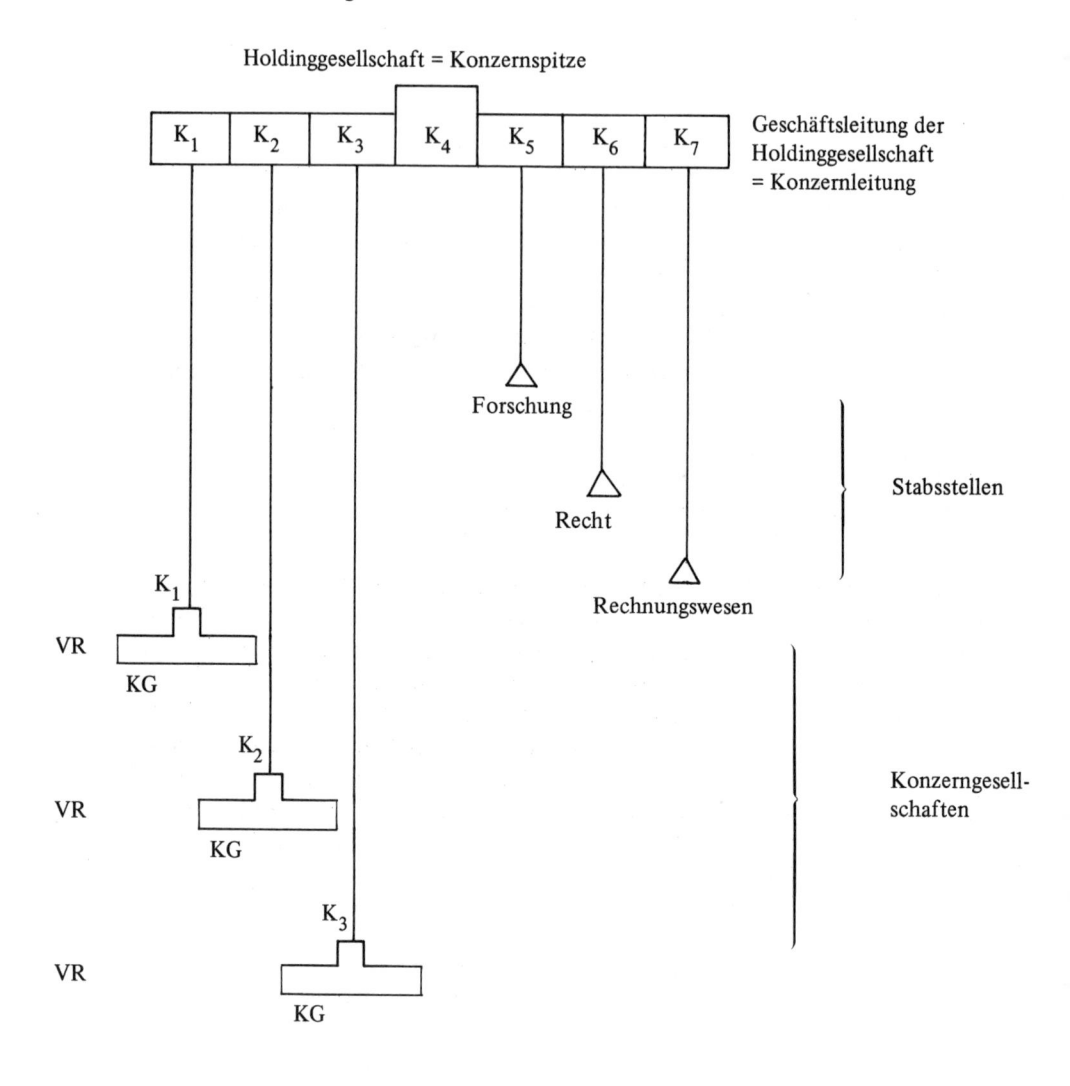

Holdinggesellschaft = Konzernspitze

K_1 K_2 K_3 K_4 K_5 K_6 K_7 — Geschäftsleitung der Holdinggesellschaft = Konzernleitung

Forschung

Recht

Rechnungswesen

} Stabsstellen

K_1
VR
KG

K_2
VR
KG

K_3
VR
KG

} Konzerngesellschaften

$K_1...$	=	Mitglieder der Geschäftsleitung der Holdinggesellschaft und zugleich Mitglieder der Konzernleitung
K_4	=	Vorsitzender der Geschäftsleitung der Holdinggesellschaft und zugleich Vorsitzender der Konzernleitung
KG	=	Konzerngesellschaft
Δ	=	Stabsstelle
VR	=	Verwaltungsrat

Die der Konzernleitung i.w.S. angehörenden Personengruppen[120] erfüllen verschiedene Funktionen im Entscheidungsablauf des Konzerns. Zur Diskussion steht hier die aktienrechtliche Verantwortlichkeit einer jeden dieser Gruppen:

3. Die aktienrechtliche Verantwortlichkeit der Konzernleitung i.e.S. als Kollektivorgan

Im zentralisierten Unternehmensbereich ist die Gesamtkonzernleitung für die den Konzern betreffenden konzernpolitischen *Grundsatzentscheidungen* organisatorisch zuständig[121]: Mit diesen Grundsatzentscheidungen greifen alle Mitglieder der Konzernleitung in die Geschäftsführung der betroffenen Konzerngesellschaften ein und sind daher materiell als Organe der Konzerngesellschaften im Sinne von OR 754 zu betrachten[122].

Die Zuweisung solcher Grundsatzentscheidungen an einzelne Mitglieder der Gesamtkonzernleitung i.e.S. (z.B. an den Vorsitzenden) bewirkt m.E. für die anderen Mitglieder keine Haftungsbeschränkung: Aus der *organisatorischen* Kompetenz der Gesamtkonzernleitung ergibt sich deren rechtliche Verantwortlichkeit. Auch wenn die Konzernleitung ihre organisatorisch begründeten Kompetenzen wiederum an einzelne ihrer Mitglieder zuweist, so bleibt sie doch als Kollektivorgan verantwortlich. Dagegen kann die Konzernleitung m.E. aus Gründen der Arbeitsteilung den Entscheid über gewisse grundsätzliche Fragen einem speziellen Ausschuss übertragen. Ein solches Vorgehen ist legitim. In Analogie zu OR 714 II bewirkt eine solche Aufgabenteilung keine Haftungsbeschränkung. Es ist vielmehr darauf abzustellen, ob sich ein solches Vorgehen mit dem Grundsatz der allgemeinen Sorgfaltspflicht vereinbaren lässt.

Für den Bereich der *laufenden Geschäftsführung* ist m.E. im konkreten Falle darauf abzustellen, ob die Gesamtkonzernleitung tatsächlich in die Verwaltungs- und Geschäftsführungsfunktionen der Konzerngesellschaft eingegriffen hat. Nur in diesem Falle werden die Mitglieder der Konzernleitung als materielle Organe nach OR 754 verantwortlich.

---

120 Zum Begriff der Konzernleitung vgl. vorn S. 30.
121 Vgl. den Modellbeschrieb vorn S. 62.
122 Zum materiellen Organbegriff vgl. vorn S. 45 ff.

4. Die aktienrechtliche Verantwortlichkeit der einzelnen Mitglieder der Konzernleitung i.e.S.

Bei der Untersuchung der Verantwortlichkeit der einzelnen Mitglieder ist zu unterscheiden, ob es sich um das einer Stabsstelle oder einer Konzerngesellschaft als Präsident oder Verwaltungsratsdelegierter vorstehende Mitglied handelt:

a) Die Vorsteher einer Stabsstelle

Das einer Stabsstelle (im Modell: Recht/Forschung/Rechnungswesen) vorstehende Mitglied der Konzernleitung ist für alle diesen Unternehmensbereich betreffenden laufenden Geschäftsführungsentscheide organisatorisch zuständig. Hier übt es für alle betroffenen Konzerngesellschaften Geschäftsführungsfunktionen aus und wird für Pflichtwidrigkeit als materielles Organ nach OR 754 verantwortlich.

Allerdings ergibt sich für den Vorsteher der Stabsstelle eine Haftungsbeschränkung bei zulässiger Kompetenzdelegation an ihm unterstellte Mitarbeiter des Stabsbereiches auf die cura in eligendo, instruendo und custodiendo[123].

b) Präsident und Verwaltungsratsdelegierter der Konzerngesellschaft

Die operative Führung der Konzerngesellschaften obliegt dem hierfür zuständigen Mitglied der Konzernleitung, das in unserem Modell zugleich Präsident und Delegierter des Verwaltungsrates der Konzerngesellschaft ist. Es handelt sich um einen Fall vertikaler Personalunion[124]: Ein Mitglied der Geschäftsleitung der Obergesellschaft sitzt zugleich im Verwaltungsrat der Konzerngesellschaft.

Die Verantwortlichkeit dieses Mitgliedes der Konzernleitung ergibt sich aus seiner formalen Organposition in der Konzerngesellschaft.

c) Die aktienrechtliche Verantwortlichkeit des Vorsitzenden der Konzernleitung i.e.S.

Nach dem Modell[125] ist der Verwaltungsratsdelegierte der Holdinggesellschaft Vorsitzender der Konzernleitung und besitzt in keiner Konzerngesellschaft eine formale Organposition. Er ist für die Vorbereitung und Leitung der laufenden

---

123 Vgl. dazu vorn S. 59 bei Anm. 113.
124 Dieses Mitglied der Konzernleitung ist abhängiger Verwaltungsrat; zum Begriff des abhängigen Verwaltungsrates und seinen Sorgfaltspflichten vgl. hinten S. 87 ff.
125 Vgl. den Modellbeschrieb vorn S. 61 ff.

Sitzungen der Gesamtkonzernleitung organisatorisch zuständig. Daneben obliegen ihm als Hauptaufgabe die Koordination und Überwachung der Tätigkeit der einzelnen Konzernleitungsmitglieder.

In bezug auf die Verantwortlichkeit für konzernpolitische *Grundsatzentscheide* des zentralisierten Bereiches ist der Vorsitzende den anderen Mitgliedern der Konzernleitung gleichgestellt.

Bei der *laufenden Geschäftsführung* des zentralisierten Bereiches ergibt sich eine gewisse Modifikation durch die Tatsache, dass der Vorsitzende nicht wie die anderen Mitglieder der Konzernleitung einen eigenen Zuständigkeitsbereich[126] besitzt, sondern vorwiegend Überwachungs- und Koordinationsfunktionen ausübt. Daher ist in diesem Bereich seine Verantwortlichkeit möglicherweise etwas strenger.

5. Die aktienrechtliche Verantwortlichkeit der Stabsfunktionäre

Den Stabsstellen obliegt die Entscheidungsvorbereitung zuhanden der Gesamtkonzernleitung. Sodann stehen sie den einzelnen Konzerngesellschaften als Dienststelle in ihrem Stabsbereich zur Verfügung. Es gibt Stabsstellen mit beratender oder informierender Funktion; vereinzelt haben sie ein funktionelles Weisungsrecht gegenüber den Organen der Konzerngesellschaften[127].

Dass die Stabsvorsteher für die Ausübung ihrer Funktionen als materielle Organe der Konzerngesellschaften verantwortlich werden, wurde vorn dargestellt. Hier beschäftigt uns die Frage, ob und in welchem Masse die einzelnen *Stabsmitarbeiter* für ihre die Konzerngesellschaften betreffende Tätigkeit aktienrechtlich verantwortlich werden können. Aus dem materiellen Organbegriff ergibt sich, dass nicht jeder Stabsangestellte für die durch eine konkrete Massnahme betroffene Konzerngesellschaft materiell Organfunktionen ausübt. Voraussetzung ist vielmehr ein Eingreifen in die *Geschäftsführungsfunktionen* der Konzerngesellschaft.

IV. Einzelfragen

1. Arten der Einflussnahme

Im folgenden wird die Art und Weise untersucht, in der die Konzernleitung i.w.S. ihren Einfluss auf die Konzernglieder geltend macht. Für die haftungsrecht-

---

126 Vgl. den Modellbeschrieb vorn S. 61 ff.
127 Vgl. Krähe 719.

liche Relevanz der Einflussnahme sind die konkreten Umstände massgebend. Zunächst sind die *Weisungen* (a) zu erwähnen, sodann wird auf die haftungsrechtliche Bedeutung des *Informationsflusses* im Konzern (b) eingegangen.

a) Weisungen

aa) Erscheinungsformen der Weisungserteilung[128]

Vom eindeutigen Befehl der organisatorisch vorgesetzten Stelle über den "faktisch" verbindlichen Ratschlag bis zum informellen Gespräch lassen sich alle Abstufungen von Weisungen unterscheiden. Sie erfolgen etwa in der äusseren Form von Weisungen, Richtlinien, Empfehlungen usw. Nach ihrem Inhalt unterschieden sind es entweder allgemeine oder besondere Anweisungen. Die Befolgung der Weisung ergibt sich entweder aus der Konzernorganisation oder "kraft Übung"[129].

Die Abgrenzung der kraft Übung befolgten – unechten – Empfehlungen von den echten Ratschlägen ohne faktische Verbindlichkeit ist oft schwierig. Tatsächlich erfolgt die Konzernführung in vielen Fällen im gegenseitigen Konsens der Konzernspitze mit den Organen der Konzerngesellschaften[130].

Anweisende sind die Gesamtkonzernleitung, ihr Vorsitzender, einzelne Mitglieder der Konzernleitung oder die ihr untergeordneten Stabsstellen. Diese Stabsstellen haben i.d.R. kein organisatorisch verankertes Weisungsrecht gegenüber den einzelnen Konzerngesellschaften[131]. Oft werden ihre Empfehlungen von den Organen der Konzerngesellschaft wie Befehle befolgt in der Absicht, sich dadurch eines Teils der Verantwortung zu begeben.

bb) Die rechtliche Bedeutung der Weisungserteilung

Nach dem materiellen Organbegriff wird für Pflichtverletzungen derjenige aktienrechtlich verantwortlich, der "tatsächlich und effektiv an der Bildung des Verbandswillens" teilhat[132]. Bei einer restriktiven Handhabung des materiellen Organbegriffes wären die tatsächliche *Weisungserteilung* und deren *Kausalität* zum Verhalten der konzerngesellschaftlichen Organe die Voraussetzungen einer

---

128 Vgl. dazu generell Krähe/Hardach 68 ff.; Hardach 725 ff.; Rasch, 2. Aufl. 95.
129 Rehbinder, Konzernaussenrecht 42.
130 So weist Schmid 94 darauf hin, dass der Zusammenhalt im dezentralisierten Grossunternehmen "eher durch gemeinsame Ideologien und menschliche Werte als durch diktatorische Vollmachten und Eigeninteressen kleinerer Gruppen" erreichbar ist.
131 Vgl. Hardach 719, der von einem funktionellen Weisungsrecht spricht.
132 Vgl. vorn S. 50 mit weiteren Hinweisen in Anm. 58.

Verantwortlichkeit: Im Einzelfall müsste also untersucht werden, ob die erteilte Weisung das Verhalten der konzerngesellschaftlichen Organe im gewünschten Sinne beeinflusst hat. Nur dann wäre der Tatbestand der tatsächlichen Ausübung von Verwaltungs- und Geschäftsführungsfunktionen erfüllt und eine Verantwortlichkeit des Weisungserteilenden gegeben.

Eine so wörtliche Auslegung des materiellen Organbegriffes wäre kaum dogmatisch zu vereinbaren mit den der aktienrechtlichen Verantwortlichkeit zugrunde liegenden Leitgedanken[133]. Sodann würde eine solche Lösung den praktischen Bedürfnissen in doppelter Hinsicht nicht genügen: Der Geschädigte wäre wohl kaum imstande, im einzelnen Fall neben dem *Schaden* die *Weisungserteilung* und deren *Kausalität* zum Verhalten der konzerngesellschaftlichen Organe zu beweisen. Haftungsmässig unerfasst blieben zudem die Fälle, wo der im Konzern Zuständige eine Weisungserteilung an die Organe der Konzerngesellschaft pflichtwidrig unterlassen hat.

Zur Begründung der aktienrechtlichen Verantwortlichkeit der Organe der Konzernspitze kann daher vernünftigerweise nicht gefordert werden, dass eine Weisung im Einzelfalle erteilt und befolgt wurde. Massgebend ist vielmehr die konkrete Organisationsstruktur des Konzerns: Es ist darauf abzustellen, ob im Konzern für einen bestimmten Sachbereich *in der Regel* Weisungen erteilt werden. Der Umstand, dass im Einzelfalle eine Weisung ergangen ist, stellt dann lediglich ein zusätzliches Moment der Haftungsbegründung dar.

Nur auf diesem Wege, d.h. durch das Abgehen vom strikten Erfordernis der Kausalität einer Weisungserteilung für das Verhalten der konzerngesellschaftlichen Organe, lässt sich m.E. eine Haftung der obergesellschaftlichen Organe auch für Unterlassungen juristisch sauber begründen[134]. Diese Lösung ist in dogmatischer Hinsicht durchaus vertretbar, weil sie den Konzerntatbestand[135] und nicht die Weisungserteilung im Einzelfall zum haftungsbegründenden Merkmal erhebt, die ja im Grunde genommen nur die Folge des Konzerntatbestandes ist.

Von ähnlicher Bedeutung wie die Weisungserteilung sind Genehmigungs- und Mitwirkungsvorbehalte für bestimmte Geschäfte der Konzerngesellschaften[136].

---

133 Vgl. dazu vorn S. 54 ff.
134 Eine juristische Kausalität von Unterlassungen lässt sich dadurch begründen, dass man eine Pflicht zum Handeln annimmt: Im vorliegenden Fall resultiert aus der Tatsache, dass im Konzern *üblicherweise* Weisungen erteilt werden, eine Sorgfaltspflicht. Zur Kausalität von Unterlassungen vgl. Oftinger I/88 ff.
135 D.h. die einheitliche Leitung im Sinne der teilweisen Ausübung konzerngesellschaftlicher Geschäftsführungsbefugnisse.
136 Hier beschränkt sich die Konzernleitung generell auf den Erlass allgemeiner Richtlinien und die Überwachung deren Einhaltung, bedingt sich aber für den Abschluss bestimmter Geschäfte die *Zustimmung* oder Mitwirkung aus; vgl. dazu im einzelnen Krähe/Hardach 44.

b) Die haftungsrechtliche Relevanz des Informationsflusses im Konzern

Eine grosse Rolle spielt im Konzern die gegenseitige Information[137]. Sehr oft handelt das an der Spitze der Konzerngesellschaft oder Stabsstelle stehende Mitglied der Konzernleitung erst nach informeller Rücksprache mit dem Vorsitzenden oder einem anderen Mitglied der Konzernleitung. Es frägt sich nun, ob schon allein das Wissen einer vorgesetzten oder gleichgeordneten Stelle um einen die Konzerngesellschaft betreffenden Vorgang deren Verantwortlichkeit begründet. Werden die einzelnen Mitglieder der Konzernleitung schon deshalb verantwortlich, weil sie über ein Geschäft informiert wurden, d.h. müssen sie sich den Vorwurf gefallen lassen, sie hätten ein Eingreifen pflichtwidrig unterlassen?

Hier muss m.E. davon ausgegangen werden, dass durch blosses Wissen nur derjenige verantwortlich wird, dem eine Überwachungspflicht obliegt. Für ihn entsteht aus der Information die Pflicht zum Eingreifen. Diese Überlegungen führen für Konzernverhältnisse zu folgender Feststellung:

Alle Mitglieder der Konzernleitung i.e.S. werden für das Wissen um konzernpolitische Grundsatzentscheide des zentralisierten Bereiches verantwortlich. Das rechtlich relevante Wissen begründet eine *Verantwortlichkeit aus Unterlassungen*[138]. Wiederum ergeben sich nuancierte Unterschiede zwischen der Stellung des Vorsitzenden und den anderen Mitgliedern der Konzernleitung i.e.S.[139].

2. Die Sorgfaltspflicht der in die Verwaltung und Geschäftsführung der Konzerngesellschaft eingreifenden Mitglieder der Konzernleitung

Durch ihr tatsächliches Eingreifen in die Verwaltungs- und Geschäftsführungsfunktionen der Konzerngesellschaft werden die Mitglieder der Konzernleitung *materielle Organe* der Konzerngesellschaft[140]. Es stellt sich die Frage, welches Mass an Sorgfalt sie bei der Ausübung konzerngesellschaftlicher Organfunktionen gegenüber der Konzerngesellschaft zu erbringen haben. Aus dem materiellen Organbegriff ergibt sich, dass eine Sorgfaltspflicht *gegenüber der Konzerngesellschaft*[141] nicht alle, sondern nur diejenigen Mitglieder der Konzernleitung trifft, welche tatsächlich Geschäftsführungsfunktionen für die Konzerngesellschaft ausüben. Die Konzernleitung setzt sich aus Mitgliedern *mit* und *ohne* formale Verwaltungsposition in der Konzerngesellschaft zusammen. Gilt für alle Mitglieder der Konzernleitung i.e.S. der gleiche Massstab der Sorgfaltspflicht?

137 Vgl. dazu Krähe/Hardach 63 ff.
138 Vgl. dazu vorn S. 65 bei Anm. 126.
139 Vgl. dazu vorn S. 64 f.
140 Zum materiellen Organbegriff vgl. vorn S. 45 ff.
141 Zu den Sorgfaltspflichten der Verwaltungsorgane vgl. hinten S. 85 ff.

Mit Blick auf formale Gesichtspunkte ist man zunächst versucht, zwischen diesen beiden Kategorien von Mitgliedern der Konzernleitung zu unterscheiden: Danach wäre das Mitglied mit formaler Organstellung bei der Konzerngesellschaft primär zur Wahrung der konzerngesellschaftlichen Interessen verpflichtet und hätte einen Interessenskonflikt zwischen Gesamtkonzern und Konzerngesellschaft zugunsten der letzteren zu entscheiden. Dagegen wäre das Mitglied der Konzernleitung, welches keine Verwaltungsratsposition bei der Konzerngesellschaft bekleidet, zur ausschliesslichen Verfolgung der Konzerninteressen befugt.

Diese formale Betrachtungsweise würde zu unbilligen Ergebnissen führen und zudem den tatsächlichen Gegebenheiten nicht gerecht werden: Ob ein Mitglied der Konzernleitung formell dem Verwaltungsrat der Konzerngesellschaft angehört oder nicht, ergibt sich aus organisatorischen und nicht aus rechtlichen Kriterien[142]. Alle Grundsatzentscheide fällt die Konzernleitung als Kollektivorgan; die Tatsache der formalen Zugehörigkeit zum Verwaltungsrat der durch den Beschluss betroffenen Konzerngesellschaft tritt gegenüber den organisatorischen Gegebenheiten völlig in den Hintergrund.

M.E. ist daher von allen Mitgliedern der Konzernleitung, *welche in die Verwaltung und Geschäftsführung der Konzerngesellschaften eingreifen*, das gleiche Mass an Sorgfalt gegenüber der Konzerngesellschaft zu verlangen. Durch den Eingriff in die Verwaltungs- und Geschäftsführungsfunktionen der Konzerngesellschaft übernehmen alle Mitglieder der Konzernleitung die Pflichten eines ordentlichen Gesellschaftsorgans[143].

3. Der Inhalt der Konzernpolitik

Bei den vorstehenden Darlegungen wurde zwischen konzernpolitischen Grundsatzentscheiden und der laufenden Geschäftsführung im zentralisierten Bereich unterschieden. Diese Differenzierung muss notwendigerweise abstrakt bleiben. Ob ein Entscheid im Konzern grundsätzlicher Natur ist, kann nur in Kenntnis des Einzelfalles beurteilt werden. Aus diesem Grunde wurde auf die Darlegung praktischer Beispiele verzichtet; das Konzernmodell ist bewusst allgemein gehalten. Jedes Beispiel würde weitere konkrete Annahmen verlangen.

Einen Ansatzpunkt für eine solche Abgrenzung bringt der Blick auf die Pflichten des Gesamtverwaltungsrates in der AG: Neben der Auswahl, Instruktion und Überwachung der mit der Geschäftsführung betrauten Personen übt er die eigentliche *Geschäftspolitik* aus: Er hat alle "Einzelfragen, die das Unter-

---

142 Vgl. den Modellbeschrieb vorn S. 61 ff.
143 Zu den Pflichten des faktischen Organs vgl. Gehriger 83 f., der diesem die Pflichten eines ordentlichen Gesellschaftsorgans auferlegen will; Petitpierre-Sauvin 135; Schmid 109.

nehmen in seiner Existenz betreffen, selbst zu entscheiden"[144]. Zur Geschäftspolitik gehören nach VISCHER "die Betätigung in neuen Branchen, die Eröffnung und Schliessung grösserer Betriebsstätten, die Beschlussfassung über Fusionsverhandlungen oder über den Erwerb einer Aktienmehrheit anderer Unternehmen, die Beschlussfassung über bedeutende Investitionen etc."[145].

Der Begriff der Geschäftspolitik lässt sich m.E. in organisatorischer Hinsicht sinngemäss auf den Konzern übertragen: Der Geschäftspolitik in der einzelnen AG entspricht die Konzernpolitik im Konzern.

---

144 Vischer, Delegationsmöglichkeit 352.
145 Vischer, Delegationsmöglichkeit 352; zur Konzernunternehmenspolitik vgl. Langenegger 46 ff.

3. KAPITEL

Die aktienrechtliche Verantwortlichkeit der Organe der OBERGESELLSCHAFT gegenüber Aktionären und Gläubigern der OBERGESELLSCHAFT für Schädigung der Konzerngesellschaft

I. Problemstellung

Ausgangspunkt unserer Betrachtungen ist wiederum ein durch die Organe der Obergesellschaft verursachter unmittelbarer Vermögensschaden der Konzerngesellschaft. Dieser löst auf zwei Ebenen — gegenüber der Konzerngesellschaft und der Obergesellschaft — Haftungsansprüche aus. Geschädigt sind alle Aktionäre der Konzerngesellschaft in gleichem Masse. Je nachdem, ob die Obergesellschaft als Hauptaktionärin der Konzerngesellschaft den erlittenen Schaden durch Leistungen nicht gesellschaftlicher Natur wettmachen kann oder nicht[1], gestalten sich die rechtlichen Probleme verschieden:

Erfolgt die Schädigung der Konzerngesellschaft im Interesse und zugunsten der Obergesellschaft, so ist diese wirtschaftlich nicht geschädigt[2]. Die Schädigung der Konzerngesellschaft ist das Resultat einer konzerninternen Vermögensverschiebung. Wirtschaftlich geschädigt sind dagegen die konzernfreien Minderheitsaktionäre und die Gläubiger der Konzerngesellschaft. Die in die Geschäftsführung der Konzerngesellschaft eingreifenden Organe der Obergesellschaft werden gegenüber der Konzerngesellschaft, ihren Aktionären sowie allenfalls ihren Gläubigern als materielle Organe für Pflichtverletzungen nach OR 754 verantwortlich. Diese Schadenersatzansprüche sind im vorangehenden Kapitel untersucht worden.

Kann die Obergesellschaft (Konzernspitze) den als Aktionärin der Konzerngesellschaft erlittenen Schaden nicht ausserhalb ihrer Mitgliedschaftsrechte kompensieren, so hat auch sie wirtschaftlich besehen einen Schaden erlitten. Der Tatbestand der unmittelbaren Schädigung der Konzerngesellschaft löst in diesem Falle auf einer zweiten Ebene Haftungsansprüche aus: In diesem Kapitel ist zu untersuchen, inwiefern die Verwaltungsorgane der Obergesellschaft gegenüber der Obergesellschaft, ihren Aktionären und Gläubigern für den in der Konzerngesellschaft eingetretenen Vermögensschaden nach OR 754 verantwortlich werden. Die Verantwortlichkeitsklage des Aktionärs der Obergesellschaft gegen ihre

---

[1] Joss 137; Schluep, Rechte 249 f.; Walder 7 mit einem Beispiel in Anm. 8; Zweifel, Holdinggesellschaft 90.
[2] Und damit auch der Gesamtkonzern nicht.

Organe für Schädigung der Konzerngesellschaft ist für den Minderheitenschutz in der Obergesellschaft bedeutsam[3]: Wird auch die Obergesellschaft durch eine Aktienmehrheit kontrolliert[4], so geschieht auf höherer Stufe, was sich sonst typischerweise in der Konzerngesellschaft abspielt: Der Hauptaktionär der Obergesellschaft[5] kann den Gesellschaftsschaden anderweitig wettmachen, während der Minderheitsaktionär leer ausgeht.

Voraussetzungen einer Verantwortlichkeit der Organe der Obergesellschaft sind ein Schaden der Obergesellschaft (II.) und Pflichtwidrigkeit gegenüber der Obergesellschaft (III.):

II. Schaden der Obergesellschaft als Voraussetzung der aktienrechtlichen Verantwortlichkeit ihrer Organe

1. Unmittelbarer und mittelbarer Schaden im Verantwortlichkeitsrecht

Bedeutsam für die aktienrechtliche Verantwortlichkeit ist die Unterscheidung zwischen unmittelbarem und mittelbarem Schaden[6]:

Nach OR 754 sind die Verwaltungsorgane der Gesellschaft, ihren Aktionären und Gläubigern für den durch schuldhafte Pflichtwidrigkeit verursachten *unmittelbaren* Gesellschaftsschaden verantwortlich[7].

Ohne selbst unmittelbar geschädigt zu sein, können Aktionäre und Gläubiger durch den in der Gesellschaft eingetretenen Vermögensschaden mittelbar geschädigt sein[8]. Der mittelbare Schaden ist der Schaden, den die Aktionäre und Gläubiger reflexweise als Folge des unmittelbaren Gesellschaftsschadens erleiden. Voraussetzung des mittelbaren Aktionärsschadens ist demnach ein *unmittelbarer*

---

3 Zur Problematik des Minderheitenschutzes in der *beherrschenden* Gesellschaft vgl. Joss 148 ff.; Mestmäcker 271 ff.; F.P. Oesch 97 ff.; Schluep, Rechte 243 ff.
4 Dies ist in Konzernverhältnissen dann der Fall, wenn die Obergesellschaft nicht die Konzernspitze, sondern eine Subholding ist; vgl. dazu F.P. Oesch 230.
5 D.h. die Konzernspitze.
6 Zur Terminologie vgl. Bürgi N 50 zu OR 753/4; Forstmoser, Aktienrechtliche Verantwortlichkeit N 156 ff.; Fehr 150 f.; Frick 86 ff.; Meier-Wehrli 51 ff.; Schiess 24 ff.
7 Zu den Ursachen des unmittelbaren *Gesellschaftsschadens* vgl. Bürgi N 45 zu OR 753/4; Forstmoser, Aktienrechtliche Verantwortlichkeit N 161 ff.; Frick 74 ff.; Meier-Wehrli 51 f.; zu den Ursachen des unmittelbaren Aktionärs- und Gläubigerschadens vgl. Bürgi N 43 ff. zu OR 753/4; Fehr 151; Forstmoser, Aktienrechtliche Verantwortlichkeit N 165 ff.; Frick 92 f.; Meier-Wehrli 52 f.
8 Bürgi N 50 ff. zu OR 753/4; Forstmoser, Aktienrechtliche Verantwortlichkeit N 169 ff.; Frick 96 ff.; Meier-Wehrli 53 ff.; vgl. allerdings Frick 99, der darauf hinweist, dass jede unmittelbare Schädigung der AG zu einer mittelbaren Schädigung der Gläubiger führt. Gläubigerinteressen sind erst dann gefährdet, wenn das Ausmass der Vermögensverminderung das Grundkapital der Gesellschaft schmälert.

Gesellschaftsschaden[9]. Er ist mittelbar, "weil er das Vermögen von Aktionären und Gläubigern nicht unmittelbar schädigt, wohl aber den Wert einer Beteiligung oder eines Guthabens gefährdet"[10]. OR 755 billigt den mittelbar geschädigten Aktionären und Gläubigern eine Klage auf Ersatzleistung an die Gesellschaft zu[11].

2. Voraussetzungen einer Legitimation der Aktionäre und Gläubiger der Obergesellschaft zur Klage aus OR 755

Bei *unmittelbarer* Schädigung der Obergesellschaft ist diese selbst zur Klage aus OR 754 berechtigt; deren Aktionäre und Gläubiger sind mittelbar klageberechtigt im Sinne von OR 755 (Klage aus mittelbarem Schaden). Allerdings wird in diesem Fall kaum ein spezifischer Konzernsachverhalt vorliegen: Eine unmittelbare Schädigung der Obergesellschaft tritt in der Regel nur dann ein, wenn die Konzernleitung ihre Pflichten innerhalb der Obergesellschaft verletzt[12].

Meistens erleidet indessen die Obergesellschaft durch den Vermögensverlust in der Konzerngesellschaft nur einen *mittelbaren* Schaden. Hier frägt es sich, ob die mittelbare Schädigung der Obergesellschaft zugleich auch einen mittelbaren Schaden ihrer Aktionäre und Gläubiger darstellt und ob diese ebenfalls zur Klage aus OR 755 berechtigt sind:

Gegen eine Klagelegitimation der Aktionäre und Gläubiger der Obergesellschaft aus mittelbarem Schaden liesse sich ein formales Argument anführen: Das Vermögenssubstrat der Konzerngesellschaft ist der unmittelbaren Rechtszuständigkeit der Obergesellschaft entzogen und in Mitgliedschaftsrechte an der Konzerngesellschaft gekleidet[13]: Zwar sind *wirtschaftlich* die Aktionäre der Obergesellschaft in dem Masse Aktionäre der Konzerngesellschaft, als die Obergesellschaft an der Konzerngesellschaft beteiligt ist. Doch sei in *rechtlicher* Hinsicht allein die Obergesellschaft Aktionärin der Konzerngesellschaft und durch den Vermögensverlust in der Konzerngesellschaft mittelbar geschädigt. Weiter könnte argumentiert werden, ein mittelbarer Aktionärsschaden habe definitionsgemäss immer einen unmittelbaren Gesellschaftsschaden zur Voraussetzung. Daher sei

---

9 Bürgi N 50 zu OR 753/4.
10 Bürgi N 53 zu OR 753/4.
11 Zur Streitfrage, ob es sich dabei nur um ein selbständiges Klagerecht oder um eine eigene materielle Forderung der Aktionäre und Gläubiger handelt, vgl. Bürgi N 53 ff. zu OR 753/4; F.P. Oesch 223; Schiess 41 f.; die Klage unterliegt allerdings wesentlichen prozessualen Einschränkungen, vgl. Forstmoser, Aktienrechtliche Verantwortlichkeit N 81 ff.; Frick 102 ff.; Meier-Wehrli 89 ff.; Schiess 43 ff.
12 Der typische Fall ist ja der Eingriff in die Geschäftsführungsfunktionen der Konzerngesellschaft.
13 Mestmäcker 271.

den Aktionären und Gläubigern die Klageberechtigung aus OR 755 immer dann abzusprechen, wenn die Obergesellschaft durch die Vermögenseinbusse in der Konzerngesellschaft nur mittelbar und nicht unmittelbar geschädigt sei. Trotzdem lassen sich m.E. gute Gründe anführen, weshalb auch dem Aktionär und Gläubiger der mittelbar geschädigten Obergesellschaft ein Klagerecht aus OR 755 zuzubilligen ist: Dem ersten Argument kommt in Konzernverhältnissen kaum Bedeutung zu, weil im Konzern der Grundsatz der Trennung von Aktionär und Gesellschaft gegenüber dem Moment der wirtschaftlichen Einheit aller Konzerngesellschaften[14] in den Hintergrund tritt. Das Moment der wirtschaftlichen Einheit erhält eine normative Bedeutung: Die Frage, wer mittelbar geschädigt im Sinne von OR 755 ist, muss vielmehr nach funktionellen Gesichtspunkten beantwortet werden. Massgebend ist der Grundgedanke der in OR 755 enthaltenen Regelung: Diese Vorschrift ermächtigt Aktionäre und Gläubiger, den Gesellschaftsschaden durch Klage selbständig geltend zu machen; sie bezweckt den Schutz des Aktionärs vor Gefährdung seines in Beteiligung an der AG angelegten Vermögens[15]. Folglich ist dem Aktionär (und allenfalls dem Gläubiger) einer durch Vermögenseinbusse in der Konzerngesellschaft mittelbar geschädigten Obergesellschaft immer dann die Klage aus OR 755 zuzubilligen, wenn die Obergesellschaft *wirtschaftlich* durch den Schaden in der Konzerngesellschaft betroffen ist. Sodann kann die formale Betrachtungsweise, wonach ein unmittelbarer Gesellschaftsschaden die Voraussetzung für einen mittelbaren Aktionärs- und Gläubigerschaden ist, in Konzernverhältnissen nicht zu sachgerechten Ergebnissen führen; der aktienrechtliche Begriff des mittelbaren Schadens[16] ist auf die einzelne AG zugeschnitten und muss für das Konzernverhältnis neu überdacht werden. Hier dürfen die wirtschaftlichen Gegebenheiten nicht ausser acht gelassen werden. Die von der einheitlichen Leitung[17] erfasste Konzerngesellschaft ist ein Baustein des Gesamtkonzerns: Das wirtschaftliche, organisatorische und vermögensmässige Interesse der Obergesellschaft an der Konzerngesellschaft reicht weit über das blosse Aktionärsinteresse hinaus[18]. Ein Vermögensverlust in der Konzerngesellschaft stellt immer auch einen unmittelbaren Schaden für die Obergesellschaft dar. Ihren Aktionären und Gläubigern ist daher das Klagerecht aus OR 755 zuzubilligen.

---

14 Vgl. dazu vorn S. 3.
15 Vgl. dazu auch vorn S. 54 f.
16 Vgl. dazu Schiess 21 ff.
17 Zum Begriff der einheitlichen Leitung vgl. vorn S. 8.
18 Zur Frage nach einem rechtlich geschützten Aktionärsinteresse vgl. hinten S. 94 f.

III. Pflichtwidrigkeit der Organe der Obergesellschaft als Voraussetzung der aktienrechtlichen Verantwortlichkeit

1. Die Sorgfaltspflicht der Organe der Obergesellschaft

Nach OR 722 I haben die Gesellschaftsorgane die Geschäfte der Gesellschaft mit aller Sorgfalt zu führen. Dazu gehört natürlich auch die sorgfältige Verwaltung der in Form von Aktienbesitz an anderen Gesellschaften angelegten Beteiligungswerte. Diese Beteiligungsverwaltung kann — je nach Zweck der Gesellschaft und Höhe der Beteiligungen — einen wesentlichen Teil der den Gesellschaftsorganen obliegenden Tätigkeit ausmachen[19]. In Konzernverhältnissen erhält die Pflicht zur sorgfältigen Verwaltung des Aktienbesitzes an anderen Gesellschaften besondere Bedeutung, weil der ganze oder ein grosser Teil der Aktiven der Obergesellschaft in dauernden Beteiligungen[20] an Konzerngesellschaften besteht:

Im Rahmen der einheitlichen Leitung übt die Verwaltung der Obergesellschaft die Aktionärsrechte an den Konzerngesellschaften aus. Die einheitliche Leitung erfolgt entweder durch Stimmabgabe in der GV der Konzerngesellschaften sowie durch Wahl, Instruktion und Überwachung ihrer Organe oder aber durch direkten Eingriff in die Geschäftsführung der Konzerngesellschaft. Bei dieser Tätigkeit haben die Verwaltungsorgane in zulässigem Masse die Interessen der Obergesellschaft (die Konzerninteressen[21]) wahrzunehmen. Sorgfältige Geschäftsführung bedeutet also für die obergesellschaftlichen Organe einheitliche Leitung der Konzerngesellschaften im Interesse der Obergesellschaft.

2. Die pflichtgemässe einheitliche Leitung insbesondere

Eingangs sei nochmals auf das Zusammenspiel der beiden Haftungsebenen hingewiesen:

Liegt eine von der einheitlichen Leitung nur am Rande erfasste branchenfremde Beteiligung vor, so beschränkt sich die Sorgfaltspflicht der obergesellschaftlichen Organe auf die Pflicht zur sorgfältigen Beteiligungsverwaltung (nachfolgend a). Diese obliegt ihnen aber nur im Verhältnis zur Obergesellschaft.

---

19 Dies ist z.B. bei der Holdingstruktur der Fall (vgl. dazu vorn S. 31 f.), wo mehrere Unternehmen aus organisatorischen Gründen in einer Holdinggesellschaft zusammengefasst sind. Vgl. weiter den Begriff der Holdinggesellschaft, "deren Hauptzweck es ist, Beteiligungen an andern Unternehmen, insbesondere Mehrheitsbeteiligungen, dauernd zu verwalten" (Zweifel, Holdinggesellschaft 45).
20 Zum Beteiligungsbegriff vgl. vorn S. 33; zum Begriff der dauernden Beteiligung vgl. Bürgi N 9 ff. zu OR 667 sowie J. Henggeler, Die bilanzmässige Bewertung von Dauerbeteiligungen im schweizerischen Recht, SJZ 27 (1931) 273 ff.
21 Zum Konzerninteresse vgl. hinten S. 95 ff.

Aus pflichtwidriger Beteiligungsverwaltung ergibt sich daher nur eine Verantwortlichkeit gegenüber der Obergesellschaft.

Ist hingegen die Konzerngesellschaft wirtschaftlich ein integrierender Bestandteil des Gesamtkonzerns, so sind die Organe der Obergesellschaft (Konzernspitze) im Rahmen des ihnen von der Konzernorganisation zugewiesenen Aufgabenbereiches[22] zur Ausübung konzerngesellschaftlicher Verwaltungs- und Geschäftsführungsfunktionen berufen (nachfolgend b). Schalten sich die Mitglieder der Konzernleitung im Rahmen der einheitlichen Leitung aber in die Geschäftsführung der Konzerngesellschaft ein, so unterliegen sie einer Verantwortlichkeit auf *doppelter Ebene:* Sie werden einmal als materielle (faktische) Organe gegenüber der *Konzerngesellschaft* ihren Aktionären und Gläubigern nach OR 754 für Pflichtwidrigkeit verantwortlich. Diese Verantwortlichkeit steht hier nicht zur Diskussion[23]. Daneben werden sie aber auch gegenüber der *Obergesellschaft,* ihren Aktionären und Gläubigern für pflichtwidrige Ausübung der ihnen durch die Konzernorganisation zugewiesenen konzerngesellschaftlichen Geschäftsführungsfunktionen verantwortlich.

Pflichtgemässe einheitliche Leitung gegenüber der Obergesellschaft bedeutet einheitliche Leitung der Konzerngesellschaften im zulässigen Interesse des Gesamtkonzerns[24]. Dazu ist zu bemerken, dass die obergesellschaftlichen Organe nur im Rahmen ihrer tatsächlichen Beeinflussungs*möglichkeit* zur Führung der Konzerngesellschaften im Interesse des Gesamtkonzerns verpflichtet sein können. Der Beteiligungsquote kommt eine wichtige Bedeutung bei der Bestimmung der massgeblichen Sorgfaltspflicht im faktischen Konzern zu.

Welche konkrete Handlung im Einzelfalle die einheitliche Leitung der Konzerngesellschaften erheischt, lässt sich nicht generell sagen. Immerhin seien als Beispiele folgende Formen der einheitlichen Leitung erwähnt:

a) Einheitliche Leitung durch Auswahl, Instruktion und Überwachung der Organe der Konzerngesellschaft (Beteiligungsverwaltung)

Die obergesellschaftlichen Organe (Mitglieder der Konzernleitung) sind nur gegenüber der Obergesellschaft zu sorgfältiger Beteiligungsverwaltung verpflichtet. Aus pflichtwidriger Beteiligungsverwaltung ergibt sich daher nur eine Haftung gegenüber der Obergesellschaft[25].

Die Beteiligungsverwaltung umfasst im wesentlichen die sorgfältige Auswahl, Instruktion und Überwachung der konzerngesellschaftlichen Organe:

22 Zu den Möglichkeiten der Konzernorganisation vgl. vorn S. 29 ff., 59 ff.
23 Zu dieser Frage vgl. vorn S. 57 ff.
24 Zum Konzerninteresse vgl. hinten S. 95 ff.
25 Solange die obergesellschaftlichen Organe *nicht* in die Geschäftsführung der Konzerngesellschaft eingreifen, stehen sie nur zur Obergesellschaft in einem Vertragsverhältnis.

aa) Wahl von Verwaltungsorganen der Konzerngesellschaft

Je nach Beteiligungshöhe[26] vermag die Obergesellschaft durch Stimmrechtsausübung in der GV der Konzerngesellschaft die Wahl der Verwaltungsorgane entscheidend zu beeinflussen. Die Obergesellschaft übt ihr Stimmrecht als Aktionärin der Konzerngesellschaft über ihre Organe[27] oder durch Hilfspersonen aus, die meistens eine Instruktion zur Stimmabgabe erhalten[28].

Die Wahl einer ungeeigneten Person in den Verwaltungsrat der Konzerngesellschaft ist ein unzweckmässiger GV-Beschluss. Als Aktionärin der Konzerngesellschaft wird die Obergesellschaft selbst für rechtsmissbräuchliche Stimmrechtsausübung haftbar[29]. Dagegen werden die obergesellschaftlichen Organe durch die persönliche Abgabe einer unsachgemässen Stimme oder durch die Veranlassung einer Hilfsperson zu unsachgemässer Stimmabgabe gegenüber der Obergesellschaft, ihren Aktionären und Gläubigern nach OR 754 aktienrechtlich verantwortlich. Es gehört zu ihren Pflichten als Organe der Obergesellschaft, sich im Rahmen ihres Stimmrechts für die Wahl fähiger Personen in die Verwaltung der von ihnen beherrschten Konzerngesellschaften einzusetzen.

bb) Instruktion und Überwachung von Verwaltungsorganen
der Konzerngesellschaft

Aufgrund ihrer Stimmenmacht in der GV der Konzerngesellschaft ist die Obergesellschaft imstande, die Organe der Konzerngesellschaft auf rein tatsächlicher Grundlage auch ausserhalb der GV zu beeinflussen: Diese tatsächliche *Weisungsmacht*[30] haben die Organe der Obergesellschaft pflichtgemäss, d.h. im wohlverstandenen Interesse der Obergesellschaft, auszuüben. Die dem Konzerntatbestand eigene *faktische Weisungsgewalt*[31] der Organe der Obergesellschaft wird damit zur Bestimmungsgrösse ihrer Sorgfaltspflicht.

Sodann haben sie die Verwaltungsorgane der Konzerngesellschaft daraufhin zu überwachen, ob diese in zulässigem Masse[32] die Konzerninteressen wahrnehmen.

26 Zu den verschiedenen Beteiligungsarten vgl. vorn S. 34 sowie Zweifel, Holdinggesellschaft 53 ff.
27 Die Stimmrechtsausübung wird der Obergesellschaft in diesem Fall als *eigene* gemäss ZGB 55 II/OR 718 III zugerechnet.
28 Dies wird vor allem dann der Fall sein, wenn eine Hilfsperson mit der Ausübung des Stimmrechts in der GV der Konzerngesellschaft beauftragt wird.
29 Vgl. Zweifel, Holdinggesellschaft 99 sowie hinten S. 147 ff.
30 Zur Frage der rechtlichen Zulässigkeit der Weisungserteilung vgl. hinten S. 90 ff.
31 Hier muss allerdings darauf hingewiesen werden, dass die Instruktion der konzerngesellschaftlichen Organe möglicherweise über das Mass der üblichen Beteiligungsverwaltung hinausgehen kann und dann den Tatbestand der faktischen Organschaft bewirkt.
32 Zur Frage, inwieweit der abhängige Verwaltungsrat die Interessen seines Auftraggebers (d.h. der Konzernspitze) wahrnehmen darf, vgl. hinten S. 93 ff.

b) Unmittelbarer Eingriff in die Verwaltungs- und Geschäftsführungsfunktionen der Konzerngesellschaft

Greifen die Mitglieder der Konzernleitung unmittelbar in die Verwaltungs- und Geschäftsführungsfunktionen der Konzerngesellschaft ein, so haften sie gegenüber der Obergesellschaft für pflichtgemässe einheitliche Leitung: Bei der Ausübung von Organfunktionen für die Konzerngesellschaft haben sie neben den Interessen der Konzerngesellschaft[33] auch in zulässigem Masse die Konzerninteressen wahrzunehmen. Sie haften dabei für jede Sorgfalt. Da sie in einem doppelten Pflichtverhältnis[34] stehen, werden sie auch auf doppelter Ebene, d.h. gegenüber beiden Gesellschaften, für Pflichtverletzung verantwortlich.

IV. Einzelfragen

1. Zahlung des Schadenersatzes an die Obergesellschaft oder an die Konzerngesellschaft – Problematik der Klagenkonkurrenz

Hat nur die Obergesellschaft durch die Vermögensschädigung der Konzerngesellschaft direkt einen *unmittelbaren* Schaden erlitten, so erfolgt die Leistung des Schadenersatzes gemäss OR 755 an die Obergesellschaft. Dieser Fall bedarf keiner weiteren Erläuterung.

Probleme zeigen sich indessen dann, wenn die Obergesellschaft durch einen Vermögensverlust in der Konzerngesellschaft *mittelbar* geschädigt ist: Aus den vorstehenden Darlegungen hat sich ergeben, dass eine unmittelbare Schädigung der Konzerngesellschaft möglicherweise auf zwei Ebenen Verantwortlichkeitsansprüche auf den Platz ruft. Konkurrierend stehen sich die Klage auf Leistung des Schadenersatzes an die Obergesellschaft wegen Verletzung von Verwaltungs- und Geschäftsführungspflichten sowie die Klage auf Schadenersatzleistung an die Konzerngesellschaft wegen tatsächlichen Eingreifens in deren Geschäftsführungsfunktionen gegenüber. Es erhebt sich die Frage nach dem gegenseitigen Verhältnis der beiden Klagen. Sicher ist der Schaden nur einmal zu ersetzen. Soll die Schadenersatzleistung an die Obergesellschaft oder an die Konzerngesellschaft erfolgen? Zur Beantwortung dieser Frage muss differenziert werden:

---

33 Zum Konzerninteresse vgl. hinten S. 95 ff.
34 Als Organe der Obergesellschaft sind sie dieser gegenüber zur Interessenwahrung verpflichtet (vgl. hinten S. 87); in dem Masse, als sie in die Geschäftsführung der Konzerngesellschaft eingreifen, trifft sie ihr gegenüber eine Treuepflicht.

a) Bei Pflichtverletzung nur gegenüber der Obergesellschaft

Verletzt das Organ der Obergesellschaft im Rahmen der Beteiligungsverwaltung seine ihm im Verhältnis zur Obergesellschaft obliegenden Pflichten zu sorgfältiger Auswahl, Instruktion und Überwachung der tochtergesellschaftlichen Organe, so tritt nur gegenüber der *Obergesellschaft* eine Verantwortlichkeit nach OR 754 ein. Die Schadenersatzleistung erfolgt an die Obergesellschaft, da im Verhältnis zur Konzerngesellschaft keine Pflichtverletzung vorliegt. Das Problem der Konkurrenz der Schadenersatzansprüche stellt sich nicht.

b) Bei Pflichtverletzung gegenüber beiden Gesellschaften

Greift der Verwaltungsrat der Obergesellschaft in die Geschäftsführungsfunktionen der Konzerngesellschaft ein, so ist er gleichzeitig materielles Organ der Konzerngesellschaft. Für Pflichtverletzungen wird er sowohl gegenüber der Obergesellschaft als auch gegenüber der Konzerngesellschaft nach OR 754 verantwortlich[35]. Hier stellt sich nun das Problem der Konkurrenz der Ansprüche. Auszugehen ist hier vom aktienrechtlichen Begriff des mittelbaren Schadens[36] als demjenigen Schaden, den Aktionäre und Gläubiger reflexweise als Folge des unmittelbaren Gesellschaftsschadens erleiden. Da der mittelbare Schaden aber immer die Folgeerscheinung eines unmittelbaren Schadens ist, muss der Ausgleich logischerweise dort vorgenommen werden, wo der Schaden primär entstanden ist. Auch im Konzernverhältnis gilt der Grundsatz von OR 755, dass mittelbarer Schaden mittelbar zu ersetzen ist[37]. Daraus ergibt sich m.E., dass die Zahlung des Schadenersatzes an die unmittelbar geschädigte Konzerngesellschaft zu erfolgen hat: Mit dem Ausgleich des in der Konzerngesellschaft eingetretenen unmittelbaren Schadens verschwindet auch der mittelbare Schaden der Obergesellschaft.

Die Klage des Aktionärs einer durch den Vermögensverlust der Konzerngesellschaft mittelbar geschädigten Obergesellschaft nach OR 755 kann somit vernünftigerweise nichts anderes bedeuten als eine erweiterte Legitimation zur Klage auf Leistung des Schadenersatzes an die Konzerngesellschaft. Nur auf diesem Wege lässt sich m.E. das Konkurrenzproblem einer dogmatisch vertretbaren und sachgemässen Lösung zuführen.

---

35 In diesem Fall handelt er in Doppelorganschaft: Er ist Organ *beider* Gesellschaften.
36 Vgl. dazu vorn S. 72 f. mit Verweisungen.
37 Vgl. Schiess 40: "Da der Schaden im Vermögen der AG entstanden ist und nur im Sinne eines Reflexes die finanzielle Situation von Aktionären und evtl. Gläubigern berührt ..."

2. Das Problem der Schadensquantifizierung

Probleme stellen sich sodann bei der Quantifizierung des durch die Obergesellschaft erlittenen Schadens. Nach welchen Kriterien bestimmt sich der Schadensbetrag, den die Obergesellschaft mit dem Begehren auf Leistung an die Konzerngesellschaft einklagen kann? Würde man der Obergesellschaft einen Schadenersatzanspruch in der Höhe des bei ihr anfallenden indirekten Schadens zubilligen, so erhielte sie im Ergebnis immer dann keinen vollen Ersatz ihres indirekten Schadens, wenn neben ihr noch konzernfreie Aktionäre der Konzerngesellschaft von der Ersatzzahlung profitieren. Ein solches Ergebnis wäre sicher nicht zweckmässig.

Gegen ein Klagerecht der Obergesellschaft auf Ersatz des ganzen bei der Konzerngesellschaft eingetretenen Vermögensschadens spricht zunächst einmal die rechtliche Überlegung, dass die Obergesellschaft in diesem Falle mehr einklagen könnte als ihren eigenen Schaden. Trotzdem ist diese Regelung vorzuziehen, weil damit im gleichen Prozess auch über die Ansprüche des konzernfreien Aktionärs befunden werden kann: In dem Masse, als der eingeklagte Betrag den von der Konzerngesellschaft erlittenen indirekten Schaden übersteigt, handelt der Aktionär der Obergesellschaft als eine Art Prozessbevollmächtigter des konzernfreien Aktionärs der Konzerngesellschaft: In diesem Mehrbetrag macht der Aktionär der Obergesellschaft in eigenem Namen und als Partei die Rechte des konzernfreien Aktionärs der Konzerngesellschaft geltend[38].

V. Rechtsvergleichender Hinweis auf das double derivative suit des amerikanischen corporation-Rechts

Die dargestellte Regelung führt in tatsächlicher Hinsicht zu einem ähnlichen Ergebnis wie das derivative suit des amerikanischen Rechts: Dieses gewährt dem Aktionär einer Holding (Obergesellschaft) die Möglichkeit, mit dem *double derivative suit*[39] die Vermögensrechte der verletzten Tochtergesellschaft geltend zu machen. Die Klage ist eine Weiterentwicklung des derivative suit[40]: Die Besonderheit besteht in der Erweiterung der Aktivlegitimation; nicht nur der mittelbar geschädigte Aktionär der Tochtergesellschaft (Obergesellschaft), sondern

---

38 In prozessualer Hinsicht liegt eine Art von Prozessstandschaft vor: Die Stellung des Aktionärs der Obergesellschaft gleicht derjenigen des Willensvollstreckers (ZGB 518), des Erbschaftsverwalters (ZGB 554) oder der Konkursverwaltung (SchKG 240); vgl. dazu im einzelnen Sträuli, Hans/Messmer, Georg, Kommentar zur Zürcherischen Zivilprozessordnung (Zürich 1976) N 20 zu § 27/28 ZPO.
39 Vgl. Mestmäcker 273; F.P. Oesch 97 ff., 230 f.
40 Zum derivative suit vgl. vorn S. 56 f.

auch der Aktionär des mittelbar geschädigten Aktionärs kann die ihre fiduciary duties verletzenden Personen verantwortlich machen[41]. Ihr Name umschreibt die Zweistufigkeit der Klage.

Allerdings dürfen die dogmatischen Unterschiede der beiden rechtlichen Konstruktionen nicht übersehen werden: Mit dem derivative suit des amerikanischen Rechts macht der Aktionär der Obergesellschaft die Rechte der verletzten Konzerngesellschaft geltend; die Klage richtet sich primär gegen die Organe der Konzerngesellschaft. Demgegenüber geht der Aktionär der mittelbar geschädigten Obergesellschaft mit seiner Klage gegen die Organe der Obergesellschaft vor und macht die Rechte der Obergesellschaft geltend. Nur aus praktischen Gründen geht die Klage auf Leistung an die geschädigte Konzerngesellschaft[42].

VI. Zusammenfassung

Als Ergebnis lässt sich folgendes festhalten:

1. Durch einen unmittelbaren Vermögensschaden der Konzerngesellschaft sind die Aktionäre der Obergesellschaft mittelbar im Sinne von OR 755 geschädigt; sie können mit der Klage aus OR 755 gegen die obergesellschaftlichen Organe vorgehen.
2. Die obergesellschaftlichen Organe werden dann gegenüber der Obergesellschaft für Schädigung der Konzerngesellschaft nach OR 754 ff. verantwortlich, wenn sie gegenüber der Obergesellschaft eine Pflichtwidrigkeit begangen haben.
3. Die Klage geht auf Leistung an die unmittelbar geschädigte Konzerngesellschaft.

---

41 Vgl. F.P. Oesch 230.
42 Vgl. dazu vorn S. 56 f.

4. KAPITEL

Die aktienrechtliche Verantwortlichkeit der Organe der KONZERNGESELLSCHAFT gegenüber deren Aktionären und Gläubigern für Schädigung der Konzerngesellschaft

A. Allgemeines

I. Vorbemerkung

Ging es im zweiten und dritten Kapitel dieses Teils der Arbeit um die aktienrechtliche Verantwortlichkeit der Organe der Obergesellschaft für die Ausübung von Verwaltungs- und Geschäftsführungsfunktionen der Konzerngesellschaft, so steht im folgenden die massgebliche Sorgfaltspflicht der Verwaltungsorgane der abhängigen Konzerngesellschaften in Frage.

Im Verwaltungsrat einer Konzerngesellschaft sitzen Mitglieder verschiedener Interessenskategorien: *abhängige* und *konzernfreie* Verwaltungsräte. Die erste Gruppe bilden diejenigen Mitglieder, welche im Rahmen der personellen Verflechtung als Vertreter der Konzernspitze die einheitliche Leitung der Konzerngesellschaften sicherstellen. Als zweite Gruppe nehmen Vertreter konzernfreier Aktionäre und andere Persönlichkeiten, die der Gesellschaft von Nutzen sind, als konzernfreie Verwaltungsräte in den Verwaltungsrat der Konzerngesellschaften Einsitz.

Beide Gruppen haben gegenüber der Konzerngesellschaft dieselbe Rechtsstellung[1], vertreten aber durchaus verschiedene Interessen.

Hauptgegenstand dieses Kapitels ist der Einfluss dieser Interessenkollision auf die normative Verhaltensweise beider Kategorien von Verwaltungsräten der Konzerngesellschaft.

II. Abhängige und konzernfreie Verwaltungsräte

1. Der abhängige Verwaltungsrat

Neben ihrem Stimmrecht in der GV der Konzerngesellschaften übt die Konzernspitze auf die Organe der Konzerngesellschaften auf rein tatsächlicher Basis

---

1 Zur Rechtsnatur des Verwaltungsratsmandates vgl. statt vieler Bürgi N 1 ff. zu OR 708.

einen bestimmenden Einfluss aus. Da gemäss OR 707 III juristische Personen nicht Mitglieder des Verwaltungsrates einer AG sein können[2], setzt sie die Wahl ihrer *Vertreter* in den Verwaltungsrat durch.

In Anlehnung an JÄGGI[3] bezeichnen wir den sein Mandat im Interesse und anstelle eines Dritten ausübenden Verwaltungsrat als "fiduziarisch" und verwenden für Konzernverhältnisse den Ausdruck "abhängiger Verwaltungsrat". Im Rahmen der einheitlichen Leitung übt der abhängige Verwaltungsrat die Geschäfte der Konzerngesellschaft im Interesse und nach Weisungen der Konzernspitze aus. Abhängige Verwaltungsräte erfüllen eine Doppelfunktion: Sie sind Organe der Konzerngesellschaft; gleichzeitig sind sie zur Wahrung der Konzerninteressen berufen. Sie handeln entweder in *Doppelorganschaft* oder stehen zur Obergesellschaft im *Auftragsverhältnis:*

In Konzernverhältnissen werden oft Mitglieder des Verwaltungsrates oder der Geschäftsleitung der Obergesellschaft in den Verwaltungsrat der Konzerngesellschaft entsandt. Diese handeln in doppelter Organschaft: Sie sind zugleich Organe der aufnehmenden und der entsendenden Gesellschaft[4].

Daneben entsendet die Obergesellschaft auch Personen in den Verwaltungsrat der Konzerngesellschaft, welche bei der Obergesellschaft keine Organstellung bekleiden. Es sind dies die selbständigen Interessenvertreter, welche im Mandatsverhältnis zur Obergesellschaft stehen. Gegenstand des Mandatsvertrages ist die Wahrnehmung von Konzerninteressen in der Konzerngesellschaft[5]. Diese Erscheinungsform der Interessenvertretung ist vor allem in multinationalen Konzernen häufig.

Der abhängige Verwaltungsrat steht in einem akuten *Interessenkonflikt:* Gegenüber der Obergesellschaft ist er zur Wahrung der Konzerninteressen berufen, als Organ der Konzerngesellschaft ist er auf das Gesellschaftsinteresse verpflichtet[6].

2. Der konzernfreie Verwaltungsrat

Konzernfreie Verwaltungsräte sind entweder als Vertreter der Minderheitsaktionäre der Konzerngesellschaft oder als unabhängige Persönlichkeiten in den

---

2 Zur Bedeutung von OR 707 III vgl. hinten S. 159 ff.
3 Gerichtsurteil 3; vgl. weiter das folgende Schrifttum zum abhängigen Verwaltungsrat: Bürgi N 23 ff. zu OR 707; Caflisch 139 ff.; Gautschi 301 ff.; Piconeni 321 ff.; E. Schucany, Stellung 109 ff.; F. von Steiger, Stellung 33 ff.; Thalmann 41 ff.
4 Diesen Ausdruck verwendet Vischer, Verantwortung 91 f.; zur Haftung der entsendenden Gesellschaft aus doppelter Organschaft vgl. hinten S. 152.
5 Vgl. H.J. Bär 95 ff., 101 f.
6 Dies ergibt sich aus der den Gesellschaftsorganen obliegenden *Treuepflicht*, vgl. dazu hinten S. 87.

Verwaltungsrat der Konzerngesellschaft berufen. Auch sie stehen im Brennpunkt von Aktionärs- und Gesellschaftsinteresse. Doch unterscheidet sich ihre Stellung in tatsächlicher Hinsicht von derjenigen des abhängigen Verwaltungsrates: Diese haben das Konzerninteresse, jene das Interesse des Minderheitsaktionärs gegen die Interessen des Konzerns abzuwägen[7]. Der konzernfreie Verwaltungsrat ist also faktisch einem schwächeren Interessenkonflikt ausgesetzt als der abhängige.

Unabhängige Persönlichkeiten werden oft aus unternehmerischen oder politischen Motiven in den Verwaltungsrat der Konzerngesellschaft berufen: Gefragt sind Leute mit besonderer Sachkenntnis oder Persönlichkeiten, die aufgrund ihrer Beziehungen zu Staat, Politik und Wirtschaft dem Unternehmen einen Dienst erweisen können[8].

Unabhängig im strengen Sinn des Wortes sind auch die konzernfreien Verwaltungsräte der Konzerngesellschaft nur dann, wenn die herrschende Gesellschaft in der GV nicht über die zu ihrer jederzeitigen Abberufung notwendige Stimmenmehrheit verfügt.

III. Grundsätzliche aktienrechtliche Verantwortlichkeit aller Verwaltungsräte der Konzerngesellschaft

Ungeachtet ihrer unterschiedlichen rechtlichen oder tatsächlichen Stellung unterstehen alle Mitglieder des Verwaltungsrates der Konzerngesellschaft — abhängige oder konzernfreie — der aktienrechtlichen Verantwortlichkeit nach OR 754[9]. Wer Verwaltungsrat ist, kann sich einer aktienrechtlichen Verantwortlichkeit für Pflichtwidrigkeiten nicht mit dem Hinweis auf Verpflichtungen zu Drittpersonen entschlagen. Es gibt keine "Pro forma"-Verwaltungsräte[10].

---

7 In *rechtlicher* Hinsicht ist das Konzerninteresse ein Aktionärsinteresse (zum Verhältnis Konzerninteresse/Gesellschaftsinteresse vgl. hinten S. 95 f.); in *tatsächlicher* Hinsicht ist das Konzerninteresse das Unternehmensinteresse.
8 Vgl. Hoffmann 57 ff.
9 Dies ergibt sich aus dem materiellen Organbegriff; Forstmoser, Aktienrechtliche Verantwortlichkeit N 482 ff. 486 ff.
10 Keinen Widerspruch gegen diese unbestrittene Auffassung stellt ein nicht amtlich publizierter, aber in SAG 23 (1950/51) 182 ff. veröffentlichter Entscheid des Bundesgerichts dar, der eine Verantwortlichkeitsklage der Aktionäre gegen die "Pro forma"-Verwaltungsräte, weil gegen Treu und Glauben verstossend, abgelehnt hat.

IV. Zur Sorgfaltspflicht der Verwaltungsorgane im allgemeinen

Nach OR 754 werden die Gesellschaftsorgane für schuldhafte Verletzung der ihnen *obliegenden Pflichten* aktienrechtlich verantwortlich. Diese Vorschrift bezieht sich sinngemäss auf den in OR 722 I verankerten Grundsatz der allgemeinen Sorgfaltspflicht[11]. Als Komponenten dieser Sorgfaltspflicht seien im folgenden die Pflicht zur sorgfältigen Geschäftsführung (1.) und die für Konzernverhältnisse bedeutsame Treuepflicht der Verwaltungsorgane erwähnt (2.):

1. Die Pflicht zu sorgfältiger Geschäftsführung[12]

Massgebend für die im konkreten Fall zu erbringende Sorgfaltspflicht ist der objektivierte Verschuldensmassstab[13]: Dieser fordert nicht *ein* richtiges, sondern ein durch die Natur der Sache gegebenes idealtypisches Verhalten. Diejenige Sorgfalt ist zu erbringen, "die ein gewissenhafter und vernünftiger Mensch desselben Verkehrskreises wie die Verantwortlichen unter den gleichen Umständen als erforderlich ansehen würde"[14]. Das Verhalten der Organe wird nach objektiven Gesichtspunkten, aber unter Berücksichtigung der konkreten Umstände beurteilt. "Der im Verantwortlichkeitsrecht der AG anzuwendende Verschuldensmassstab ist somit objektiviert und konkretisiert."[15]

Ausfluss dieser objektivierten Würdigung der Umstände ist die weitgehende Unmassgeblichkeit subjektiver Merkmale in der Person des Ersatzpflichtigen[16]. An die zu erbringende Sorgfalt werden hohe Anforderungen gestellt: So bilden mangelnde Fachkenntnisse[17], Zeitmangel, Abwesenheit oder Stillschweigen[18] keinen Entschuldigungsgrund. Die Beachtung der in eigenen Geschäften üblichen Sorgfalt (diligentia quam in suis) ist ungenügend[19].

---

11 Vgl. dazu Bürgi N 1 ff. zu OR 722; Meier-Wehrli 30 ff.; E. Schucany N 1 zu OR 722; Schulthess 50 ff.
12 Vgl. dazu eingehend Bürgi N 3 ff. zu OR 722.
13 Grundlegend zum objektivierten Verschuldensmassstab vgl. Oftinger I/142 ff.; für das Aktienrecht vgl. Forstmoser, Aktienrechtliche Verantwortlichkeit N 204 ff. mit weiteren Hinweisen.
14 Forstmoser, Aktienrechtliche Verantwortlichkeit N 204; Meier-Wehrli 80 mit weiteren Hinweisen.
15 Forstmoser, Aktienrechtliche Verantwortlichkeit N 209.
16 Forstmoser, Aktienrechtliche Verantwortlichkeit N 207.
17 Forstmoser, Aktienrechtliche Verantwortlichkeit N 214; vgl. auch BGE 97 II 411: "Konnten sie ... mangels Zeit oder genügender Fachkenntnisse ihre Pflicht nicht sorgfältig erfüllen, so hatten sie auf einen Sitz im Verwaltungsrat der Bank zu verzichten."
18 Forstmoser, Aktienrechtliche Verantwortlichkeit N 219 ff.
19 Nach BGE 99 II 179 sind die Verwaltungsräte "zu aller Sorgfalt verpflichtet, nicht nur zur Vorsicht, die einer in eigenen Geschäften anzuwenden pflegt". Vgl. Forstmoser, Aktienrechtliche Verantwortlichkeit N 213 mit weiteren Hinweisen.

Dagegen können objektive Umstände zu einer Verschärfung oder Milderung des anzuwendenden Massstabes führen. Besonderen Fachkenntnissen kommt die Bedeutung eines haftungsverschärfenden, der wirtschaftlichen Komplexität und Weitläufigkeit eines Geschäftsbetriebes die Bedeutung eines mildernden Gesichtspunktes zu[20].

Anderseits findet die massgebende Sorgfaltspflicht auch eine obere Grenze: OR 722 I fordert nur ein billigerweise zumutbares Verhalten. Die Haftung hat sich auf ein "vernünftiges, mit dem praktischen Leben in Einklang stehendes Mass"[21] zu beschränken. Die Lehre verlangt eine Berücksichtigung der besonderen Eigenart des in Frage stehenden Geschäftes, d.h. der konkreten Aufgabe der Verwaltung und der Gesellschaftsorganisation[22]. So seien an die Kenntnisse von Verwaltungsorganen einer Familien-AG andere Anforderungen zu stellen als an die Verwaltung einer Publikums-AG[23].

Das Postulat einer Würdigung der "besonderen Verhältnisse einer AG" wird für Konzernverhältnisse besonders aktuell: In der Verwaltung der Konzerngesellschaft stehen sich abhängige und konzernfreie Verwaltungsräte mit verschiedener tatsächlicher und rechtlicher Stellung[24] gegenüber. Jene haben einen bedeutenden Informationsvorsprung, verfügen oft über die Stimmenmehrheit im Verwaltungsrat der Konzerngesellschaft und können die Konzernspitze jederzeit zur Ausübung ihres Stimmrechtes anrufen. Angesichts der solidarischen Haftbarkeit aller Verwaltungsorgane nach OR 759[25] kann diese Situation zu unbilligen Resultaten führen. Es ist zu untersuchen, ob die durch den Abhängigkeitstatbestand gegebene tatsächliche Ungleichheit abhängiger und konzernfreier Verwaltungsräte im Rahmen des objektivierten Verschuldensmassstabs berücksichtigt werden kann.

---

20 Forstmoser, Aktienrechtliche Verantwortlichkeit N 217 mit Hinweis auf BGE 93 II 30; Oftinger I/147; Hirsch, responsabilité 254.
21 Forstmoser, Aktienrechtliche Verantwortlichkeit N 205; Meier-Wehrli 80; vgl. weiter Bär, Verantwortlichkeit 459 ff.; Bürgi N 3 zu OR 722; E. Schucany N 2 und 3 zu OR 754; Schulthess 51; vgl. auch die vielzitierte Stelle in der Botschaft 51: "Man wird sich der Tatsache nicht verschliessen können, dass bei grossen und weitverzweigten Unternehmungen mit umfangreichem Geschäftsbetrieb, bei Gesellschaften, deren Führung besondere Fachkenntnis erfordert, das Schwergewicht der Tätigkeit auf der Direktion und Delegation beruht und dass davon, dass der Verwaltungsrat einen Einblick in die einzelnen Geschäfte hätte, nicht gesprochen werden kann."
22 Vgl. Bürgi N 4 zu OR 722: "Trotz der in der letzten Zeit vieldiskutierten *Typizität* der grossen anonymen Publikumsgesellschaften ... muss kategorisch eine Berücksichtigung der konkreten Verhältnisse einer AG verlangt werden" (Auszeichnung vom Verfasser).
23 Für eine Anpassung der Verantwortlichkeitsvorschriften an die Unternehmenspraxis vgl. Kleiner 3 ff.; Vischer, Verantwortung 71 ff.
24 Vgl. dazu vorn S. 82 ff.
25 Zur Problematik der Solidarität im allgemeinen sowie in Konzernverhältnissen vgl. hinten S. 109 ff.

2. Die Treuepflicht der Gesellschaftsorgane[26]

Die Verwaltungsorgane sind der Gesellschaft gegenüber zur Treue verpflichtet. Die Treuepflicht ist Ausfluss des besonderen Vertrauens, das die Aktionäre den Verwaltungsorganen durch ihre Wahl entgegenbringen[27]. Mit WOHLMANN kann die Treuepflicht als "rechtserhebliche Pflicht zur Unterordnung der eigenen Interessen unter die Interessen eines anderen und zur Wahrung der Interessen dieses anderen"[28] verstanden werden. Sie verlangt mehr als das Gebot von Treu und Glauben: "Geht es bei Treu und Glauben primär um Interessenausgleich, so ist die Treuepflicht eine Interessenwahrungspflicht."[29] Die Treuepflicht gebietet somit *Wahrung* und *Förderung* des Gesellschaftsinteresses. Die Berücksichtigung gesellschaftsfremder Interessen ist nur in dem Masse zulässig, als sie sich mit dem Gesellschaftsinteresse[30] vereinbaren lässt.

Die Treuepflicht der Verwaltungsorgane wird im Konzern bedeutsam: Einen Konflikt zwischen den Interessen des Konzerns und der Konzerngesellschaft haben die Verwaltungsorgane der Konzerngesellschaft zugunsten der letzteren zu entscheiden[31]. Ordnen sie die Interessen der Konzerngesellschaft denen des Gesamtkonzerns unter, so werden sie für Verletzung der Treuepflicht nach OR 754 verantwortlich[32].

B. Die Sorgfaltspflicht des abhängigen Verwaltungsrates

I. Problemstellung

Der abhängige Verwaltungsrat ist Träger zweier Rechtsverhältnisse:
Handelt er in *Doppelorganschaft*[33], so stehen zwei Organverhältnisse in Konkurrenz: Gegenüber beiden Gesellschaften ist der abhängige Verwaltungsrat zu sorgfältiger Geschäftsführung verpflichtet[34]; insbesondere obliegen ihm zwei organschaftliche Treuepflichten[35].

---

26 Bürgi N 8 ff. zu OR 722; Forstmoser/Meier-Hayoz § 24 N 16; Funk N 1 zu OR 722; Meier-Wehrli 32 f.; Mestmäcker 214 f.; F.P. Oesch 188 ff.; Schucany N 1 zu OR 722; Schulthess 53; F. von Steiger, Recht der AG 229; Tappolet 82 f.; Thalmann, Die Treuepflicht der Verwaltung der Aktiengesellschaft; Wohlmann 39 ff.
27 Vgl. Bürgi N 12 zu OR 708; Wolfers 29 f.
28 Wohlmann 52.
29 Wohlmann 10.
30 Zum *Inhalt* des Gesellschaftsinteresses vgl. hinten S. 94 f.
31 Picenoni 321 ff.; 326; Zweifel, Holdinggesellschaft 93; derselbe, Fragen 94.
32 Schmid 116; Thalmann 107 ff.; Zweifel, Fragen 94.
33 Zum Begriff und der rechtlichen Bedeutung der Doppelorganschaft vgl. hinten S. 152 ff.
34 Vgl. Thalmann 44 ff.
35 Vgl. Thalmann 44 ff.

Steht der abhängige Verwaltungsrat zur Konzernspitze im *Auftragsverhältnis*, so stehen sich eine auftragsrechtliche und eine organschaftliche Sorgfalts- und Treuepflicht gegenüber.

In beiden Fällen stellt sich die Frage nach dem gegenseitigen Verhältnis der Pflichtenkreise im Konfliktsfalle. Welchem Rechtsverhältnis kommt der Vorrang zu? Kann sich der Verwaltungsrat zur weisungsgemässen Ausübung seines Amtes verpflichten? Neben rechtswidrigen sind auch gegen zwingendes Recht verstossende Verträge gemäss OR 19/20 nichtig. Daraus ergibt sich, dass die zwischen der Konzernspitze und dem abhängigen Verwaltungsrat bestehenden Weisungsverträge dann nicht rechtswirksam durchgesetzt werden können, wenn sie gegen zwingendes Gesellschafts-, insbesondere Aktienrecht[36] verstossen.

II. Die zwingenden Elemente des zwischen abhängigem Verwaltungsrat und Konzerngesellschaft bestehenden Rechtsverhältnisses

1. Die Eigenverantwortlichkeit der Verwaltungsorgane[37]

Dass den Verwaltungsorganen die Pflicht zur Wahrung und Förderung des Gesellschaftsinteresses in zwingender Weise unentziehbar obliegt, ergibt sich aus der *aktienrechtlichen Zuständigkeitsordnung:*

In der Frage nach der Funktionsverteilung zwischen GV und Verwaltungsrat stehen sich die Omnipotenz- und die Paritätstheorie gegenüber: Nach der *Omnipotenztheorie*[38] ist die GV als oberstes Gesellschaftsorgan berechtigt, in die Befugnisse der Verwaltung einzugreifen und ungeachtet der gesetzlichen Zuständigkeitsordnung alle Funktionen der Gesellschaft auszuüben. Die herrschende Lehre bekennt sich jedoch zur *Paritätstheorie*[39], welche jedem Gesellschaftsorgan kraft zwingenden Aktienrechts unentziehbare Kompetenzen zubilligt. So besitzt namentlich die Verwaltung einen vor Übergriffen der GV geschützten eigenen Kompetenzkreis. Nur in wichtigen Fällen kann die GV der Verwaltung eine bindende Weisung erteilen und bei Vorliegen besonderer Umstände die Verwaltungs-

---

36 Vgl. dazu auch Gautschi N 13c zu OR 397.
37 Die Eigenverantwortlichkeit der Organe entspricht der normativen Selbständigkeit der Aktiengesellschaft (vgl. dazu hinten S. 90).
38 In der schweizerischen Rechtsliteratur wird eine "eingeschränkte Omnipotenztheorie" vertreten; vgl. etwa: Bürgi N 38 ff. vor OR 698, N 1 ff. zu OR 721; Caflisch 88 ff.; Funk N 1 zu OR 698; F. von Steiger, Recht der AG 200, 218; Wieland, Handelsrecht II/ 127.
39 Diese Theorie vertreten: Forstmoser/Meier-Hayoz § 16 N 6; Meier-Wehrli 138; Mohr 32 ff.; Schulthess 11; Secrétan 153 ff.; W. von Steiger, Grundlagen 351; Wolfers 16 f.; Wander 64.

funktionen für beschränkte Dauer selbst ausüben[40]. Die haftungsrechtliche Bedeutung dieser Kompetenzverteilung erblickt die herrschende Lehre darin, dass sich die Verwaltung für die Ausführung eines in der Sache und nicht nur in der Kompetenzfrage gegen Gesetz oder Statuten verstossenden GV-Beschlusses verantwortlich macht[41]. Sie kann sich ihrer Sorgfaltspflicht nicht dadurch entschlagen, dass sie freiwillig Geschäftsführungsbeschlüsse der GV zur Genehmigung vorlegt[42]. Vor Ausführung eines GV-Beschlusses müssen die Verwaltungsorgane ihn auf Kompetenzgemässheit und Rechtmässigkeit überprüfen[43]. Kompetenzwidrige Beschlüsse sind nach einhelliger Auffassung nichtig[44], für rechts- und statutenwidrige Beschlüsse verlangt die Lehre blosse Nichtbeachtung oder Anfechtung durch den Verwaltungsrat[45].

Nach herrschender Auffassung kann die Verwaltung die den personellen und finanziellen Bereich betreffenden unternehmerischen Grundsatzentscheide nicht an die Geschäftsführung delegieren[46].

Die aktienrechtliche Zuständigkeitsordnung ist zwingendes Aktienrecht; sie billigt der Verwaltung einen rechtlich geschützten eigenen Kompetenzkreis zu, in welchem diese unter ausschliesslich *eigener Verantwortung* zum Handeln berufen ist[47].

---

40 Ein Weisungsrecht in wichtigen Fällen nehmen an: Bürgi N 39 zu OR 712, N 12 zu OR 721; E. Schucany, Befugnisse 112 f.; Secrétan 153 ff.; F. von Steiger, Recht der AG 199 ff.
41 Bürgi N 13 zu OR 721; Meier-Wehrli 139; E. Schucany, Befugnisse 114; Wander 66 ff.; Wohlmann 139; eingehend zu dieser Frage auch Tappolet 22 ff.
42 Dies stellt der FABAG-Entscheid BGE 100 II 369 ausdrücklich fest: "Der ... Vorwurf des Rechtsmissbrauchs beruht auf der unzutreffenden Annahme, durch Generalversammlungsbeschlüsse sei die aktienrechtliche Verantwortung der Verwaltung ausgeschlossen." Zu diesem Entscheid vgl. von Greyerz in SAG 48 (1976) 163 ff.; anders hat allerdings BGE 83 II 57 entschieden.
43 Meier-Wehrli 139.
44 Meier-Wehrli 139 mit weiteren Hinweisen.
45 Eine Anfechtung des rechts- und statutenwidrigen Beschlusses verlangen Bürgi N 13 zu OR 721; Meier-Wehrli 139; Wander 66 ff.; Wohlmann 113.
46 Zu den Grenzen der Delegationsmöglichkeit vgl. vorn S. 59, Anm. 113.
47 Vgl. dazu etwa Piceononi 327: "Wesentlich ist in diesem Zusammenhang, dass über die Frage, *was* im konkreten Falle das Interesse der Gesellschaft erfordert, rechtlich nur die Verwaltung und nicht etwa durch einen Dritten entschieden werden kann" (Auszeichnung vom Verfasser). § 76 I AktG normiert ausdrücklich die Eigenverantwortlichkeit der Gesellschaftsorgane: "Der Vorstand hat unter eigener Verantwortung die Gesellschaft zu leiten."

2. Die Gesellschaft als rechtlich geschütztes Interessenzentrum[48]

Sind die Verwaltungsorgane im Rahmen ihrer Treue *zwingend* zur Wahrung und Förderung der Gesellschaftsinteressen verpflichtet, so heisst das nichts anderes, als dass unsere Rechtsordnung die *Einzelgesellschaft und nicht den Konzern als rechtlich geschützten Interessenträger*[49] betrachtet. Dies ergibt sich übrigens auch daraus, dass das Gesetz in OR 663 II vom dauernden Gedeihen des Unternehmens spricht und in OR 697 III die Interessen der Gesellschaft erwähnt.

Die dem Verwaltungsrat obliegende Sorgfalts- und Treuepflicht hat also zwingenden Vorrang vor anderen Rechtsverhältnissen[50].

III. Schlussfolgerungen für die Zulässigkeit von Mandatsverträgen

Ob sich der abhängige Verwaltungsrat zur Befolgung von Weisungen seitens eines Auftraggebers rechtsgültig verpflichten kann, ist in der Lehre umstritten[51].

Für die rechtliche Zulässigkeit spricht sich die Lehre mit der Theorie vom doppelten Pflichtennexus aus[52]. Danach steht der abhängige Verwaltungsrat in einem doppelten Rechtsverhältnis: Durch die Annahme der Wahl erwirbt er die Organstellung bei der abhängigen Konzerngesellschaft und verpflichtet sich, die daraus fliessenden Rechte und Pflichten mit aller Sorgfalt auszuüben. Daneben ist er an den Auftrag der herrschenden Gesellschaft gebunden, im Verwaltungsrat der Konzerngesellschaft die Interessen des Gesamtkonzerns weisungsgemäss[53] wahrzunehmen. Dieses Weisungsrecht ist aber durch die sich aus der Organstellung ergebende Interessenwahrungspflicht beschränkt. Einen Interessenkonflikt zwischen Obergesellschaft und Konzerngesellschaft hat der abhängige Verwaltungsrat zugunsten der letzteren zu entscheiden. Nur im Bereich des dem ab-

---

48 Caflisch 77 ff. spricht von der normativen Selbständigkeit der AG.
49 Zur Frage nach dem *Inhalt* des Gesellschaftsinteresses vgl. hinten S. 94 f.
50 Vgl. Kronstein, Person 20: "Wer Organ einer juristischen Person ist, hat in erster Linie deren Interessen zu dienen; wer nur in einem Vertragsverhältnis zu einer juristischen Person steht, darf im Zweifel in erster Linie an seine eigenen denken."
51 Die Lehre behandelt diese Frage vorwiegend unter dem Titel "Zulässigkeit des fiduziarischen (abhängigen) Verwaltungsrates"; *bejahend:* Bürgi N 23 ff. zu OR 707, N 8 zu OR 711; Gautschi 301 ff.; Jäggi, Gerichtsurteil 1 ff.; E. Schucany, Stellung 109 ff.; *verneinend:* Caflisch 139 ff.; Piconeni 321 ff.; F. von Steiger, Stellung 33 ff., 113 ff.; Vischer, Verantwortung 79, 88 f.; Vischer/Rapp 155.
52 Gautschi 303; derselbe, Kommentar N 13c zu OR 397; E. Schucany, Stellung 109 ff.; zum doppelten Pflichtennexus vgl. auch Zweifel, Holdinggesellschaft 93.
53 Wenn auch solche Mandatsverträge die Weisungsbefolgung oft nicht vorsehen, so ist die Interessenwahrnehmung sinngemäss doch immer Vertragsgegenstand. Beispiel eines Mandatsvertrages gibt Gehriger 78, Anm. 63.

hängigen Verwaltungsrat offenstehenden Ermessensspielraumes kann der Auftraggeber seine Weisungen rechtlich durchsetzen[54].

Verneint wird die Zulässigkeit solcher Vereinbarungen einmal mit dem Hinweis darauf, die Rechtsfigur des abhängigen/fiduziarischen Verwaltungsrates sei dem schweizerischen Recht fremd[55]. Weiter wird gegen die Zulässigkeit der Befolgung von Konzernweisungen innerhalb der freien Ermessenssphäre eine Äusserung des Bundesgerichtes angeführt, wonach die Unterwerfung der AG unter einen fremden Willen dem Wesen der juristischen Person widerspreche und daher unzulässig sei[56].

Aus dem vorgängig dargestellten Grundsatz der Eigenverantwortlichkeit[57] sowie aus der Tatsache, dass die Einzelgesellschaft rechtlich geschütztes Interessenszentrum ist[58], lassen sich für die Theorie des doppelten Pflichtennexus (1.) und für die rechtliche Zulässigkeit weisungsgemässer Interessenwahrung (2.) folgende Schlüsse ziehen:

1. Die Theorie vom doppelten Pflichtennexus

Die Theorie vom doppelten Pflichtennexus stellt eine *scheinbar* vermittelnde Lösung dar: Sie billigt der Sorgfaltspflicht der Gesellschaftsorgane einen unmittelbaren Vorrang vor anderen obligatorischen Verpflichtungen zu, bejaht aber dennoch die rechtliche Zulässigkeit des Weisungsrechtes innerhalb des freien Ermessens der Gesellschaftsorgane. Dieser Theorie kann m.E. nicht zugestimmt werden, denn sie ist unvereinbar mit dem Grundsatz der Eigenverantwortlichkeit der Verwaltungsorgane; sodann verkennt sie das Wesen des den Verwaltungsorganen in ihren Entscheidungen offenstehenden Ermessensspielraumes[59]: Der Verwaltungsrat hat in voller Eigenverantwortlichkeit zu entscheiden, was das Gesellschaftsinteresse in einem konkreten Fall erheischt. Doch kann von ihm vernünftigerweise nicht verlangt werden, in jedem Falle eine unternehmerisch

---

54 Gautschi 303.
55 Piceroni 327. Nach ihm "geniessen die Weisungen des Drittauftraggebers weder gegenüber Gesetz, Statuten, Reglementen, Beschlüssen der GV und den allgemeinen Interessen der AG den Vorrang". Daher könnten sie nur dort durchgesetzt werden, wo sie dem Interesse der AG gleichgerichtet seien. Damit entfalle aber jedes Interesse für den Auftraggeber zu einer solchen Weisungserteilung.
56 Vgl. etwa Vischer, Verantwortung 89 mit Hinweis auf BGE 67 I 265.
57 Vgl. vorn S. 88.
58 Vgl. vorn S. 90.
59 Zur Bedeutung des freien Ermessens der Verwaltungsorgane vgl. Gessler/Hefermehl/Eckhardt/Kropff § 76 N 14; Mertens, Kölner Kommentar § 76 N 7. Auch das amerikanische Recht billigt den Gesellschaftsorganen in Form der sog. *business judgment rule* eine Ermessensfreiheit zu: Danach können sie für das Geschäftsrisiko nicht verantwortlich gemacht werden, wenn sie ihre Entscheidungen gewissenhaft getroffen haben; vgl. dazu Kronstein, Probleme 485 f.; Mestmäcker 52 ff.

richtige Entscheidung zu treffen. Er hat die Geschäfte der Gesellschaft "mit aller Sorgfalt" zu führen; doch auch der gewissenhafteste Verwaltungsrat kann einmal eine unternehmerische Fehlentscheidung treffen[60]. Eine im Rahmen des Ermessens liegende nachteilige Entscheidung des Gesellschaftsorgans darf billigerweise nur dann zu seiner Verantwortlichkeit führen, wenn sie pflichtwidrig erfolgte[61]. Der Richter kann die Verhaltensweise der Verwaltungsorgane aus unternehmerischer Sicht oft nicht kompetent beurteilen. Seine Kognition muss daher beschränkt sein[62]. Im freien Ermessen besitzt das Verwaltungsorgan eine der richterlichen Kognition entzogene Entscheidungssphäre. Freies Ermessen der Verwaltungsorgane modifiziert aber weder die aktienrechtliche Zuständigkeitsordnung noch den Grundsatz der Eigenverantwortlichkeit der Gesellschaftsorgane: Auch innerhalb der freien Ermessenssphäre obliegt den Verwaltungsorganen zwingend und unentziehbar die Sorgfaltspflicht. Freies Ermessen ist pflichtgemäss, d.h. im Gesellschaftsinteresse[63], auszuüben und kann daher nicht Gegenstand eines Weisungsrechtes sein. Eine solche Regelung würde die AG der ihr als Körperschaft eigenen Selbständigkeit entkleiden[64].

2. Zur Zulässigkeit von Mandatsverträgen

Aus dem Grundsatz der Vertragsfreiheit[65] ergibt sich m.E. die generelle Zulässigkeit einer Vereinbarung, in welcher sich der abhängige Verwaltungsrat zur Wahrung der Konzerninteressen verpflichtet. Diese Vereinbarung unterliegt aber zwingenden Beschränkungen[66], welche sich aus der Rechtsnatur des Verwaltungsratsmandates ergeben: Die Eigenverantwortlichkeit der Verwaltungsorgane ist die zwingende Grenze der zulässigen Interessenvertretung. Unsere Rechtsordnung erklärt die einzelne Gesellschaft zum rechtlich geschützten Interessenträger. Die Wahrnehmung von Konzerninteressen ist daher nur in dem Masse zulässig, als sie sich mit den Interessen der Konzerngesellschaft vereinbaren lässt. Das Weisungsrecht des Auftraggebers ist in *rechtlicher Hinsicht* also nicht auf den freien Ermessensbereich[67], sondern auf den Bereich der zulässigen Interessenvertretung beschränkt.

---

60 Mertens, Kölner Kommentar § 76 N 7.
61 Mertens, Kölner Kommentar § 76 N 7: "Das Unternehmensrisiko trifft nicht den Vorstand, sondern die Gesellschaft selbst."
62 Vgl. Bürgi N 27 zu OR 706.
63 In diesem Sinne auch Vischer, Verantwortung 89; zum Inhalt des Gesellschaftsinteresses vgl. hinten S. 94 f.
64 Vgl. W. von Steiger, Rechtsverhältnisse 278a ff. sowie BGE 67 I 262 ff.
65 Zur Vertragsfreiheit vgl. grundlegend Karl Oftinger, Die Vertragsfreiheit, in: Die Freiheit des Bürgers im schweizerischen Recht, Festgabe zur Hundertjahrfeier der Bundesverfassung (Zürich 1948) 315 ff.
66 In diesem Sinne Gautschi, Kommentar N 13b zu OR 397.
67 So Gautschi 303; derselbe, Kommentar N 13b zu OR 397.

Der abhängige Verwaltungsrat hat in jedem Falle die Weisungen seines Auftraggebers pflichtgemäss auf die Vereinbarkeit mit den Interessen der Konzerngesellschaft zu überprüfen und sich solchen nötigenfalls zu widersetzen. Dass er oftmals *faktisch* gezwungen ist, die Weisungen zu befolgen, ändert an seiner Sorgfaltspflicht nichts.

Angesichts der faktischen Weisungsunterworfenheit abhängiger Verwaltungsräte wird die praktische Bedeutung der Kontroverse um die rechtliche Zulässigkeit von Weisungen mit Recht als gering betrachtet[68]. Bedeutsamer ist die Frage nach den Rechtsfolgen der tatsächlich befolgten Weisung[69].

IV. Der Interessenkonflikt des abhängigen Verwaltungsrates

Grundsätzlich steht jeder Verwaltungsrat im Konflikt zwischen Aktionärs- und Gesellschaftsinteresse. Im Konzern verschärft sich dieser Konflikt zum Gegensatz zwischen den Interessen des Konzerns und der Konzerngesellschaft. Die konzernfreien Aktionäre verfolgen naturgemäss andere Interessen als die Konzernspitze: Jene sind an Gewinnausschüttung interessiert; diese will die Konzerngesellschaft den Belangen des Gesamtkonzerns dienstbar machen[70]. "Hier wird der Vorstand in einen Interessenkonflikt hineingestellt, der auch an sich lautere Naturen zur Vernachlässigung der Interessen ihrer Gesellschaft veranlassen kann."[71] Wie hat sich der abhängige Verwaltungsrat zu verhalten?

Aus der vorgängig dargestellten Interessenwahrungspflicht[72] ergibt sich, dass der abhängige Verwaltungsrat im *Konfliktsfalle* den Interessen der Konzerngesellschaft den Vorzug zu geben hat[73]. Die Sorgfaltspflicht verlangt ein Verhalten nach dem Prinzip des Handelns "at arms length"[74]: Der Geschäftsverkehr der Konzerngesellschaften untereinander oder mit der Konzernspitze hat sich so zu gestalten, wie wenn die einzelnen Unternehmen wirtschaftlich unabhängig wären. Bei seinen Entscheidungen muss sich der abhängige Verwaltungsrat Rechenschaft darüber ablegen, ob eine im Interesse des Gesamtkonzerns liegende Massnahme gegen die rechtlich geschützten Interessen der Konzerngesellschaft verstosse.

---

68 Bürgi N 26 zu OR 707 spricht von Gewohnheitsrecht.
69 Es sind dies die Fragen nach der Verantwortlichkeit des Weisungserteilenden (vgl. vorn S. 57 ff.) sowie nach der Haftbarkeit der Obergesellschaft (vgl. hinten S. 115 ff.).
70 Vgl. Joss 133 ff.; Schluep, Rechte 248 f.; Zweifel, Holdinggesellschaft 88 ff.
71 Filbinger 28.
72 Vgl. zur Treuepflicht der Gesellschaftsorgane vorn S. 87.
73 Rosendorff 63; Zweifel, Probleme 94.
74 Vgl. Schmid 115: "Jede Konzerngesellschaft ist grundsätzlich so zu führen, als wäre sie unabhängig; auch der Geschäftsverkehr unter den Konzerngesellschaften ist in diesem Sinne zu gestalten." Vgl. weiter Tappolet 84; Vischer, Verantwortung 89; Zünd 87.

Das *Gesellschaftsinteresse* ist das entscheidende Kriterium für die Interessenabwägung. Was darunter zu verstehen ist, ist Gegenstand der folgenden Darlegungen:

1. Das Gesellschaftsinteresse als massgebendes Kriterium der Interessenabwägung

Allgemein kann *Interesse* aufgefasst werden als "Wert, den ein Lebensgut für eine bestimmte Person hat"[75]. Es bedeutet "Anteilnahme, Belang, Wert, Bedeutung"[76].
Der Darstellung des rechtlich geschützten Gesellschaftsinteresses im Aktienrecht widmet sich eine umfangreiche Literatur[77]. Wir beschränken uns auf eine kurze Übersicht:
Rein tatsächlich sind in der AG die Interessen der Aktionäre, der Gläubiger und in beschränktem Masse auch der Öffentlichkeit involviert. Die grundlegende Frage lautet dahin, *welchen* dieser Interessenbereiche eine normative Bedeutung verliehen werden soll:
Für BÄR repräsentiert der "gewinnstrebige, nicht der sachleistungs- oder machtstrebige, aber auch nicht der nur auf kurzfristigen Spekulationserfolg, sondern überdies auf eine wertbeständige Anlage"[78] bedachte *typische Aktionär* das Gesellschaftsinteresse.
Der These BÄRs setzt die Rechtsliteratur folgende Argumente entgegen: Zum einen wird auf die Schwierigkeiten hingewiesen, den gesetzlichen Typus eines Aktionärs zu eruieren[79]. Sodann werden positive Normen unseres Aktienrechts gegen die Auffassung angeführt, der Gesetzgeber habe ausschliesslich den Schutz des Aktionärs im Auge[80]: OR 674 III sieht die Möglichkeit vor, mit "Rücksicht auf das dauernde Gedeihen des Unternehmens" gesetzlich oder statutarisch nicht vorgesehene Reserven zu bilden. Nach OR 671 III darf der die Hälfte des Grundkapitals nicht übersteigende Reservefonds nur dazu verwendet werden, "das Unternehmen durchzuhalten, der Arbeitslosigkeit zu steuern oder deren Folgen zu mildern". Diese Normen erklären das Unternehmen und die Arbeitnehmer zu

---

75 Schluep, Rechte 362.
76 Schluep, Rechte 362.
77 Vgl. etwa Bär, Grundprobleme 369 ff.; derselbe, Fragen 321 ff.; Bürgi, Interessenabwägung 1 ff., 19 ff.; derselbe, N 79 ff. vor OR 698; Egger, Schranken 2 ff.; Forstmoser/Meier-Hayoz § 3 N 3 ff., 7 ff.; Goldschmidt 11 ff.; Nenninger 62 ff.; Schluep, Rechte 383 ff.; derselbe, Schutz 137 ff., 170 ff., 188 ff.; derselbe, Mitbestimmung 321 ff.; Siegwart, Einl. N 215 ff.; Vischer, Verantwortung 88 ff.; Vischer/Rapp 144 ff.; Weiss, Einl. N 146 ff.
78 Grundprobleme 387; derselbe, Fragen 514 f.
79 Nenninger 63 mit Hinweis auf BGE 95 II 164, wo festgestellt wird, es gebe keinen typischen Aktionär im Sinne Bärs; Schluep, Schutz 192 ff.
80 Nenninger 63; Weiss, Einl. N 151 ff.

Trägern rechtlich geschützter Interessen[81]. Das Bundesgericht lehnt in BGE 95 II 164 BÄRs These vom typischen Aktionär ausdrücklich ab[82].

Die neuere Lehre hat erkannt, dass die AG im Spannungsfeld verschiedenster Interessen steht, mithin als "interessenpluralistisches Gebilde"[83] zu betrachten ist: Neben dem Aktionärsinteresse[84] sind die Interessen der Arbeitnehmer[85], der Gläubiger[86] und auch der Öffentlichkeit[87] in zunehmendem Masse an der AG beteiligt.

Im Anschluss an SCHLUEP versteht die Doktrin das Gesellschaftsinteresse[88] funktional im Sinne eines *Ausgleichsprinzips*[89], das die schützenswerten Interessen aller Beteiligten in sich vereinigt, die sich in der Sorge um die Erhaltung des gesellschaftlichen Unternehmens zusammenfinden[90]. Dieses Gesellschaftsinteresse haben die Verwaltungsorgane zur Richtschnur ihres Handelns zu erheben. Sie haben "durch sorgfältiges Abwägen der berechtigten Bedürfnisse aller am Unternehmensprozess beteiligten Gruppen zu einer Koordination der verschiedenen Zielsetzungen zu gelangen ... Sie sind nicht mehr bloss Verwalter für die Aktionäre. Ihnen sind treuhänderische Funktionen erwachsen, sie sind gleichsam zu Treuhändern der Wirtschaft geworden und müssen die aus dieser Entwicklung sich ergebenden Konsequenzen zur Richtschnur ihrer Entschlüsse und ihrer Handlungen als oberster Exekutivorgane nehmen."[91]

2. Der rechtliche Schutz des Konzerninteresses

Über das Verhältnis zwischen Konzerninteresse[92] und Gesellschaftsinteresse äussert die Rechtsliteratur verschiedene Ansichten: Neben dem Vorrang des Konzerninteresses[93] oder des Gesellschaftsinteresses[94] wird vor allem die

---

81 Schluep, Schutz 199, kommt zum Schluss, "dass das geltende Recht den Aktionär nicht ins Zentrum der aktienrechtlichen Ordnung gestellt hat".
82 Vgl. vorn Anm. 79.
83 Nenninger 65; ähnlich Schluep, Mitbestimmung 328.
84 Nenninger 78 ff.
85 Nenninger 72 ff.; Schluep, Mitbestimmung 333 f.
86 Weiss, Einl. N 153.
87 Nenninger 72 ff.; Schluep, Mitbestimmung 327 ff.
88 Zur Terminologie vgl. Schluep, Rechte 402 mit Hinweisen: Als gleichbedeutende Ausdrücke verwendet die Lehre "Unternehmensinteresse", "but social", "Gesamtinteresse" sowie "Gesellschaftszweck".
89 Schluep, Rechte 400; derselbe, Schutz 137 ff., 170 ff., 188 ff.; kritisch Nenninger 66 f.
90 Siegwart, Einl. N 217; Staehelin 257 ff.; Vischer/Rapp 149.
91 Staehelin 260.
92 Ausführlich zum Konzerninteresse Nenninger 92 ff.; Mestmäcker 275 ff.; Zöllner 79 ff.
93 Den Vorrang des Konzerninteresses vertritt vor allem die ältere Literatur: So etwa Haussmann, Tochtergesellschaft 58: "Es ist eine unvermeidliche Begleiterscheinung und Folge der Konzernbildung, dass das Interesse des Einzelaktionärs in Konfliktsfällen ... hinter

"Gleichwertigkeit der Interessen"[95] vertreten: Danach ist im Konfliktsfalle die Durchsetzung des Konzerninteresses zum Schaden der Konzerngesellschaft dann zulässig, wenn der für die Konzerngesellschaft entstandene Nachteil durch eine *Ausgleichszahlung* wettgemacht wird[96]. Mit dem Hinweis darauf, dass eine solche Ausgleichszahlung zwar die Aktionärsinteressen, nicht aber diejenigen der anderen an der Gesellschaft beteiligten Personen (Arbeitnehmer) berücksichtigt, erachtet NENNINGER ein "qualifiziertes Konzerninteresse von gewissem Gewicht"[97] als notwendige Voraussetzung für die Zulässigkeit einer Schädigung der Konzerngesellschaft gegen Ausgleichszahlung.

Inwiefern sich das deutsche Konzernrecht bei der Regelung des faktischen Konzerns zur rechtlichen Anerkennung des Konzerninteresses bekannt hat, ist umstritten[98].

In welchem Masse darf der abhängige Verwaltungsrat die Interessen des Gesamtkonzerns berücksichtigen? Versteht man das rechtlich geschützte Gesellschaftsinteresse als funktionales Ausgleichsprinzip[99], so findet das Konzerninteresse als *Komponente des Gesellschaftsinteresses* seinen Schutz. "Das Konzerninteresse ist nichts anderes als eine weitere Komponente des Unternehmensinteresses."[100]

Diese rechtliche Feststellung lässt sich mit den tatsächlichen Gegebenheiten durchaus belegen: Man muss die Konzernbildung als eine durch die moderne Wirtschaftsentwicklung gegebene Tatsache hinnehmen. Diese bringt es mit sich, dass viele Gesellschaften nur noch im Rahmen eines Gesamtkonzerns eine wirtschaftliche Existenz finden können. An dieser Stelle soll betont werden, dass die wirtschaftliche Erscheinungsform des Konzerns keineswegs durchwegs negativ zu beurteilen ist[101]. Sie hat neben den unbestrittenen Nachteilen viele Vorteile. Die wirtschaftliche und technische Entwicklung bewirkt, dass viele unternehmerische Aufgaben (z.B. Forschung, Werbung, Absatzpolitik, Marketing usw.) nur noch in grossen Unternehmen wirksam sichergestellt werden können. Für viele Gesellschaften bringt die wirtschaftliche Eingliederung in einen Konzern entscheidende Vorteile interner und externer Natur: Nach aussen wirkt sich die

---

dem Interesse einer weitausblickenden, die Interessen der Untergesellschaft unter anderen Gesichtspunkten berücksichtigenden Mehrheit zurücktreten muss." Derselbe, Grundlegung 152 f.; Wieland, Handelsrecht II/378; im Zusammenhang mit § 101 III des AktG 1937 Baumbach/Hueck § 101 N 4; Schlegelberger/Quassowski § 101 N 10.
94 Rosendorff 63; Kronstein, Person 20; Hamburger, Organgesellschaft 298.
95 Filbinger 57 ff.; Joss 200; Mestmäcker 277 f.; Schluep, Rechte 249.
96 Filbinger 62 ff.; Joss 200; Mestmäcker 277 f.; Nenninger 96 f.; Schluep, Rechte 250; W. von Steiger, Rechtsverhältnisse 264a; Zöllner 86 ff.
97 Nenninger 96.
98 Vgl. zu dieser Frage hinten S. 188.
99 Vgl. vorn S. 95.
100 Nenninger 95.
101 Zu den Vor- und Nachteilen der Konzernbildung Emmerich/Sonnenschein 10 ff., 12 ff.; auf die Vorteile weist Nenninger 94 f. hin; ebenfalls Pestalozzi 253.

Zugehörigkeit einer Gesellschaft zu einem Konzern vorteilhaft aus. Dritte gewähren bereitwilliger und zu günstigeren Konditionen Kredit, wenn sie wissen, dass hinter dem Schuldner das wirtschaftliche Potential eines ganzen Konzerns steht.

3. Die Eigenverantwortlichkeit der Gesellschaftsorgane im Interessenkonflikt

Mit der Anerkennung eines durch das Gesellschaftsinteresse abgedeckten Konzerninteresses lässt sich aber weder ein Weisungsrecht der Konzernspitze an die Organe der Konzerngesellschaft noch eine Haftungsbefreiung der konzerngesellschaftlichen Organe bei Weisungsbefolgung begründen. Solchen Schlussfolgerungen stünde die Eigenverantwortlichkeit der Gesellschaftsorgane entgegen.

Die Organe der Konzerngesellschaft haben vielmehr im Einzelfall eine Beurteilung der konkreten *Interessenlage* vorzunehmen und zu entscheiden, ob eine im Interesse des Gesamtkonzerns erfolgende Massnahme mit den rechtlich geschützten Belangen der Konzerngesellschaft vereinbar sei[102]. Die Beurteilung dieser Frage ist ein unternehmerischer Entscheid und fällt weitgehend ins freie Ermessen des abhängigen Verwaltungsrates[103].

Nach welchen Kriterien nimmt der abhängige Verwaltungsrat die Lagebeurteilung vor?

V. Die Kriterien zur Beurteilung der konkreten Interessenlage

1. Allgemeines

Mit der Feststellung, dass das Konzerninteresse als Komponente eines funktional verstandenen Gesellschaftsinteresses rechtlichen Schutz findet, ist über die Beurteilung der konkreten Interessenlage noch nichts ausgesagt: *Wann* eine im

---

102 Die Argumentation von Rasch, 2. Aufl. 101, es könne der Konzernleitung nicht zugemutet werden, wenn die Organe der Konzerngesellschaft im konkreten Falle eine Abwägung zwischen Konzern- und Gesellschaftsinteressen vornehmen und die Ausführung der Weisungen davon abhängig machen, mag unter *organisatorischen* Gesichtspunkten berechtigt sein. In bezug auf die Verantwortlichkeit der Organe ist die Argumentation ohne Bedeutung.
103 Mestmäcker 279 weist in diesem Zusammenhang darauf hin, dass keinesfalls der Verwaltungsrat der abhängigen Gesellschaft verantwortlich gemacht werden dürfe, wenn aus der Weisungsbefolgung der Konzerngesellschaft ein *unvorhersehbarer* Schaden entstehe. "Das hiesse ... ein Grundprinzip des Haftungsrechtes verletzen, nämlich das Unternehmensrisiko, hier das Konzernrisiko auf die Gesellschaftsorgane abzuwälzen."

Interesse des Gesamtkonzerns gebotene, für die Konzerngesellschaft zunächst nachteilige Massnahme mit dem rechtlich geschützten Eigeninteresse der Konzerngesellschaft vereinbar ist, kann kaum nach allgemeinen Kriterien beurteilt werden. Immerhin lässt sich folgende Feststellung machen: Je grösser der Bereich gemeinsamer Interessen zwischen Gesamtkonzern und Konzerngesellschaft ist, desto eher wird man zum Schlusse kommen, dass eine scheinbar ausschliesslich im Interesse des Gesamtkonzerns erfolgende Massnahme mittelbar auch der Konzerngesellschaft dient und daher auch in ihrem Interesse liegt[104].

Die Beurteilung der konkreten Interessenlage hängt einmal von der Grösse des gemeinsamen Interessenbereiches (Interessenkongruenz) und sodann von der Grösse des im konkreten Fall zugefügten Nachteils ab. Dieser Zusammenhang lässt sich in einer Formel umschreiben:

$$I_K \rightarrow f(U, N), \text{ wobei}$$

U = Interessenkongruenz
N = Grösse des im konkreten Falle zugefügten Nachteils
I_K = Konkrete Interessenlage

2. Die Interessenkongruenz zwischen Konzernspitze und Konzerngesellschaft als Kriterium

Der Umfang des gemeinsamen Interessenbereiches zwischen dem Gesamtkonzern und der Konzerngesellschaft hängt von der Beteiligungshöhe (a) und vom Grad ab, in dem die Konzerngesellschaft wirtschaftlich mit dem Gesamtkonzern verflochten ist (b):

Eine hohe Beteiligung am Grundkapital der Konzerngesellschaft trägt sicherlich zunächst die Vermutung für eine weitgehende Interessenkongruenz in sich. Je höher die Beteiligungsquote, desto vollständiger ist die wirtschaftliche Identität zwischen dem Gesamtkonzern und der Konzerngesellschaft[105]. Versteht man die Gesellschaft als soziale Eigengrösse, in der die verschiedenen Interessen der Aktionäre, Gläubiger, Arbeitnehmer und auch die öffentlichen Interessen mit-

---

104 Vgl. etwa Frankenberg 70 f.: "So kann es auf den ersten Blick den Anschein haben, als seien die Interessen der Konzerngesellschaft zugunsten der übrigen geschädigt; in Wirklichkeit können aber ihre eigenen Interessen gerade dadurch wahrgenommen sein, dass die übrigen durch sie gestärkt oder gestützt worden sind. Der Grund hierfür liegt darin, dass die in einem Konzern zusammengeschlossenen Gesellschaften mehr oder weniger auf Gedeih und Verderb miteinander verbunden sind. Der Zusammenbruch einer oder mehrerer Konzerngesellschaften kann unter Umständen auch die anderen mitreissen." Vgl. dazu weiter Haussmann, Tochtergesellschaft 55 ff.
105 Eine beschränkte wirtschaftliche Betrachtungsweise ist hier durchaus am Platze.

einander verwoben sind[106], so kommt man zum Schluss, dass auch eine Beteiligung zu 100% keine völlige Überschneidung der Interessenbereiche zwischen Konzern und Konzerngesellschaft zu bewirken vermag. Diese führt zwar zur Gleichrichtung aller Aktionärsinteressen, lässt aber die anderen in der Gesellschaft involvierten Interessen möglicherweise aus dem Spiel. Die *Beteiligungsquote* ist daher zwar eine sehr wichtige, nicht aber die einzige Bestimmungsgrösse für den Umfang der Interessenkongruenz.

Ein zweiter Gesichtspunkt ist das Mass der wirtschaftlichen Verflechtung: Eine zu 100% beherrschte, aber wirtschaftlich nur teilweise in die Unternehmenstätigkeit des Gesamtkonzerns eingegliederte Konzerngesellschaft besitzt unter Umständen einen selbständigen Interessensbereich. Anderseits vermag auch eine weit unter 100% liegende kapitalmässige Beteiligung an der Konzerngesellschaft zu einer weitgehenden Gleichrichtung der Interessen zu führen[107].

3. Die Grösse des zugefügten Nachteils als Kriterium

Die Beantwortung der Frage, ob und in welchem Masse eine im Interesse des Gesamtkonzerns liegende Massnahme für die Konzerngesellschaft nachteilig ist, kann nicht generell erfolgen. Die Quantifizierung des Nachteils ist auf jeden Fall ein unternehmerischer Entscheid.

Sodann muss festgestellt werden, dass die Beurteilung der Interessenkongruenz und die wirtschaftliche Quantifizierung des Nachteils nicht zwei verschiedene, sondern *ein* gedanklicher Vorgang sind.

VI. Einzelfragen

— Wenn auch dem Interesse der Konzerngesellschaft widersprechende Weisungen *rechtlich* nicht durchsetzbar sind[108], so kann die Konzernspitze ihre Vertreter doch auf rein tatsächlicher Basis zur Befolgung der Weisungen zwingen[109]. Der abhängige Verwaltungsrat hat keine andere Wahl, als die Weisung der Konzernspitze zu befolgen oder zurückzutreten bzw. abberufen zu werden. Kann diese "faktische Weisungsunterworfenheit" im Rahmen des objektivierten Verschuldensmassstabes Berücksichtigung finden? Geht man von

---

106 Vgl. dazu vorn S. 94 f.
107 Zu den Möglichkeiten der Beherrschung einer Gesellschaft mit geringer Beteiligungsquote vgl. vorn S. 34, Anm. 38.
108 Vgl. dazu vorn S. 92 f.
109 W. von Steiger, Verantwortung 702 ff.

dem Postulat aus, dass die Verantwortlichkeit der Gesellschaftsorgane auf ein "vernünftiges Mass"[110] zu beschränken sei, so ist zu untersuchen, welche Verhaltensweise dem abhängigen Verwaltungsrat zugemutet werden kann. Wie hat er sich im konkreten Falle zu verhalten, wenn ihm eine den Interessen der Konzerngesellschaft offensichtlich widersprechende Weisung erteilt wird? In Betracht käme die analoge Anwendung der Regel, welche die Lehre für den Fall einer Befolgung von rechtswidrigen Weisungen des Verwaltungsrates durch die ihm untergeordneten Mitglieder der Geschäftsführung entwickelt hat[111]: Danach hat sich die Geschäftsführung im Rahmen ihrer Möglichkeiten um die Erteilung einer rechtmässigen Weisung zu bemühen. Wird ihr eine solche nicht erteilt, so ist ihr der Rücktritt "in den seltensten Fällen zuzumuten"[112]. Eine analoge Anwendung dieser Regel auf den Fall, wo die Konzernspitze dem abhängigen Verwaltungsrat eine dem Interesse der Konzerngesellschaft abträgliche Weisung erteilt, ist m.E. wegen *Verschiedenheit der Interessenlage* abzulehnen: Den Mitgliedern der Geschäftsführung i.w.S.[113] stehen nur abgeleitete, jederzeit nach OR 726 entziehbare Funktionen zu; daher können sie sich auch in beschränktem Masse ihrer Verantwortlichkeit mit dem Hinweis auf eine Weisung des ihnen vorgesetzten Verwaltungsrates entziehen. Die Mitglieder des Verwaltungsrates der Konzerngesellschaft üben dagegen originäre Funktionen in absoluter Eigenverantwortlichkeit aus[114].
Durch die Befolgung einer Weisung der Konzernspitze geht ein Teil der Verwaltungs- und Geschäftsführungsfunktionen materiell auf die Organe der Obergesellschaft über[115]. Können diese als Hilfspersonen des abhängigen Verwaltungsrates nach OR 101 betrachtet werden? Dies hätte zur Folge, dass sich der abhängige Verwaltungsrat dann entlasten könnte, wenn die Organe der Obergesellschaft kein Verschulden trifft[116]. Der Weisungserteilende kann nicht als Hilfsperson des abhängigen Verwaltungsrates im Sinne von OR 101 betrachtet werden, weil die Befolgung von Weisungen der Konzernspitze unvereinbar ist mit dem Grundsatz der Eigenverantwortlichkeit der Verwaltungsorgane und daher a priori den Tatbestand der unerlaubten Substitution erfüllt[117].

---

110 Vgl. dazu vorn S. 86, Anm. 21.
111 Meier-Wehrli 37 f.
112 Meier-Wehrli 38.
113 Zum Begriff der Geschäftsführung i.e.S. vgl. Meier-Wehrli 11 ff.
114 Zur Eigenverantwortlichkeit der Gesellschaftsorgane vgl. vorn S. 88 f.
115 Dies ergibt sich schon aus dem Begriff der faktischen Organschaft; vgl. dazu vorn S. 39.
116 Vgl. von Tuhr/Escher 129, Anm. 45; Oftinger II/1 112, Anm. 71 mit weiteren Hinweisen.
117 Vgl. dazu von Tuhr/Escher 122 f.

C. Die Sorgfaltspflicht des konzernfreien Verwaltungsrates

I. Problemstellung

Bereits wurde auf die Verschiedenheit der tatsächlichen Stellung konzernfreier und abhängiger Verwaltungsräte hingewiesen: Die abhängigen Verwaltungsorgane sind oft Mitglieder der Konzernleitung und stehen als solche mit der Konzernspitze im Arbeitsvertragsverhältnis. In dieser Stellung verfügen sie naturgemäss über einen erheblichen Informationsvorsprung aus dem Bereiche des Gesamtkonzerns vor dem konzernfreien Verwaltungsrat. Diesem werden oft aus Geheimhaltungsgründen nicht alle die Geschäftsführung des Gesamtkonzerns betreffenden Informationen zugänglich sein.

Daher können möglicherweise die abhängigen Verwaltungsräte der Konzerngesellschaft besser beurteilen, was im Interesse der Konzerngesellschaft liegt, als der konzernfreie. Dieser muss sich oft darauf beschränken, in den Sitzungen die nötigen Aufklärungen über den Geschäftsgang zu erhalten. Je enger das Abhängigkeitsverhältnis zwischen Konzerngesellschaft und Gesamtkonzern ausgestaltet ist, desto weniger wird es für den konzernfreien Verwaltungsrat möglich sein, sich während der Sitzungen und anhand der ihm zugänglichen Informationen in die einzelnen Fragenkomplexe einzuarbeiten.

Sind die abhängigen Verwaltungsräte in der Mehrzahl, so sieht sich das konzernfreie Mitglied oft überstimmt. Kommt auf diese Weise ein Beschluss zustande, so frägt es sich, was der konzernfreie Verwaltungsrat unternehmen muss, um dem Vorwurf der Pflichtwidrigkeit zu entgehen. Er steht oft vor der Wahl, zurückzutreten oder sich im Rahmen seiner Möglichkeiten für einen im Interesse der Konzerngesellschaft liegenden Verwaltungsratsbeschluss einzusetzen. Ein Rücktritt wird ihn kaum von der Verantwortlichkeit befreien, da er oft zur Unzeit erfolgen würde[118]; sodann wäre ein solcher in den wenigsten Fällen zumutbar[119].

II. Berücksichtigung der tatsächlichen Ungleichheit der Stellung konzern*freier* und *abhängiger* Verwaltungsräte im Rahmen des objektivierten Verschuldensmassstabes?

Bei der Konkretisierung des in OR 722 I niedergelegten Grundsatzes der allgemeinen Sorgfaltspflicht gilt das Gebot, "Gleiches gleich und Ungleiches un-

---

118 Zum Rücktritt zur Unzeit vgl. Forstmoser, Aktienrechtliche Verantwortlichkeit N 524, wonach "die Niederlegung des Mandates dann nicht haftungsbefreiend wirkt, wenn den Betreffenden aktives Verhalten zuzumuten gewesen wäre".
119 Vgl. Hirsch, responsabilité 256; Meier-Wehrli 32.

gleich" zu behandeln. Die Rechtssicherheit verlangt eine Regelbildung[120]. Ergebnis des Konkretisierungsvorganges ist der objektivierte Verschuldensmassstab[121]: Für die Beurteilung der zu erbringenden Sorgfalt ist auf das unter gleichen Umständen bei Durchschnittsmenschen übliche Verhalten abzustellen. Diese Regelbildung führt zur Unterscheidung verschiedener *typischer* normativer Verhaltensweisen[122]. Da die einzelnen Lebenssachverhalte niemals identisch sind, stellt sich die Frage, wann die tatsächliche Verschiedenheit der Umstände als rechtlich relevant zu betrachten ist.

Gestattet der objektivierte Verschuldensmassstab, das Verhalten des konzernfreien Verwaltungsrates mit anderer Elle zu messen als die Handlungen des abhängigen?

Ausgehend vom Postulat, die Verantwortlichkeit der Verwaltungsorgane auf ein vernünftiges Mass zu beschränken, setzt sich NENNINGER für eine *typengerechte* Differenzierung der Sorgfaltspflicht ein: "Das anzuwendende Kriterium ist somit typengerecht zu differenzieren, aber durchaus objektiviert ... Ist etwa ein Verwaltungsrat mit der aktiven Geschäftsleitung identisch, so wird von ihm eine ganz andere Einzelkenntnis verlangt als von einem andern, der nach den Umständen nichts anderes sein kann als eine generelle Oberlenkungs- und Kontrollinstanz."[123]

Dieser Vorschlag vermag m.E. nichts Neues zu leisten. Die Berücksichtigung der Typenabweichung einer AG erfolgt schon bei der Würdigung der konkreten Umstände im Rahmen des objektivierten Verschuldensmassstabes. Eine darüber hinausgehende Berücksichtigung der Typenabweichung der AG wäre ein Widerspruch zum vorgängig dargestellten Grundgedanken des objektivierten Verschuldensmassstabes und zudem mit dem Gebot der Rechtssicherheit unvereinbar[124]. BÜRGI formuliert die Grenzen einer typologischen Betrachtungsweise im Zusammenhang mit der Sorgfaltspflicht der Gesellschaftsorgane: "Praktisch bedeutungsvoll ist der Hinweis auf *typische* und *atypische* Gesellschaften nur insofern, als dadurch auf tatsächlich vorhandene Unterschiede zwischen Aktiengesellschaften hingewiesen wird, die nun auch von der Gerichtspraxis berücksichtigt werden müssen."[125]

Im Lichte dieser Bemerkung ist die Frage zu beantworten, ob der tatsächlichen Verschiedenheit der Stellung abhängiger und konzernfreier Verwaltungs-

---

120 Vgl. dazu Meier-Hayoz N 318 zu ZGB 1 (Pflicht des Richters zur Regelbildung).
121 Zum objektivierten Verschuldensbegriff vgl. vorn S. 85 f.
122 In methodischer Hinsicht verfolgt m.E. der objektivierte Verschuldensbegriff das gleiche Anliegen wie die Natur der Sache; vgl. dazu Meier-Hayoz N 397 ff. zu ZGB 1.
123 Nenninger 127.
124 Ein wesentlicher Einwand gegen die Berücksichtigung der Typenabweichung bei der Recht*sanwendung* ist derjenige der Rechtssicherheit; vgl. statt vieler Ott 137 f. sowie vorn S. 14 f. Dieser Einwand lässt sich m.E. auch dem Postulat der typengerechten Auslegung entgegenhalten.
125 Bürgi N 4 zu OR 722.

räte einer Konzerngesellschaft bei der Bestimmung der massgeblichen Sorgfaltspflicht eine normative Bedeutung zukomme. Jedes Verwaltungsorgan ist auf das Gesellschaftsinteresse[126] verpflichtet, welches zwingende Richtlinie für sein Verhalten ist. Es hat zur Wahrung und Förderung der Gesellschaft alles zu unternehmen, was ihm unter den gegebenen Umständen zumutbar ist. Die besondere Stellung des konzernfreien Verwaltungsrates findet als konkreter Umstand dann Berücksichtigung, wenn sie *objektiv*, d.h. im Rahmen des objektivierten Verschuldensmassstabes, relevant ist.

Im folgenden gilt es zu untersuchen, wie sich der konzernfreie Verwaltungsrat im konkreten Falle zu verhalten hat, um im Falle des Verantwortlichkeitsprozesses dem Vorwurf der Pflichtwidrigkeit wirksam begegnen zu können.

III. Information als Voraussetzung einer pflichtgemässen Überwachung der mit der Geschäftsführung betrauten Personen

In den meisten Fällen üben die konzernfreien Verwaltungsräte die Geschäftsführung nicht selber aus, sondern delegieren sie nach OR 717 II an abhängige Verwaltungsräte[127] und an die Geschäftsleitung der Konzerngesellschaft. Dadurch reduziert sich ihre Haftung im Bereich zulässiger Delegation auf die cura in eligendo, instruendo vel custodiendo[128]. *Nicht delegierbar* ist die Pflicht zur Überwachung der mit der Geschäftsführung betrauten Personen[129]. Der konzernfreie Verwaltungsrat kann diese Überwachung jedoch nur dann wirksam vornehmen, wenn er genügende *Information* über den Geschäftsgang hat. Aus dem objektivierten Verschuldensmassstab ergibt sich, dass auch das Ausmass der einzuholenden Information von den "besonderen Verhältnissen"[130] in der AG abhängig ist.

Ausserhalb der periodisch stattfindenden Sitzungen des Gesamtverwaltungsrates hat sich der konzernfreie Verwaltungsrat über die Tätigkeit der mit der Geschäftsführung betrauten Personen zu informieren[131]. Die ihm zukommenden Unterlagen hat er auf Vollständigkeit zu überprüfen, darf sich aber generell auf die Richtigkeit der Angaben verlassen[132].

Während der Sitzungen muss er sich mit dem Bericht der geschäftsführenden Organe kritisch auseinandersetzen und nötigenfalls weitere Aufklärungen erbit-

---

126 Dies folgt aus der Treuepflicht der Verwaltungsorgane; zum Gesellschaftsinteresse vgl. vorn S. 94 f.
127 Es sind dies meist gleichzeitig die Mitglieder der Konzernleitung i.e.S.
128 Vgl. dazu vorn S. 59.
129 Meier-Wehrli 36; Vischer, Delegationsmöglichkeit 355 f.
130 Zum Postulat der Beschränkung der Haftung auf ein vernünftiges Mass vgl. vorn S. 85 f.
131 Bürgi, Schadenersatzpflicht 35; Vischer, Delegationsmöglichkeit 356 f.
132 Bürgi, Schadenersatzpflicht 35; Vischer, Delegationsmöglichkeit 357.

ten oder genauere Abklärungen gewisser Fragen beantragen. Besondere Vorsicht ist m.E. bei der Beurteilung von Geschäften der Konzerngesellschaft mit dem Gesamtkonzern geboten: Der konzernfreie Verwaltungsrat verfügt oft nicht über die gleiche Kenntnis über den Geschäftsgang des Gesamtkonzerns. Möglicherweise kann er kaum beurteilen, ob ein mit dem Gesamtkonzern abgeschlossenes Geschäft dem Interesse der Konzerngesellschaft förderlich sei. Dazu ein Beispiel:

> Eine zu 55% ihres Grundkapitals beherrschte Konzerngesellschaft ist zu 40% ihres Umsatzes als Zulieferbetrieb für den Gesamtkonzern tätig. Im Verwaltungsrat der Konzerngesellschaft stellen die abhängigen Verwaltungsräte den Antrag, die Produktion der Konzerngesellschaft gänzlich auf den Gesamtkonzern auszurichten. Um beurteilen zu können, ob diese Massnahme im Interesse der Konzerngesellschaft liegt, benötigt der konzernfreie Verwaltungsrat genaue Kenntnis über das Geschäftsgebaren des Gesamtkonzerns. Ist z.B. bekannt, dass die Konzernleitung im Rahmen einer langfristigen Konzernpolitik eine weitgehende Diversifizierung anstrebt, so hätte sich der konzernfreie Verwaltungsrat pflichtgemäss gegen eine so einseitige Ausrichtung der konzerngesellschaftlichen Produktion auf den Gesamtkonzern auszusprechen. Dies kann er aber nur tun, wenn er über die nötigen Informationen verfügt.

Angesichts der solidarischen Haftbarkeit aller Verwaltungsorgane[133] wird das Auskunftsrecht der Verwaltungsräte gemäss OR 713 zur wichtigsten Waffe des konzernfreien Verwaltungsrates gegen eine übermässig strenge Haftung. Fraglich ist, ob es nur in den Sitzungen geltend gemacht werden kann[134]; sodann ist man sich über den Umfang des Auskunftsrechtes uneinig[135]: Befürwortet wird sowohl ein unbeschränktes als auch ein durch das Gesellschaftsinteresse beschränktes Auskunftsrecht.

Wie die Haftung, so muss auch die Pflicht der Verwaltungsorgane, sich um Information zu bemühen, auf ein "vernünftiges Mass" beschränkt werden: Diese findet m.E. ihre Grenzen am Wesen kollegialer Zusammenarbeit. Als Kollegialbehörde kann der Verwaltungsrat seine Tätigkeit nur in einer Atmosphäre gegenseitigen Vertrauens und der Loyalität ausüben. Das Streben nach Information wird daher aus menschlichen Gründen dort unzulässig, weil kontraproduktiv und damit auch nicht im Gesellschaftsinteresse liegend, wo es den Anschein gegenseitigen Misstrauens erweckt. Dieser Umstand ist m.E. nicht zu unterschätzen. Das pflichtbewusste Bemühen eines Verwaltungsrates um Informationen über den Geschäftsgang erscheint in den Augen der Mitverwaltungsräte oft schon als querulatorisches Verhalten.

Für die Verantwortlichkeit des konzernfreien Verwaltungsrates kommt es also darauf an, ob er sich in zumutbarem Masse um vollständige Information

---

[133] Vgl. dazu hinten S. 109 ff.
[134] Bürgi N 3 zu OR 713; Schucany N 1 zu OR 713.
[135] Für ein sachlich unbeschränktes Auskunftsrecht setzen sich ein: Schucany N 1 zu OR 713; F. von Steiger, Recht der AG 233; zurückhaltender Funk N 1 zu OR 713; auch Bürgi N 7 zu OR 713 nimmt Grenzen des Auskunftsrechtes an, verlangt aber eine sachlich unmissverständliche Begründung im Falle der Auskunftsverweigerung.

bemüht, aus dieser die richtigen Schlüsse gezogen und sich im Rahmen seiner Möglichkeiten gegen einen dem Interesse der Konzerngesellschaft abträglichen Verwaltungsratsbeschluss eingesetzt hat.

IV. Protokollierung der abweichenden Meinung?

Ob die zu Protokoll gegebene Distanzierung von einem Verwaltungsratsbeschluss oder eine protokollierte Beanstandung bereits zur Entlastung führt, ist umstritten[136]. In den meisten Fällen wird sie m.e. eine unerlässliche Voraussetzung für die Haftungsbefreiung sein.

Massgebend ist auch hier die objektivierte Würdigung der konkreten Umstände. M.E. bewirkt die Protokollierung einer abweichenden Meinung dann eine Haftungsbefreiung, wenn der konzernfreie Verwaltungsrat ausser dem Rücktritt[137] keine andere Möglichkeit hatte, sich dem Beschluss zu widersetzen.

Unabhängig von seiner materiellen Bedeutung hat das Protokoll eine wichtige Beweisfunktion im Verantwortlichkeitsprozess[138].

V. Weiterzug des Verwaltungsratsbeschlusses an die GV?

Es ist zu untersuchen, ob der überstimmte Verwaltungsrat die Generalversammlung zur Beurteilung des von ihm abgelehnten Verwaltungsratsbeschlusses anrufen kann. Dabei stellt sich die Frage nach der grundsätzlichen Vereinbarkeit dieses Instanzenzuges mit den Grundsätzen der aktienrechtlichen Gewaltenteilung (a), sodann nach der Tauglichkeit dieses Mittels in Konzernverhältnissen (b):

---

[136] Nach Meier-Wehrli kann diese Frage nicht generell beantwortet werden; laut Bürgi N 90 zu OR 698 kann sich das Verwaltungsratsmitglied von der Verantwortlichkeit durch ausdrücklich zu protokollierende Distanzierung befreien; vgl. weiter Forstmoser, Aktienrechtliche Verantwortlichkeit N 223; Wydler, Die Protokollführung im schweizerischen Aktienrecht.
[137] Zum Rücktritt vgl. S. 101, Anm. 118.
[138] Vgl. Bürgi N 1 zu OR 715; Wydler 85, 91 f.

1. Zulässigkeit einer Anrufung der GV

Die Lehre bejaht grundsätzlich die Möglichkeit einer Anrufung der GV gegen einen Verwaltungsratsbeschluss, ist sich aber über den sachlichen Umfang des Vorgehens nicht einig[139]. Eine weite Umschreibung der Weiterzugsmöglichkeiten gibt SIEGWART: "Bei Kompetenzüberschreitungen der Verwaltung kann aber die GV immer eingreifen und die Fassung eines rechtswidrigen Beschlusses bedeutet immer eine Überschreitung der Kompetenzen."[140] Nach WEISS ist der Instanzenzug nur "insoweit zulässig, als die Verwaltung ihrerseits den durch Gesetz, Statuten und Reglement umschriebenen Kompetenzraum überschreitet"[141].

Mit der Frage nach der Zulässigkeit einer Weiterziehung des Verwaltungsratsbeschlusses an die GV ist das *Kompetenzproblem* in der AG angesprochen: Nach der heute herrschenden Paritätstheorie[142] darf die GV nur unter "besonderen Voraussetzungen" in den Kompetenzkreis der Verwaltung eingreifen. Die GV wäre danach nur bei Vorliegen besonderer Umstände zur Aufhebung eines in den Kompetenzkreis der Verwaltung fallenden Verwaltungsratsbeschlusses befugt. Im Interesse einer sauberen Funktionsverteilung in der AG ist daher m.E. bei der Annahme solcher besonderer Umstände Zurückhaltung zu üben. Die blosse Unzweckmässigkeit eines Verwaltungsratsbeschlusses kann niemals die Voraussetzungen eines Eingriffes der GV in die Kompetenz der Verwaltung erfüllen. Ob diese bei jedem rechts- oder statutenwidrigen Verwaltungsratsbeschluss gegeben sind, halte ich zumindest für fraglich[143].

2. Tauglichkeit einer Anrufung der GV in Konzernverhältnissen

Zu den materiellen Bedenken gegen einen solchen Instanzenzug gesellen sich Zweifel an der Tauglichkeit dieses Mittels; die praktische Bedeutung eines solchen Vorgehens ist in Konzernverhältnissen gering[144]: Damit der überstimmte Verwaltungsrat als Aktionär die Diskussion und Beschlussfassung über den fraglichen Verwaltungsratsbeschluss auf die Tagesordnung der GV bringen kann, muss er in Analogie zu OR 699 III über den zehnten Teil des Grundkapitals verfügen[145]. Da die abhängigen Verwaltungsräte in der GV der Konzerngesellschaft

---

139 Vgl. Nenninger 124 ff.; Siegwart, Anfechtung 421 ff.; Weiss, Einl. N 231 ff.
140 Siegwart, Anfechtung 422.
141 Weiss, Einl. N 234.
142 Zum Kompetenzproblem in der AG vgl. vorn S. 88 f.
143 Ähnlich Nenninger 126.
144 Vgl. Nenninger 126; Siegwart, Anfechtung 422.
145 Dieser Meinung sind Jäggi, Tagesordnung 26 ff., 28; F. von Steiger, Recht der AG 189; Schluep, Rechte 155 ff.; a.M. Forstmoser, Förderer 21 f., der das Antragsrecht analog zum Recht auf Meinungsäusserung in der GV regeln will.

oft die Stimmenmehrheit besitzen, wird es ihnen möglich sein, den Antrag des überstimmten Verwaltungsrates abzulehnen[146].

VI. Richterliche Anfechtung des Verwaltungsratsbeschlusses?

Wenn dem überstimmten konzernfreien Verwaltungsrat der Konzerngesellschaft angesichts der praktischen Schwierigkeiten dieses Vorgehens mit dem Weiterzug des Verwaltungsratsbeschlusses an die GV wenig Erfolg beschieden sein wird, so frägt es sich, ob er den fraglichen Verwaltungsratsbeschluss beim Richter anfechten könne.

Die gerichtliche Anfechtbarkeit von Verwaltungsratsbeschlüssen wird im schweizerischen Recht von einem Teil der Lehre vertreten[147], durch das Bundesgericht und von der Mehrheit der Autoren jedoch abgelehnt[148]. *Für* eine Anfechtbarkeit von Verwaltungsratsbeschlüssen führt SIEGWART[149] an, diese gebe dem Aktionär eine Möglichkeit, sich vor drohendem Schaden zu schützen. Dieser sei bessergestellt, als wenn er erst später eine Schadenersatzklage anheben könne. Zudem sei die Klage auch für die verantwortlichen Mitglieder der Verwaltung vorteilhaft. Damit würde die Schadenersatzpflicht von ihnen abgewendet. *Abgelehnt* wird die gerichtliche Anfechtbarkeit mit dem Hinweis darauf, eine Gesetzeslücke könne nicht leichthin angenommen werden[150]; sodann wird festgestellt, es fehle an einer sachlichen Notwendigkeit einer solchen Klage[151].

Diesen Vorbehalten ist m.E. zuzustimmen: Der Haupteinwand gegen die Möglichkeit der Anfechtung von Verwaltungsratsbeschlüssen beim Richter besteht in der *aktienrechtlichen Zuständigkeitsordnung:* Den Verwaltungsorganen obliegt unentziehbar und in voller Eigenverantwortlichkeit die Oberleitung des Unternehmens. Wenn schon der GV als oberstem Organ im Sinne einer gemässigten Omnipotenztheorie ein Eingriff in die Kompetenzen der Verwaltung nur bei Vorliegen schwerwiegender Umstände zugebilligt wird[152], so würde eine richterliche Begutachtung von Verwaltungsratsbeschlüssen dem Grundsatz der Eigenverantwortlichkeit der Verwaltungsorgane noch in viel schwerwiegenderem

---

146 Da es sich nicht um einen Entlastungsbeschluss im Sinne von OR 695 handelt, kann die Mehrheit in dieser Sache stimmen.
147 von Büren 149 f., Anm. 2; Siegwart, Anfechtung 421 ff.; Stebler 86 ff.; nur für den überstimmten Verwaltungsrat Wehrli, Verwaltungsratsbeschluss 100.
148 Bürgi N 6 zu OR 706, N 24 zu OR 716; Funk N 1 zu OR 716; Jagmetti 96 ff.; Kohler 31 ff.; Meier-Wehrli 60; Nenninger 123 f.; Steiner 135; Weiss, Einl. N 238 ff.; Wydler 33 ff.
149 Anfechtung 421.
150 BGE 76 II 51 ff., 61 ff.
151 Weiss, Einl. N 240.
152 Vgl. dazu vorn S. 88 f.

Masse zuwiderlaufen. Hinzu kommt, dass der Richter oft sachlich genausowenig wie die GV in der Lage ist, einen unternehmerischen Entscheid des Verwaltungsrates auf seine Rechtmässigkeit zu überprüfen.

Weiter hätte die Anfechtbarkeit von Verwaltungsratsbeschlüssen eine wesentliche Beeinträchtigung der Entscheidungsfreiheit und -fähigkeit der Verwaltungsorgane zur Folge. Diese wäre dem Gesellschaftsinteresse in viel stärkerem Masse abträglich als die Durchführung eines möglicherweise rechtswidrigen Verwaltungsratsbeschlusses im Einzelfall[153].

VII. Zusammenfassung

Die Protokollierung der abweichenden Meinung, der Weiterzug des Verwaltungsratsbeschlusses an die GV sowie dessen gerichtliche Anfechtung vermögen den konzernfreien Verwaltungsrat kaum wirksam gegen eine Verantwortlichkeit zu schützen.

Um so grössere Bedeutung erhält m.E. daher das *Auskunftsrecht des Verwaltungsrates* nach OR 713[154].

---

153 Vgl. dazu Hirsch, protection 66: "Une solution contraire (sc. als die in BGE 76 II 51 erkannte Unanfechtbarkeit von Verwaltungsratsbeschlüssen) impliquerait la communication aux actionnaires de toutes les décisions prises par le conseil d'administration, faisant courir de délai pour intenter action; en cas de procès l'insécurité juridique qui s'ensuivrait serait fort préjudicable aux intérêts sociaux."
154 In diesem Sinne Meier-Wehrli 36.

5. KAPITEL

Die Mehrheit verantwortlicher Personen im Konzern

I. Allgemeines zur Solidarhaftung

Nach OR 759 haften mehrere für denselben Schaden verantwortliche Personen solidarisch. Es gelten die Bestimmungen über die Solidarität nach OR 143 ff.[1]: Im Aussenverhältnis muss jeder Verantwortliche für den ganzen Schaden einstehen. Der Geschädigte hat gegen jeden Verantwortlichen eine selbständige Forderung und kann vorgehen, gegen wen er will. Die endgültige Schadensverteilung erfolgt auf dem Regressweg. Der Grundsatz der solidarischen Haftbarkeit mehrerer Verantwortlicher lässt sich nicht mit logischen Gründen herleiten; er "findet seine Motivierung vielmehr in dem Bestreben, die Stellung des Geschädigten zu verbessern"[2] und ist Ausfluss des Billigkeitsgedankens. Da die solidarische Haftbarkeit der Verwaltungsräte für Pflichtwidrigkeit zu Härtefällen führen kann, erheben verschiedene Autoren das Postulat nach einer differenzierten Regelung der Schadenersatzpflicht.

Im Zusammenhang mit der solidarischen Haftbarkeit der Verwaltungsräte sind vor allem zwei Fragen umstritten: Uneinig ist sich die Lehre einmal darin, ob die solidarische Haftbarkeit für den ganzen Schaden oder nur in Höhe des adäquat verursachten Teils bestehen soll[3]. Zum andern stellt sich die Frage, ob sich der Verantwortliche im Aussenverhältnis auf sein geringes Verschulden gemäss OR 43 berufen könne[4]. Darauf soll im folgenden eingegangen werden:

Gegen eine Berücksichtigung des leichten Verschuldens eines solidarisch Haftenden im Aussenverhältnis wird im wesentlichen angeführt, der Grundsatz der Solidarität bezwecke vor allem die Besserstellung des Geschädigten. Weiter wird

---

1 Vgl. allgemein zum Problem der Solidarität Oftinger I/337 ff.; von Tuhr/Escher 297 ff.; für das Aktienrecht Forstmoser, Aktienrechtliche Verantwortlichkeit N 259 ff. sowie grundlegend Zellweger, Haftungsbeschränkung und Solidarhaftung im Verantwortlichkeitsrecht der AG.
2 Oftinger I/337 mit weiteren Hinweisen auf die Rechtsprechung.
3 Vgl. dazu Forstmoser, Aktienrechtliche Verantwortlichkeit N 274 ff.
4 Vgl. eingehend Forstmoser, Aktienrechtliche Verantwortlichkeit N 279 ff.; *für* eine Berücksichtigung des leichten Verschuldens im Aussenverhältnis setzen sich ein: Bär, Verantwortlichkeit 470 ff.; Bürgi, Regelungen 65 f.; derselbe, Schadenersatzpflicht 37 ff.; derselbe, N 10 ff., 15 zu OR 759; Henggeler 58 f.; Hirsch, responsabilité 266 f.; Meier-Wehrli 45 ff.; Oftinger I/345; Portmann 135 f.; Reichwein 129 ff. (für eine beschränkte Berücksichtigung des geringen Verschuldens im Aussenrecht); Schiess 52 ff.; *gegen* eine Berücksichtigung des geringen Verschuldens: Biggel 146 f.; Funk N 1 zu OR 759; von Greyerz, Solidarität 14; Kummer 11 ff.; Vischer, Verantwortung 88: "Eine Änderung der Praxis des Bundesgerichtes hätte eine kaum zu rechtfertigende Benachteiligung der Ersatzberechtigten zur Folge." Zellweger 68 ff.

argumentiert, die Berücksichtigung der Reduktionsgründe im Aussenverhältnis wäre ein "Einbruch in das Prinzip der Solidarhaftung"[5]. An den wahren Schuldigen könne sich der zunächst Belangte ja auf dem Regresswege halten. Von einem mehrköpfigen Gremium könne eine durch gegenseitige Information und Kontrolle bedingte höhere Zuverlässigkeit verlangt werden als von einem einzigen Verwaltungsrat. Gemeinsames Mitwirken zu einer unerlaubten Handlung verdiene eine besondere Missbilligung[6].

Befürwortet wird eine Differenzierung der Schadenersatzpflicht im Aussenverhältnis mit folgender Überlegung: Gerade in dem für den Geschädigten ungünstigsten Falle, wo ihm nur *ein* haftendes Verwaltungsratsmitglied gegenüberstehe, kämen die gesetzlichen Herabsetzungsgründe nach OR 43 zur Anwendung. Wenn aber eine Mehrheit von Verwaltungsräten haftbar sei, wäre die Herabsetzung der Schadenersatzpflicht gemäss OR 43 ausgeschlossen. Ein solches Ergebnis sei unlogisch[7]. Zudem wird angeführt, die solidarische Haftbarkeit aktienrechtlich verantwortlicher Verwaltungsräte bestehe nur im Rahmen der allgemeinen Vorschriften über die Herabsetzung der Schadenersatzpflicht nach OR 43 f.[8].

Das Bundesgericht nimmt in konstanter Praxis bei einer Mehrheit ersatzpflichtiger Personen keine Reduktion wegen leichten Verschuldens im Aussenverhältnis vor[9].

Als möglichen Ansatzpunkt für eine Differenzierung der Schadenersatzpflicht betrachten einige Autoren das Erfordernis des *bewussten Zusammenwirkens*[10]. Nur wo bewusstes Zusammenwirken vorliege, sei es gerechtfertigt, dem Verantwortlichen gegenüber die Berücksichtigung des geringen Verschuldens zu versagen und eine solidarische Haftbarkeit in Höhe des ganzen Schadens eintreten zu lassen. Das Bundesgericht[11] hat im Falle unechter Solidarität vereinzelt eine Herabsetzung gemäss OR 43 vorgenommen.

---

5 Reichwein 131.
6 Kummer in ZBJV 109 (1973) 142.
7 Bürgi, Schadenersatzpflicht 37; derselbe, N 7 zu OR 712 spricht von einer "rechtlich kaum zu verantwortenden Ungleichheit"; Henggeler 58; Meier-Wehrli 45 f.
8 Bürgi, Schadenersatzpflicht 39.
9 Vgl. BGE 93 II 322, 97 II 403 ff. (zu diesem Urteil vgl. Besprechung von Kummer in ZBJV 109 (1973) 139 ff.) sowie ein nicht amtlich veröffentlichter, aber in: Der Schweizer Treuhänder 50 (1976) 27, publizierter Entscheid des Bundesgerichtes vom 11. November 1975.
10 Vgl. Bär, Verantwortlichkeit 470 f.; Kummer in ZBJV 109 (1973) 141; Meier-Wehrli 46 f.; Oser/Schönenberger N 2 zu OR 50; kritisch dazu allerdings Kummer a.a.O., der auf die Schwierigkeiten hinweist, bewusstes und unbewusstes Zusammenwirken der Verwaltungsratsmitglieder zu unterscheiden.
11 Vgl. BGE 55 II 310 ff., 59 II 369; anders allerdings BGE 97 II 415: "Nach der Rechtsprechung des Bundesgerichts wird bei echter Solidarität ... wie bei unechter Solidarität ... die Haftung ... nicht dadurch vermindert, dass auch Dritte für den Schaden einzustehen haben" (zit. bei Forstmoser, Aktienrechtliche Verantwortlichkeit N 290); weitere Hinweise bei Zellweger 75; da es sich bei OR 759 um sog. echte Solidarität handelt (vgl.

111

Da der Grundsatz der solidarischen Haftbarkeit das Ergebnis einer gesetzgeberischen Interessenabwägung ist, erheischt auch der Entscheid über die Berücksichtigung des geringen Verschuldens im Aussenverhältnis eine Interessenabwägung. Die Frage nach der Anwendung der Reduktionsgründe im Aussenverhältnis kann nicht generell, sondern nur aufgrund des konkreten Falles beurteilt werden. Da gemeinsames Vorgehen ein charakteristisches Merkmal des Handelns in einer Kollegialbehörde darstellt[12], sollte sich zumindest eine *Milderung* der gesetzlich vorgeschriebenen Solidarität dann ergeben, wo das Element des bewussten Zusammenwirkens fehlt. M.E. ist das bewusste Zusammenwirken — zumindest im Bereich der aktienrechtlichen Verantwortlichkeit — ein taugliches Kriterium für die Beurteilung der Frage, ob das leichte Verschulden eines der Verantwortlichen im Aussenverhältnis zu berücksichtigen sei[13].

II. Die Mehrheit verantwortlicher Personen im Konzern — Versuch eines Lösungsansatzes

Zum besonders dringlichen Anliegen wird das Postulat einer differenzierten Schadenersatzpflicht im Konzernverhältnis: Wie aus den Darlegungen des zweiten Teils dieser Arbeit hervorgeht, sind im Konzern Personen mit verschiedenster tatsächlicher oder rechtlicher Stellung der aktienrechtlichen Verantwortlichkeit unterworfen. Eine funktionale Auslegung von OR 754[14] führt zu einer weitgehenden haftungsrechtlichen Gleichstellung der Organe der Obergesellschaft mit denjenigen der Konzerngesellschaft.

Angesichts dieser besonderen Interessenlage muss die undifferenzierte Handhabung der Bestimmungen über die Solidarität neu überdacht werden:

---

dazu Forstmoser, Aktienrechtliche Verantwortlichkeit N 261), hat auch BGE 55 II 310 ff. nur geringe präjudizielle Wirkung für die aktienrechtliche Verantwortlichkeit.
12 Zu den Pflichten des Kollegialorgans vgl. Meier-Wehrli 31 f.
13 Das *bewusste* Zusammenwirken der Schädiger ist also Voraussetzung für die Nichtberücksichtigung des leichten Verschuldens; im Aussenverhältnis dagegen scheinen Oser/Schönenberger N 2 zu OR 50 das bewusste Zusammenwirken als Voraussetzung für die Solidarität zu betrachten: "Denn höchstens in diesem Fall (sc. bei Vorliegen des bewussten Zusammenwirkens) erscheint es in der Tat gerechtfertigt, die Berufung auf geringes Verschulden nach Art. 43 gegenüber dem Geschädigten zu versagen und solidarische Haftung eintreten zu lassen."
14 Vgl. dazu vorn S. 54 ff.

1. Bestand und Umfang der solidarischen Haftbarkeit der Organe der Obergesellschaft mit den Verwaltungsorganen der Konzerngesellschaft

Die in die Geschäftsleitung der Konzerngesellschaft eingreifenden Organe der Obergesellschaft (Mitglieder der Konzernleitung) werden dabei für begangene Pflichtverletzungen gegenüber der Konzerngesellschaft nach OR 754 verantwortlich[15]. Hier stellen sich die beiden Fragen nach dem *Bestand* und dem *Umfang* der solidarischen Haftbarkeit:

Die Frage, ob die in die Geschäftsführung der Konzerngesellschaft eingreifenden Organe der Obergesellschaft mit den Organen der Konzerngesellschaft solidarisch haften, ist sogleich beantwortet: OR 759 erfasst sinngemäss alle nach OR 754 verantwortlichen Personen. Die aktienrechtliche Verantwortlichkeit hat die solidarische Haftbarkeit im Sinne von OR 759 zur Folge: Die in die Geschäftsführung der Konzerngesellschaft eingreifenden Organe der Obergesellschaft haften solidarisch mit den konzerngesellschaftlichen Organen.

Was die zweite Frage nach der Berücksichtigung des geringen Verschuldens im Aussenrecht betrifft, so wäre es in Konzernverhältnissen schlechthin unbillig, würde man dem mit dem Organ der Obergesellschaft solidarisch haftenden Organ der Konzerngesellschaft die Berücksichtigung seines geringen Verschuldens im Aussenrecht versagen. Diese Ansicht lässt sich m.E. mit einem rechtlichen und einem tatsächlichen Argument begründen:

In rechtlicher Hinsicht ist zu bemerken, dass die Organe der Obergesellschaft und der Konzerngesellschaft – anders als die Mitglieder eines Kollektivorgans – vom Gesetzgeber nicht zu gemeinsamem Handeln berufen sind; sie bilden kein Kollektivorgan. Das Fehlen des gemeinsamen Zusammenwirkens ist gewissermassen gesetzlich präsumiert. Die aktienrechtliche Verantwortlichkeit der Organe der Obergesellschaft für Beeinflussung der Konzerngesellschaft ist die Rechtsfolge eines auf rein tatsächlicher Grundlage erfolgenden Eingriffes in die vom Gesetz gewollte aktienrechtliche Zuständigkeitsordnung.

Dass die Verwaltungsorgane der Konzerngesellschaft mit den Organen der Obergesellschaft solidarisch für den Schaden haften, den diese kraft ihres Einflusses auf die Konzerngesellschaft verursacht haben, bedeutet ein Entgegenkommen an den Geschädigten. Für die Frage nach der Berücksichtigung des geringen Verschuldens im Aussenverhältnis kann wieder auf das Postulat verwiesen werden, die Haftung "auf ein vernünftiges mit dem praktischen Leben in Einklang stehendes Mass"[16] zu beschränken; hier setzt nun eine tatsächliche Argumentation ein: Die Klage gegen die Organe der Obergesellschaft ist wegen

---

15 Vgl. dazu vorn S. 57 ff.
16 Vgl. Meier-Wehrli 80 sowie vorn S. 85 f.

der Beweisschwierigkeiten[17] mit einem Prozessrisiko belastet. Daher wird der Geschädigte zunächst sicher den Verwaltungsrat der Konzerngesellschaft einklagen, wenn diesen neben den Organen der Obergesellschaft nur das geringste Verschulden trifft. Daher muss den Organen der Konzerngesellschaft die Geltendmachung des leichten Verschuldens im Aussenrecht als *Schutz gegen übermässige Haftung* zugebilligt werden. Eine andere Lösung käme einer auch durch das "Interesse der Besserstellung des Geschädigten" nicht mehr gerechtfertigten Haftung der Verwaltungsorgane der Konzerngesellschaft für Drittverschulden gleich.

2. Bestand und Umfang der solidarischen Haftbarkeit der Verwaltungsorgane der Konzerngesellschaft untereinander

Der Bestand der solidarischen Haftung ergibt sich wiederum ohne weiteres aus OR 754 in Verbindung mit OR 759[18].

Bereits andernorts wurde auf die tatsächliche Verschiedenheit der Stellung konzernfreier und abhängiger Verwaltungsräte der Konzerngesellschaft hingewiesen[19]: Die abhängigen Verwaltungsräte der Konzerngesellschaft sind hierarchisch in die Organisationsstruktur des Gesamtkonzerns eingegliedert und unterliegen *faktisch*[20] den Weisungen der Konzernspitze; rechtlich bilden dagegen alle Verwaltungsräte der Konzerngesellschaft ein Kollegialorgan und sind als solche zu gemeinsamem Handeln berufen.

Für die Berücksichtigung des geringen Verschuldens im Aussenverhältnis ist hier auf das *Kriterium des bewussten Zusammenwirkens* abzustellen: Wo ein solches fehlt, muss — zumindest in Konzernverhältnissen — m.E. ein geringes Verschulden im Aussenrecht berücksichtigt werden. In einem konkreten Fall ist zu untersuchen, ob unter den konzernfreien und den abhängigen Verwaltungsräten ein gemeinsamer Handlungswille bestanden hat:

Verletzt der konzernfreie Verwaltungsrat seine ihm gegenüber dem Verwaltungsratsdelegierten und den Mitverwaltungsräten obliegenden Überwachungspflichten[21], so ist sein geringes Verschulden im Aussenrecht zu berücksichtigen, denn ein bewusstes Zusammenwirken zur schädigenden Handlung liegt nicht vor. Fällt er dagegen gemeinsam mit den anderen Verwaltungsratsmitgliedern einen

---

17 Das Beweisthema ist in der Tat umfassend: Bewiesen werden muss die pflichtwidrige Ausübung von konzerngesellschaftlichen Geschäftsführungsfunktionen.
18 Vgl. vorn S. 112.
19 Vgl. vorn S. 82 ff.
20 Über die rechtliche Zulässigkeit der Weisungserteilung und -befolgung vgl. S. 92 f.
21 Vgl. vorn S. 103 ff.

schädigenden Beschluss, oder greift er gemeinsam mit den anderen in die Geschäftsführung der Konzerngesellschaft ein, so ist sein leichtes Verschulden im Aussenverhältnis nicht zu berücksichtigen.

DRITTER TEIL

Die Haftung der Obergesellschaft für die Verbindlichkeiten der Konzerngesellschaft

VORBEMERKUNG

I. Fragestellung

Bei hohen Schadenssummen ist dem Geschädigten mit der Feststellung der persönlichen Verantwortlichkeit der fehlbaren Gesellschaftsorgane oft wenig gedient: Diese könnten für den Schaden ohnehin nicht aufkommen. Ein leistungsfähigeres Haftungssubstrat ist aber die *Gesellschaft,* für die die Organe handeln. Wichtiger als die persönliche Verantwortlichkeit der Gesellschaftsorgane ist daher — vor allem in Konzernverhältnissen — die Frage nach der Haftbarkeit der Konzernspitze für den Schaden, welcher der Konzerngesellschaft, ihren Aktionären und Gläubigern durch die Ausübung der einheitlichen Leitung entstanden ist.

Unsere Rechtsordnung basiert grundsätzlich auf der formalen Selbständigkeit der juristischen Person[1]. Aus welchen Rechtsgründen der Grundsatz der Trennung von Verbandsperson und Mitglied in Konzernverhältnissen modifiziert werden kann, ist Gegenstand der Untersuchungen des dritten Teils.

II. Praktische Bedeutung einer Haftbarkeit der Obergesellschaft

Dass die Frage nach der Haftbarkeit der Obergesellschaft aktuell werden kann, zeigen folgende Beispiele aus der Praxis:

RAYTHEON-ELSI[2]: Die 1956 gegründete Elettronica Sicula (ELSI) S.p.A. wird später durch die beiden amerikanischen Konzerne Raytheon Company und Machlett Laboratories Inc. erworben und geht bald darauf in den Alleinbesitz der Raytheon Company über. Verhandlungen mit der sizilianischen Regionalregierung und der italienischen Privatwirtschaft über eine finanzielle Mitwirkung am Ausbau der Raytheon-ELSI scheitern. Darauf stellt die Leitung der Raytheon-ELSI den Konkursantrag. Es erhebt sich die Frage, ob das amerikanische Mutterhaus für die Verbindlichkeiten der Tochtergesellschaft einstehen würde:

> "Die Konkurserklärung der 1956 gegründeten Raytheon-ELSI ... hat die italienischen Bankenkreise in Alarmstimmung versetzt. Wie verlautet, soll die amerikanische Muttergesellschaft lediglich bereit sein, 4 Mia. L. der sich auf insgesamt rund 12 Mia. L. beziffernden Bankschulden ihrer italienischen Tochter anzuerkennen. Von der Weigerung

---

1 Vgl. Siegwart, Einl. N 162.
2 Angaben gemäss folgenden Zeitungsmeldungen: NZZ Nr. 289 vom 12. Mai 1968 S. 36; NZZ Nr. 520 vom 23. August 1968 S. 9; NZZ Nr. 533 vom 29. August 1968 S. 6.

des amerikanischen Konzerns, den von seinem Tochterunternehmen in Sizilien gegenüber den italienischen Banken eingegangenen Verpflichtungen in vollem Umfange nachzukommen, würden ... die Banca Nazionale del Lavoro, die Banca Commerciale Italiana und der Banco di Sicilia betroffen ...; es ist von einem Testfall die Rede. Sollten die amerikanischen Konzerne den Verpflichtungen der europäischen Tochtergesellschaften die Anerkennung versagen, meint die Zeitschrift ..., so müssten sie sich darauf gefasst machen, in Zukunft der ihnen bislang gewährten besonderen Erleichterungen verlustig zu gehen."[3]

In der Folge ist die Raytheon-ELSI zu 45% von dem halbstaatlichen Instituto Mobiliare Italiano und von der durch die sizilianische Regionalverwaltung kontrollierten Ente Regionale Siciliano per la Promozione Industriale sowie zu 10% von der IRI-Staatsholding übernommen worden[4].

BANQUE DE CREDIT INTERNATIONAL (BCI)[5]: Im August 1972 beteiligt sich die Hessische Landesbank (HLB) mit 36% an der im Mai 1959 gegründeten Banque de Crédit International in Genf. Hauptaktionär und Gründer dieser Bank ist der Financier T.R. Im September 1974 tauchen Gerüchte auf in der Presse, wonach die BCI in Schwierigkeiten geraten sei. Anfang September 1974 verkauft die HLB ihre Minderheitsbeteiligung an den Hauptaktionär der BCI, T.R., zurück. Einen Tag später schliesst die BCI ihre Schalter. Zur Diskussion steht das Verhalten der HLB als Aktionärin der BCI:

"Es handelt sich dabei (sc. bei der Rückübertragung des Aktienpaketes auf den Mehrheitsaktionär T.R.) um einen Vorgang, dessen vertragliche Rechtmässigkeit die HLB in ihrem Communiqué hervorhebt, über dessen *materielle Einschätzung* man indessen sicher geteilter Meinung sein kann. So liesse sich der Standpunkt vertreten, die HLB habe als immerhin massgeblicher Teilhaber an der BCI (gut 36% des Aktienkapitals), mit der sie nicht nur kapitalmässig, sondern auch personell verbunden war, ein angemessenes Stück Mitverantwortung für die Geschicke des Genfer Instituts getragen, und zwar auch in einer Situation, in welcher die BCI durch eine Reihe ungünstiger Umstände in Bedrängnis geraten war."[6]

Im Herbst 1975 steht fest, dass für eine Abfindung aller Investoren ca. 345 Mio. fehlen[7]. Anfang Februar 1977 wies das Landesgericht Frankfurt die Klage eines Kunden der BCI gegen die HLB ab; dieser hatte Schadenersatz aus dem Zusammenbruch der BCI gegen die HLB geltend gemacht, weil diese einen beherrschenden Einfluss ausgeübt und Garantieerklärungen abgegeben habe[8]. In der Folge machten die Liquidatoren der BCI in Genf ein Klageverfahren gegen

---

3 NZZ Nr. 520 vom 23. August 1968 S. 9.
4 NZZ Nr. 533 vom 29. August 1968 S. 6.
5 Angaben gemäss folgenden Zeitungsmeldungen: NZZ Nr. 1905 vom 18. Juni 1959; NZZ Nr. 395 vom 25. August 1972 S. 12; NZZ Nr. 432 vom 18. September 1974 S. 13; NZZ Nr. 453 vom 1. Oktober 1974 S. 14; NZZ Nr. 459 vom 8. Oktober 1974 S. 18; NZZ Nr. 460 vom 9. Oktober 1974 S. 17; NZZ Nr. 465 vom 15. Oktober 1974 S. 13; Bilanz, Dezember 1977 S. 34.
6 NZZ Nr. 465 vom 15. Oktober 1974 S. 13.
7 Angaben gemäss NZZ Nr. 282 vom 4. Dezember 1975 S. 19.
8 Angaben gemäss NZZ Nr. 29 vom 4. Februar 1977 S. 24.

die HLB anhängig[9]. Heute, im Oktober 1979, stehen die Parteien kurz vor dem Abschluss eines aussergerichtlichen Vergleiches, gemäss welchem sich die HLB ohne Anerkennung irgendwelcher rechtlicher Verpflichtungen durch Zahlung einer einmaligen Abfindungssumme von 30 Mio. Fr. ihrer Verpflichtungen entledigen würde[10].

III. Abgrenzung der Untersuchungen

Je nach Blickwinkel geht es dabei um Konzerninnen- oder Konzernaussenrecht: Die Frage nach der Haftbarkeit der Obergesellschaft gegenüber der Konzerngesellschaft und deren Aktionären gehört zum Problemkreis des Minderheitenschutzes. Untersucht man die Haftbarkeit der Obergesellschaft gegenüber den Gläubigern der Konzerngesellschaft, so geht es um die Erfassung des Konzerns als einheitliches Haftungssubstrat gegenüber Dritten, und es handelt sich um eine Frage des Konzernaussenrechtes. Diese stellt sich vor allem dann, wenn die Konzerngesellschaft nicht über die nötigen Mittel verfügt, um ihre Gläubiger zu befriedigen.

Das Hauptaugenmerk der folgenden Darlegungen liegt auf der Frage nach der Haftbarkeit der Konzernspitze für die Verbindlichkeiten der *Konzerngesellschaft;* nur am Rande wird untersucht, unter welchen Voraussetzungen die Konzernspitze durch ihr Verhalten eine selbständige Verpflichtung gegenüber den Gläubigern der Konzerngesellschaft zu begründen vermag.

---

9 Angaben gemäss NZZ Nr. 174 vom 27. Juli 1977 S. 10.
10 Angaben gemäss NZZ Nr. 233 vom 8. Oktober 1979 S. 7: Demgegenüber würde die BCI ihre Genfer Gerichtsklage zurückziehen, auf alle Ansprüche verzichten und sich verpflichten, innert 6 Monaten Verzichtserklärungen ihrer Gläubiger einzuholen, die innerhalb dieser Frist mindestens 91% aller Forderungen abdecken müssen.

1. KAPITEL

Die Haftbarkeit der Obergesellschaft als Aktionärin der Konzerngesellschaft

A. *Die Haftbarkeit des Hauptaktionärs im allgemeinen*

Häufig befindet sich ein grosser Teil des Grundkapitals einer AG im Besitz von Banken, Versicherungen oder Industriegesellschaften. Als Hauptaktionäre verfolgen diese naturgemäss andere Interessen als der Publikumsaktionär[1]. Durch Ausübung des Stimmrechts in der GV oder Entsendung von Interessenvertretern in den Verwaltungsrat können sie auf diese Gesellschaften einen wesentlichen Einfluss ausüben. Es sind abhängige Gesellschaften. Allerdings wäre es unzutreffend, allein aus dem Aktienbesitz eine tatsächlich erfolgte Einflussnahme oder gar ein Konzernverhältnis abzuleiten[2]. Vielmehr lassen sich vom Aktienbesitz als blosser Kapitalanlage über ein punktuelles Eingreifen in die Geschäftsführung bis zur völligen Beeinflussung im Rahmen eines Konzernverhältnisses alle Abstufungen unterscheiden[3]. Dieser institutionelle Aktienbesitz[4] wird unter haftungsrechtlichen Gesichtspunkten für das Aussen- und das Innenrecht bedeutsam:

Nach aussen wird eine abhängige Gesellschaft im Rechtsverkehr häufig anders auftreten können als eine unabhängige Gesellschaft ähnlicher Grösse: Zwar wird sie sicherlich nicht schlechthin mit der dahinterstehenden Gesellschaft identifiziert[5]; trotzdem wird der Umstand, dass eine Gesellschaft wesentlich im Besitz einer anderen steht, oft faktisch als Garantie der dahinterstehenden Gesellschaft empfunden[6]. Eine zu mehr als 50% des Grundkapitals im Besitz einer Grossbank stehende Gesellschaft besitzt allein durch die Tatsache ihrer Abhängigkeit eine starke Position im Geschäftsleben. Die Besitzverhältnisse werden zum integrierenden Bestandteil des Entscheidungsprozesses im Wirtschaftsleben[7].

---

1 Vgl. Zweifel, Holdinggesellschaft 88 ff.
2 Vgl. Rasch 56.
3 Es ist folgendermassen zu differenzieren: Hält eine Bank bankfremde Beteiligungen, so wird sie ihre Einflussnahme grundsätzlich auf finanzielle Beratung und generelle Überwachung des Managements beschränken (vgl. Rasch 56; de Weck 3 ff.); besitzt dagegen ein Industrieunternehmen eine wesentliche Beteiligung an einem anderen Industrieunternehmen, so wird die Beherrschung meist sehr viel weiter gehen.
4 Mestmäcker 258 spricht von "Institutionalisierung des Aktienbesitzes".
5 Dies wird nur dann der Fall sein, wenn eine Tochtergesellschaft einen ähnlichen Namen besitzt wie die Muttergesellschaft: beispielsweise Elektrowatt AG und Elektrowatt Ingenieurunternehmung AG.
6 Zu dieser Frage vgl. hinten S. 181 ff.
7 Dies zeigt sich z.B. an der Aufmerksamkeit, welche der Verkauf der Beteiligung an der

Im Innenverhältnis stehen sich Haupt- und Kleinaktionäre gegenüber. Verdichtet sich das Abhängigkeitsverhältnis zum Konzerntatbestand, so stehen sich Konzern- und Aktionärsinteressen gegenüber. Dieser Gegensatz ist dem Problemkreis des Minderheitenschutzes zuzuordnen.

Angesichts dieser Überlegungen erhält die Frage nach der Haftbarkeit des Hauptaktionärs (Grossaktionärs) generell und besonders für Konzernverhältnisse eine wichtige Bedeutung. Verschiedene ausländische Rechtsordnungen statuieren eine Haftbarkeit des Hauptaktionärs; dabei erfahren jeweilen die Interessen der Mitaktionäre oder der Gläubiger eine unterschiedliche Berücksichtigung.

Für das *deutsche Recht* ist einmal auf die Schadenersatzpflicht aus vorsätzlicher Benutzung des Einflusses auf eine AG nach § 117 AktG hinzuweisen. Diese Regelung billigt der Gesellschaft und dem Aktionär einen selbständigen Ersatzanspruch aus unmittelbarem Schaden zu[8]. Dagegen haben die Gläubiger keinen eigenen Ersatzanspruch, sondern nur das Recht, den Anspruch der Gesellschaft zu verfolgen[9]. Bedeutsamer sind die konzernrechtlichen Vorschriften des AktG; diese basieren auf der Unterscheidung zwischen faktischem Konzern und Vertragskonzern: In beiden Fällen haftet — wenn auch unter verschiedenen Voraussetzungen[10] — die herrschende Gesellschaft nach § 309 bzw. 317 gegenüber der abhängigen Gesellschaft für Schädigungen[11]. Da von der abhängigen Gesellschaft nicht erwartet werden kann, dass sie ihre Ansprüche geltend macht, billigt das Gesetz dem Aktionär und dem Gläubiger eine Klagelegitimation zu. Für die Verbindlichkeiten der nach § 319 AktG eingegliederten Gesellschaft statuiert § 322 AktG eine gesamtschuldnerische Mithaftung der Obergesellschaft[12].

Ausdrücklich statuiert das *liechtensteinische* Personen- und Gesellschaftsrecht in Art. 221 die Haftung des Grossaktionärs von Bankunternehmungen und Treuhandgesellschaften, der die Mitglieder der Verwaltung zu einem sorgfaltswidrigen

---

Motor-Columbus AG durch die Alusuisse an die Schweizerische Bankgesellschaft in Kreisen der Wirtschaft und der Öffentlichkeit gefunden hat.

8 Vgl. § 117 I AktG: "Wer vorsätzlich unter Benutzung seines Einflusses auf die Gesellschaft ein Mitglied des Vorstandes oder des Aufsichtsrates, ... dazu bestimmt, zum Schaden der Gesellschaft oder ihrer Aktionäre zu handeln, ist der Gesellschaft zum Ersatz des ihr daraus entstehenden Schadens verpflichtet." Zum Grundgedanken dieser Regelung vgl. Gadow/Heinichen, Einl. vor § 117; Gessler/Hefermehl/Eckhardt/Kropff § 117 N 1.
9 Vgl. Gadow/Heinichen § 117 N 9; Gessler/Hefermehl/Eckhardt/Kropff § 117 N 35 ff.; diese Regelung gleicht derjenigen des schweizerischen Rechts für die Klage des Aktionärs und Gläubigers aus mittelbarem Schaden gemäss OR 755.
10 Voraussetzung für die Haftung im *Vertragskonzern* nach § 309 AktG ist die sorgfaltswidrige Ausübung des Weisungsrechtes, für die Haftung der Obergesellschaft im *faktischen Konzern* nach § 317 AktG die Unterlassung des Nachteilausgleichs; zu diesen Fragen vgl. Emmerich/Sonnenschein 189 ff., 208 ff.
11 Obwohl § 309 — anders als § 317 — nur von der Haftbarkeit der Organe und nicht von der Haftbarkeit des herrschenden Unternehmens spricht, leitet die Lehre eine Haftbarkeit des herrschenden Unternehmens im Vertragskonzern aus § 309 ab; vgl. dazu Emmerich/Sonnenschein 194 mit weiteren Hinweisen.
12 Vgl. Emmerich/Sonnenschein 92 f.

Verhalten veranlasst. Auch diese Haftung besteht nur gegenüber der Gesellschaft[13].

Das *österreichische* AktG 1965 enthält in § 100 eine sinngemäss weitgehend mit § 117 AktG 1965 und § 101 AktG 1937 übereinstimmende Regelung[14].

Das *amerikanische Recht* auferlegt dem in die Geschäftsführung der Gesellschaft eingreifenden Grossaktionär treuhänderische Pflichten gegenüber dem Mitaktionär, deren Verletzung der geschädigte Mitaktionär mit dem derivative suit[15] verfolgen kann.

Das *italienische Recht*[16] kennt eine — wenn auch formal als Durchgriffshaftung ausgestaltete — Haftung des Alleinaktionärs.

In ähnlicher Weise statuiert das *englische Recht*[17] eine Haftung des Einmann- bzw. Hauptaktionärs für die Verbindlichkeiten der Gesellschaft.

Der *Vorentwurf* von SANDERS für eine europäische AG[18] verzichtet auf eine Unterscheidung zwischen faktischem Konzern und Vertragskonzern und statuiert für alle Konzernarten die unbeschränkte Haftung der herrschenden Gesellschaft für die Schulden der Tochtergesellschaft.

Die *schweizerische Rechtsordnung* enthält dagegen keine positiven Bestimmungen über die Verantwortlichkeit des Hauptaktionärs[19]. Der Konstruktion einer persönlichen Haftbarkeit des Aktionärs steht der Grundsatz der beschränkten Haftung gemäss OR 620 II entgegen, wonach für die Verbindlichkeiten der Gesellschaft ausschliesslich das Gesellschaftsvermögen haftet. Damit ist — vor allem in Konzernverhältnissen — das vom Gesetzgeber angestrebte Gleichgewicht von Herrschaft und Haftung[20] gestört. Die schweizerische Rechtsliteratur versucht, in besonderen Fällen eine Haftbarkeit des Hauptaktionärs zu konstruieren[21].

---

13 "Wenn bei Bankunternehmen oder Treuhandgesellschaften ein Grossanteilshaber, der nicht der Verwaltung angehört, aber mittelbar oder unmittelbar veranlasst, dass Mitglieder der Verwaltung ... bei ihrer Geschäftsführung die Sorgfalt eines ordentlichen Geschäftsmannes verletzen, so haftet er solidarisch mit solchen Mitgliedern der Verwaltung für den der Verbandsperson daraus entstandenen Schaden, ..."; vgl. dazu Forstmoser, Aktienrechtliche Verantwortlichkeit N 493, Anm. 858; Müller-Erzbach, Umgestaltung 41; Tobler 90.
14 Nachweis bei Kastner 42.
15 Vgl. dazu vorn S. 56 f.
16 Vgl. Laule 29 ff.; Petitpierre-Sauvin 102 f.; Art. 2362 des Codice Civile lautet:
"Einziger Aktionär
Im Fall der Zahlungsunfähigkeit der Gesellschaft haftet für diejenigen Gesellschaftsverbindlichkeiten, die während der Zeit entstanden sind, während welcher die Aktien einer einzigen Person gehört haben, diese Person unbeschränkt" (Übersetzung bei Laule 29).
17 Nachweis bei Vischer/Rapp 236, Anm. 2.
18 Art. VII-3-7 des Vorentwurfs eines Statuts für eine Europäische Aktiengesellschaft von Prof. Sanders.
19 Forstmoser, Aktienrechtliche Verantwortlichkeit N 493.
20 Vgl. dazu vorn S. 55 f.
21 Vgl. Forstmoser, Aktienrechtliche Verantwortlichkeit N 494 unter Berufung auf den

Die persönliche Haftbarkeit des Hauptaktionärs kann sich unter dem Gesichtspunkt des Durchgriffs (B.), der Verletzung einer aktienrechtlichen Treuepflicht (C.) oder der rechtsmissbräuchlichen Stimmrechtsausübung (D.) ergeben:

B. Durchgriffshaftung der Obergesellschaft

I. Problemstellung

Unser Gesellschaftsrecht anerkennt die juristische Person als selbständigen Träger von Rechten und Pflichten. Im Aktienrecht gilt der Grundsatz der Trennung von Aktionär und AG. Der damit verbundene Ausschluss der persönlichen Haftbarkeit des Aktionärs für die Verbindlichkeiten der Gesellschaft ist aber kein spezifisches Wesensmerkmal der juristischen Person[22], sondern dient vielmehr einer wirksamen Kapitalsammlung und der Negotiabilität der Aktien[23]. Daneben erblicken einige Autoren den Geltungsgrad für die beschränkte Haftbarkeit des Aktionärs in der "durch die Struktur der AG bedingten mangelnden Einflussmöglichkeit auf die Geschäftsführung der Gesellschaft"[24].

Der Trennungsgrundsatz gilt indessen nicht absolut. Lehre und Rechtsprechung modifizieren ihn auf dem Wege des *Durchgriffs*[25]. Unter Durchgriff i.e.S. verstehen wir die Beseitigung der rechtlichen Selbständigkeit der juristischen Person, d.h. die Aufhebung der vom Gesetz gewollten Trennung von Verbandsperson und Mitglied. Sie bewirkt die Haftbarkeit des Aktionärs für die Verbindlichkeiten der AG. Beim *Haftungsdurchgriff*[26] wird die rechtliche Selbständig-

---

materiellen Organbegriff; Meier-Wehrli 22 f.; Petitpierre-Sauvin 62 ff.; W. von Steiger, Verantwortung 699 ff.; derselbe, Rechtsverhältnisse 315a mit Hinweis auf OR 41; Tobler 87 ff.; Woernle 38 f., 56 ff. Für das deutsche Recht vgl. Müller-Erzbach, Umgestaltung 37 ff.

22 Dieser Meinung scheint Siegwart in N 16 zu OR 620 zu sein; vgl. dazu weiter Drobnig 21 ff.; Gehriger 122 f.; W. Naegeli 30 ff.; Petitpierre-Sauvin 54 f.; dass sich die Haftungsbeschränkung nicht unmittelbar aus dem Wesen der juristischen Person ableiten lässt, ergibt sich m.E. aus den Gesetzesvorschriften, welche bei den Körperschaften eine persönliche Haftung der Gesellschafter statuieren: OR 764/5 I, OR 772 II, OR 869/70.

23 Vgl. W. Naegeli 40; Petitpierre-Sauvin 49.

24 W. Naegeli 42; Petitpierre-Sauvin 50 ff. spricht von einem "rapport direct entre responsabilité et pouvoir de gestion"; zum Gleichgewicht von Herrschaft und Haftung vgl. vorn S. 19 ff.

25 Zum Durchgriff existiert eine umfangreiche Literatur: vgl. etwa Bauschke 1322 ff.; Caflisch 175 ff.; Drobnig, Haftungsdurchgriff bei Kapitalgesellschaften; Forstmoser/ Meier-Hayoz § 46 N 27 f.; Gehriger 117 ff.; Homburger 249 ff.; Müller-Freienfels 522 ff.; Müller 25 ff.; Rehbinder, Konzernaussenrecht 85 ff.; Reinhardt 576 ff.; Serick, Rechtsform und Realität juristischer Personen; derselbe, Durchgriffsprobleme.

26 Zum Haftungsdurchgriff vgl. Bauschke 1323; Gehriger 122 ff.; Homburger 250 f.

keit der juristischen Person nicht verneint; es erfolgt lediglich eine Durchbrechung des Grundsatzes der beschränkten Haftung.

Der Durchgriff i.w.S. wird in Konzernverhältnissen aktuell: Zwar sind die einzelnen Konzerngesellschaften rechtlich selbständig, doch sind sie nicht mehr Träger eigener Interessen, sondern derjeniger des Gesamtkonzerns: "Der Umstand, dass durch die Konzernzugehörigkeit die Konzerntochter ihre Selbständigkeit als Zurechnungsobjekt der Interessen, aus denen sie die Gesamtheit ihrer Geschäfte gestaltet, verliert, lässt es sachlich auch nicht gerechtfertigt erscheinen, die Selbständigkeit der juristischen Person als Haftungssubjekt bestehen zu lassen."[27]

Im folgenden wird untersucht, ob die Obergesellschaft im Konzern auf dem Wege des Durchgriffs für die Verbindlichkeiten der Konzerngesellschaften haftbar gemacht werden kann. Dabei stellen sich die Fragen nach den generellen *Kriterien* für die Vornahme eines Durchgriffs (II.) und der Ausgestaltung des Durchgriffs in Konzernverhältnissen (III.):

II. Die Voraussetzungen für die Vornahme eines Durchgriffes

Uneinig ist sich die Lehre darüber, wann ein Durchgriff im Einzelfalle vorzunehmen ist. Auf die verschiedenen Durchgriffstheorien kann hier im einzelnen nicht eingetreten werden. Wir beschränken uns auf eine kurze Bemerkung[28]:

Jede Betrachtung über den Durchgriff führt automatisch zur Frage nach dem Wesen der juristischen Person. SERICK[29] anerkennt die juristische Person als ein dem Menschen gleichgeordnetes Rechtssubjekt. Daher sei der objektive Zweck einer Gesetzesnorm keine genügende Voraussetzung für die Vornahme des Durchgriffs; ein solcher dürfe nur bei Vorliegen eines subjektiven Missbrauchs der juristischen Person durchgeführt werden (subjektive Missbrauchslehre)[30]. Demgegenüber geht vor allem MÜLLER-FREIENFELS[31] von der juristischen Person als einem Zweckvermögen aus und erachtet für den Durchgriff den objektiven Normsinn als massgebendes Durchgriffskriterium. In der Mitte hält sich

---

27 Müller 26.
28 Eine detaillierte Übersicht über die verschiedenen, zum Durchgriff vertretenen Lehrmeinungen gibt Rehbinder, Konzernaussenrecht 92 ff.
29 Rechtsform 13.
30 Rechtsform 203 ff.; derselbe, Durchgriffsprobleme 23 ff.; nach Serick, Rechtsform 24, "steht der Eigenwert des Rechtsinstituts der juristischen Person dem Zweckwert einer einzelnen Norm gegenüber". Zur subjektiven Missbrauchslehre bekennt sich auch der von Serick, Durchgriffsprobleme 23, zitierte Entscheid des BGHZ vom 26. November 1957: "Auch der objektiv hervorgerufene Rechtsschein allein kann in der Regel nicht der Grund dafür sein, den Durchgriff auf das Vermögen des Alleingesellschafters zu gestatten. Grundsätzlich muss ein subjektiver Gesichtspunkt hinzukommen ..."
31 Müller-Freienfels 525 ff.

eine von REHBINDER als "institutionelle Betrachtungsweise" bezeichnete Lehre, welche "weder eine radikale Indifferenz gegenüber dem Trennungsprinzip noch eine ideenarme Beharrung auf ihm"[32] befürwortet.

Die schweizerische Rechtsliteratur betrachtet den Durchgriff i.d.R. als Auslegungsproblem[33].

Einmütigkeit herrscht in der Ablehnung einer Einheitstheorie[34], welche allein schon bei der wirtschaftlichen Identität zwischen Aktionär und Gesellschaft die Rechtspersönlichkeit ausser acht lassen will, sowie darin, dass der Durchgriff nur in Ausnahmefällen vorgenommen werden darf[35].

Das schweizerische Bundesgericht[36] nimmt einen Durchgriff nur bei der Einmanngesellschaft, und zwar dann vor, wenn die Berufung auf die Trennung von Aktionär und Gesellschaft gegen Treu und Glauben verstösst. Damit erachtet es also die *wirtschaftliche Identität* von Aktionär und AG sowie den *Rechtsmissbrauch* als notwendige Voraussetzungen für die Vornahme des Durchgriffs.

Die in der Rechtsliteratur gegen diese Praxis geäusserte Kritik richtet sich gegen beide Elemente: Gegen den Grundsatz von Treu und Glauben als Durchgriffskriterium wird das Argument der Rechtssicherheit ins Feld geführt[37]. Sodann wird — im Hinblick auf Konzernverhältnisse — bedauert, dass das Bundesgericht die wirtschaftliche Identität und nicht den Beherrschungstatbestand als Voraussetzung des Durchgriffs betrachtet[38].

Diese Kritik verdient m.E. nur teilweise Zustimmung: Dass der Rechtsmissbrauchstatbestand nur in beschränktem Masse einer Systematisierung zugänglich ist, was möglicherweise zu einer Gefährdung der Rechtssicherheit führen kann, liegt auf der Hand. Trotzdem darf unter allen Umständen nur in Fällen des Rechtsmissbrauchs durchgegriffen werden. Eine andere Lösung wäre ein Einbruch in den Grundsatz der formalen Selbständigkeit der juristischen Person. Der Durchgriff ist eine Ausnahmeregelung, er "geht gegen eine an sich klare und gewollte Regelung"[39]. Dagegen ist es m.E. unumgänglich, den Beherrschungstatbestand anstelle der wirtschaftlichen Identität zwischen Aktionär und Gesellschaft zum Durchgriffskriterium zu erheben: Der Durchgriff auf die Obergesellschaft im Konzern führt nur dann zu einer den wirtschaftlichen Realitäten entsprechenden Lösung, wenn dabei auf die *einheitliche Leitung* der Konzerngesellschaften abgestellt wird, welche das Hauptmerkmal des Konzerntatbestandes bildet[40].

32 Konzernaussenrecht 96 mit weiteren Hinweisen.
33 Merz N 288 zu ZGB 2.
34 Zur konzernrechtlichen Einheitstheorie vgl. vorn S. 11 ff.
35 Merz N 287 zu ZGB 2.
36 Vgl. BGE 71 II 272 ff.; 81 II 455 ff.; 85 II 111 ff., 115; 98 II 96 ff., 99.
37 Dallèves 679; Schönle 110.
38 So Dallèves 679; Gehriger 128.
39 Merz N 287 zu ZGB 2.
40 Zum Begriff der einheitlichen Leitung vgl. vorn S. 8; in diesem Sinne äussert sich ein

III. Zum Durchgriff im Konzernverhältnis

Hier untersuchen wir die Voraussetzungen und Erscheinungsformen des Durchgriffs im Konzern (1.) und weisen sodann auf typische konzernrechtliche Durchgriffstatbestände hin (2.):

1. Voraussetzungen und Erscheinungsformen des Durchgriffes

Im Konzern sind mehrere rechtlich selbständige Gesellschaften unter *einheitlicher Leitung* vereinigt. Es frägt sich, ob der Tatbestand der einheitlichen Leitung, d.h. des Eingriffs der Konzernspitze in die Geschäftsführungsfunktionen der Konzerngesellschaften, bereits genügende Voraussetzung für die Vornahme des Durchgriffs ist. Dies ist mit der herrschenden Lehre und aufgrund der vorgängig dargestellten bundesgerichtlichen Praxis zu verneinen:

Die *Lehre* verlangt — je nach Auffassung[41] — ein subjektives oder objektives Missbrauchselement für den Durchgriff. "Auch der Nachweis, dass eine Gesellschaft mit einer anderen im Konzernverhältnis steht, ist ungeeignet, die Schuldverbindlichkeiten einer Tochtergesellschaft unmittelbar ihrer Muttergesellschaft aufzuladen."[42]

Nach der erwähnten Praxis des Bundesgerichtes, welches sich noch nie zum Durchgriff in Konzerntatbeständen äusserte, würde die Obergesellschaft nur dann dem Durchgriff unterliegen, wenn eine wirtschaftliche Einheit zwischen

---

Urteil des Gerichtshofes der EG, in dem die Anwendung des EWG-Wettbewerbrechtes auf Unternehmen mit Sitz in Nichtmitgliedstaaten der EWG begründet wird (EuGHE XVIII (1972) 787): "Der Umstand, dass die Tochtergesellschaft eine eigene Rechtspersönlichkeit besitzt, vermag indessen noch nicht auszuschliessen, dass ihr Verhalten der Muttergesellschaft zugerechnet werden kann. Dies gilt namentlich dann, wenn die Tochtergesellschaft trotz eigener Rechtspersönlichkeit ihr Marktverhalten nicht autonom bestimmt, sondern im wesentlichen *Weisungen der Muttergesellschaft befolgt.* Kann die Tochtergesellschaft ihr Verhalten auf dem Markt nicht wirklich autonom bestimmen, so sind die Verbotsvorschriften des Art. 85 Abs. 1 in den Beziehungen zwischen ihr und der Muttergesellschaft, mit der sie dann *eine wirtschaftliche Einheit* bildet, unanwendbar. Wegen der Einheit des so gebildeten Konzerns kann das Vorgehen der Tochtergesellschaft unter bestimmten Umständen der Muttergesellschaft zugerechnet werden.
... Unter diesen Umständen kann die sich aus der Verschiedenheit der Rechtspersönlichkeit ergebende formelle Trennung zwischen Muttergesellschaft und Tochtergesellschaft nicht hindern, dass ihr Verhalten auf dem Markt für die Anwendung der Wettbewerbsregeln als *Einheit* angesehen wird" (Auszeichnung vom Verfasser; Nachweis bei Jörg Paul Müller/Luzius Wildhaber, Praxis des Völkerrechts (Bern 1977) 266 f.); m.E. erhebt dieses Urteil die wirtschaftliche Einheit und als deren Folge die Tatsache der Weisungserteilung zum Durchgriffskriterium.
41 Vgl. vorn S. 124 f.
42 Serick, Durchgriffsprobleme 14.

Konzernspitze und Tochtergesellschaft sowie das Rechtsmissbrauchselement gegeben sind[43].

Welches sind die möglichen Erscheinungsformen des Durchgriffs im Konzern? Sicherlich wäre es unrealistisch, beim Konzern von einem Durchgriff i.e.S., d.h. von einer völligen Identifikation von Konzernmutter und Konzerngesellschaft, zu sprechen. Hier muss vielmehr der *Haftungsdurchgriff*, d.h. eine punktuelle Durchbrechung des Trennungsprinzips, zu einer Ausdehnung der Haftung auf die Obergesellschaft führen.

2. Mögliche Durchgriffstatbestände im Konzern

Die Rechtsliteratur hat verschiedentlich den Versuch unternommen, die Haftungserweiterung rechtfertigende, typische Missbrauchstatbestände herauszuarbeiten. Aufgrund einer detaillierten Untersuchung der amerikanischen Literatur und Rechtsprechung entwickelte DROBNIG[44] einen Katalog gesellschaftsrechtlicher Missbrauchstatbestände. Im folgenden werden diejenigen Erscheinungsformen missbräuchlicher Verwendung der juristischen Person herausgegriffen, welche von spezifisch konzernrechtlicher Bedeutung sind: die Unterkapitalisierung von Konzerngesellschaften (a) sowie die verdeckte Gewinnausschüttung (b):

a) Die Unterkapitalisierung von Konzerngesellschaften

Die Ausstattung eines Unternehmens mit dem nötigen Betriebskapital ist zunächst ein betriebswirtschaftliches Anliegen: Eine Unternehmung sollte grundsätzlich über genügend eigene Mittel verfügen, um der geplanten Geschäftstätigkeit nachkommen und unvorhergesehene Risiken abdecken zu können. Daneben hat die Finanzierungsfrage aber auch einen *rechtlichen* Aspekt: Die den Kapitalgesellschaften eigene Beschränkung der Haftung auf das Gesellschaftsvermögen ist nur dann gerechtfertigt, wenn dieses für die Gläubiger ein genügendes Haftungssubstrat darstellt[45].

---

43 Vgl. vorn S. 125.
44 Haftungsdurchgriff 26 ff.; als haftungsbegründende Tatbestände nennt er: Missachtung gesellschaftsrechtlicher Formalitäten, Vermögensvermischung, Beherrschung, ungenügende Kapitalausstattung und verdeckter Kapitalentzug; vgl. dazu auch Caflisch 256 ff.; Weiss, Einl. N 119.
45 Vgl. dazu die zahlreichen Vorschriften, welche der Erhaltung des Grundkapitals dienen, dazu Forstmoser/Meier-Hayoz § 29 N 19 ff.

Zunächst ein Wort über die Finanzierungspraxis im Konzern: Der Finanzbedarf einer Konzerngesellschaft wird i.d.R. durch konzerninterne oder konzernexterne Fremdfinanzierung gedeckt[46]: Die Gesellschaften haben ein kleines Grundkapital und erhalten die zusätzlich benötigten Mittel in Form eines zwischengesellschaftlichen Darlehens[47], welches *juristisch* als Fremdkapital zu betrachten ist, *wirtschaftlich* aber die Funktion von Eigenkapital erfüllt[48]. Beliebt ist sodann die konzernexterne Fremdfinanzierung: Hier verschafft sich die Konzerngesellschaft durch Aufnahme von Krediten die benötigten Geldmittel selbst[49]. Gerade bei ausländischen Tochtergesellschaften hat die Konzernspitze oft ein Interesse an möglichst geringem Kapitaleinsatz bei der Konzerngesellschaft[50]. Angestrebt wird eine hohe Beteiligungsquote einerseits "bei gleichzeitig möglichst geringem Kapitaleinsatz andererseits"[51]. Die Folge dieses Geschäftsgebarens ist eine häufig ungenügende Eigenkapitalbasis der Konzerngesellschaften.

Wann eine Gesellschaft mit genügend Eigenkapital[52] ausgestattet ist, lässt sich nicht generell sagen. Grundsätzlich ist die Finanzierungsfrage ein unternehmerischer Entscheid und fällt daher ins freie Ermessen[53] der zuständigen Organe. Diesen muss das Recht einen gewissen Spielraum zubilligen. Indessen sollte die Unterkapitalisierung dann zur Durchgriffshaftung des Gesellschafters – d.h. der Muttergesellschaft – führen, wenn sie einem Missbrauch der gesetzlichen Haftungsbeschränkung gleichkommt[54]. Nicht jede ungenügende Eigenkapitalisierung erfüllt den Tatbestand der missbräuchlichen Unterkapitalisierung[55]. Nur wenn eine solche ausserhalb des unternehmerischen Spielraums liegt, d.h. "ein offensichtliches Missverhältnis zwischen Eigenkapital einerseits und Geschäftsführung und Unternehmensrisiken andererseits"[56] besteht, kann von einer missbräuchlichen Unterkapitalisierung gesprochen werden. Die Grenzziehung zwischen bloss ungenügender Kapitalausstattung und rechtsmissbräuchlicher Unterkapitalisierung ist oft schwierig.

---

46 Zu den verschiedenen Formen der Konzernfinanzierung vgl. Mosch 14 ff.
47 Mosch 16.
48 Vgl. Dreger 108; Rehbinder, Konzernaussenrecht 123.
49 Mosch 16; er weist darauf hin, dass dieser Finanzierungsform die Abgabe einer Patronatserklärung zugrunde liegt.
50 Mosch 26 ff.
51 Mosch 28.
52 Eigenkapital ist hier im wirtschaftlichen Sinne verstanden.
53 Zur Bedeutung des freien Ermessens bei der Beurteilung der Verantwortlichkeit von Gesellschaftsorganen vgl. vorn S. 91 f.
54 Dreger 108 ff.
55 Vgl. dazu auch Zartmann 94: "Eine nur geringfügige Differenz zwischen dem betriebsnotwendigen Eigenkapital und dem vorhandenen Haftungskapital kann indessen eine Durchgriffshaftung noch nicht nach sich ziehen, die die Schädigung der Gläubiger herbeiführende Unterkapitalisierung muss vielmehr eindeutig eine erhebliche sein."
56 Dreger 109.

Als rechtliche Sanktion einer rechtsmissbräuchlichen Unterkapitalisierung werden die Darlehen der Obergesellschaft an die Konzerngesellschaft wie haftendes Eigenkapital behandelt oder es wird auf dem Wege des Haftungsdurchgriffs das Vermögen der Konzernspitze zur Haftung für die Verbindlichkeiten der Konzerngesellschaft herbeigezogen[57].

Für beide Sanktionen ist m.E. das Vorhandensein einer subjektiven Missbrauchsabsicht zu verlangen[58].

b) Die verdeckte Gewinnausschüttung

Die Konzernspitze hat kraft ihres Einflusses verschiedene Möglichkeiten, den Gewinn der einzelnen Konzerngesellschaften künstlich zu regulieren. Oft liegt es aus steuerlichen und finanzierungstechnischen Gründen[59] im Interesse des Gesamtkonzerns, wenn die einzelnen Konzerngesellschaften einen möglichst niederen Gewinn aufweisen oder keine Reserven bilden. Durch Gewinnverschiebungen werden die Gewinne und die Reservebildung der Konzerngesellschaften mit Absicht gering gehalten. Durch ungleiche Aufgabenzuteilung[60] im Konzern oder hohe bzw. niedrige Verrechnungspreise bei horizontalem Leistungsaustausch[61] können beträchtliche Gewinne innerhalb des Gesamtkonzerns verschoben werden.

Die *Motive* zu solchen Transaktionen sind oft durchaus sachlicher Natur und berechtigt: Neben der Steuerersparnis wird mit diesen Gewinnverschiebungen auch eine gleichmässige Entwicklung aller Konzerngesellschaften angestrebt: Hat eine Konzerngesellschaft in einem Geschäftsjahr einen Verlust aufzuweisen und eine andere einen Gewinn erwirtschaftet, so liegt es nahe, diese Geldmittel der notleidenden Gesellschaft und nicht der anderen zur Verfügung zu stellen.

Daher können Gewinnverschiebungen nur dann zu einer Durchgriffshaftung der Obergesellschaft im Konzern führen, wenn sie den Tatbestand des *rechtsmissbräuchlichen Kapitalentzuges* erfüllen. Auch hier muss darauf hingewiesen werden, dass die Bewertung konzerninterner Leistungen weitgehend ein Ermessensentscheid ist.

---

57 Dreger 110; Rehbinder, Konzernaussenrecht 122 f.; Zartmann 94.
58 Dreger 111; a.M. Caflisch 260, der in jedem Falle ungenügender Kapitalisierung die herrschende Gesellschaft haften lassen will.
59 Vgl. dazu Mosch 14 ff.
60 Dreger 50 ff.
61 Dreger 54 ff.

IV. Zusammenfassung

Angesichts der dogmatischen Umstrittenheit[62] der Durchgriffsfrage und der Zurückhaltung der Gerichte[63], bei Vorliegen des Beherrschungstatbestandes einen Durchgriff vorzunehmen, muss diese Rechtsfigur zumindest für Konzernverhältnisse als ein wenig brauchbares Mittel für den Gläubigerschutz bezeichnet werden; die Ausübung der einheitlichen Leitung erfolgt in den meisten Fällen in guten Treuen und erfüllt den Tatbestand des Rechtsmissbrauchs nicht, der nach bundesgerichtlicher Rechtsprechung Durchgriffsvoraussetzung ist.

C. Verletzung der Treuepflicht

I. Problemstellung

Wir untersuchen, inwieweit die Obergesellschaft im Konzern durch die Verletzung einer ihr als *Aktionärin* der Konzerngesellschaft obliegenden Treuepflicht gegenüber ihren Mitaktionären und den Gläubigern der Konzerngesellschaft verantwortlich werden kann. Die Darlegungen werden nach folgenden Hauptfragen dreifach aufgegliedert: Was beinhaltet die aktienrechtliche Treuepflicht? Wie lässt sich eine Treuepflicht des Aktionärs begründen? Was bedeutet die Treuepflicht im Konzern?

II. Der Inhalt der Treuepflicht

Das Gebot von Treu und Glauben verlangt den *Schutz* des unter konkreten Umständen gerechtfertigten Vertrauens[64]. Die Treuepflicht geht weiter. Sie gebietet die Wahrung und Förderung der Interessen des Partners. Sie findet dort Anwendung, wo ein durch persönliche Momente geprägtes Rechtsverhältnis zwischen den Beteiligten besteht[65]. "Verlangt das Prinzip von Treu und Glauben Rücksichtnahme auf die Belange des Partners, so fordert die Treuepflicht die Förderung der Belange des Partners."[66]

---

62 Vgl. dazu vorn S. 124 f.
63 Vgl. dazu vorn S. 125.
64 Hueck 10 ff.; Merz N 17 zu ZGB 2; Wohlmann 5 ff.
65 Benz 22; Hueck 12; W. von Steiger, Gesellschaftsrecht 293 ff.
66 Wohlmann 10.

Das Gebot der Treue hat in weiten Bereichen des Privatrechtes Geltung[67]. Anders als im Genossenschaftsrecht[68] kennt das Aktienrecht keine ausdrückliche Bestimmung über eine Treuepflicht des Aktionärs. Die Frage nach der Treuepflicht ist denn auch besonders im Hinblick auf atypische Aktiengesellschaften umstritten[69].

III. Die Begründung der aktienrechtlichen Treuepflicht

1. Lehre

Die Befürworter einer aktienrechtlichen Treuepflicht leiten diese aus der *Natur der AG,* aus dem *positiven Recht* oder aus *ZGB 2* ab:

Als Folge einer monistischen Auffassung betrachten einige Autoren die mit eigener Rechtspersönlichkeit ausgestattete AG als eine im Grunde genommen auf Vertrag beruhende Gesellschaft[70]. Aus der gesellschaftlichen Natur der AG folgern sie, dass dem Aktionär neben den gesetzlichen Pflichten eine über das Mass von Treu und Glauben hinausgehende Treuepflicht obliege[71]. M.E. ist gegenüber Begründungen aus dem Wesen der juristischen Person heraus Zurückhaltung angebracht: Es besteht die Gefahr, dass in das Wesen der juristischen Person unbewusst hineingetragen wird, was eben erst der Begründung bedarf[72].

Sodann weisen verschiedene Autoren auf OR 736 Ziff. 4 hin, wonach die Aktionäre die AG aus wichtigen Gründen durch den Richter auflösen lassen können, wenn sie den fünften Teil des Aktienkapitals vertreten. Sie deuten diese Norm als Eingeständnis des Gesetzgebers dafür, "dass die Aktiengesellschaft und

---

67 Eine eingehende Darstellung der Treuepflichten in den einzelnen Rechtsinstituten gibt Wohlmann 12 ff.
68 OR 866; zur Treuepflicht des Genossenschafters vgl. Forstmoser, Grossgenossenschaften 183 ff.; Meier-Hayoz/Forstmoser § 15 N 39; Gutzwiller, Genossenschaften, Einl. N 83 ff.; grundlegend Troxler Werner, Die Treuepflicht des Genossenschafters (Diss. Zürich 1953); Wohlmann 32 ff.
69 Eine Treuepflicht *befürworten:* Benz 9 f.; Fromer 211 ff.; Gloor 108 ff.; Haab 29; Nenninger 103 ff.; Schaffner 101 ff.; Siegwart, Einl. N 95 ff.; derselbe, N 32 zu OR 620; Wieland II/248 f.; Wohlmann, Die Treuepflicht des Aktionärs; *ablehnend* zur aktienrechtlichen Treuepflicht Bürgi N 11 zu OR 680; derselbe, Ideen 277; derselbe, Regelungen 58 f.; Goldschmidt 34, 40 f.; Meier-Hayoz, Typologie 249; Schluep, Rechte 329 ff.; W. von Steiger, Rechtsverhältnisse 254a ff.; Weiss, Einl. N 181; Zweifel, Holdinggesellschaft 99, Anm. 113; Walder 9 ff.
70 Zur Natur der AG vgl. W. von Steiger, Grundlagen 334 ff.; BGE 69 II 246 äussert sich für die vertragliche Natur der AG, wogegen sich BGE 80 II 269 zur körperschaftlichen Natur der AG bekennt.
71 Fromer 210 ff.; Gloor 117 ff.; Nenninger 105; Siegwart, Einl. N 95 ff., N 32 zu OR 620.
72 Vgl. Müller-Freienfels 529: "Aus einem solchen Begriff (sc. der juristischen Person) lassen sich keine juristischen Urteile gewinnen. Er ist kein Ausgangspunkt rechtlicher Begründungen, sondern nur das Schlussergebnis induktiver Betrachtungen."

die Aktionäre neben den der Natur der Sache nach an erster Stelle stehenden vermögensrechtlichen Beziehungen auch durch persönliche Bande miteinander verknüpft sind"[73]. Die Auffassung, wonach OR 736 Ziff. 4 als positivrechtliche Grundlage einer aktienrechtlichen Treuepflicht zu betrachten sei, ist m.E. zu Recht kritisiert und als "petitio principii" bezeichnet worden[74]. Diese Vorschrift sieht nur vor, *dass* die AG aus wichtigen Gründen aufgelöst werden könne, macht aber keine Aussage darüber, *was* als wichtiger Grund zu betrachten sei.

Andere Autoren betrachten die aktienrechtliche Treuepflicht lediglich als eine Konkretisierung von ZGB 2 und verneinen damit in methodischer Hinsicht die selbständige Existenz eines Treuegebotes. Nach SCHLUEP "kann die Treuepflicht der Aktionäre nicht mehr und nicht weniger bedeuten, als dass jeder Aktionär bei der Ausübung seiner Rechte nach Treu und Glauben zu handeln habe"[75]. Nach W. von STEIGER "kommt das Postulat der Treuepflicht immer wieder auf eine Anwendung von ZGB 2, eine gesellschaftsrechtliche Abwandlung dieses Gebotes hinaus"[76]. Für eine richtige Einstufung dieser beiden Meinungen ist es unerlässlich zu wissen, was die Autoren unter Treuepflicht verstehen.

Abgelehnt wird die Treuepflicht des Aktionärs einmal mit dem Hinweis auf die körperschaftliche Natur der AG und auf den Grundsatz der beschränkten Beitragspflicht gemäss OR 680: Diese Vorschrift verbiete nicht nur die Stipulierung zusätzlicher *vermögensmässiger* Leistungen des Aktionärs, sondern jede Nebenleistung schlechthin. Als eine solche sei die Treuepflicht des Aktionärs zu betrachten[77].

Demgegenüber wird vertreten, OR 680 untersage nur die Begründung einer zusätzlichen Pflicht des Aktionärs zu einem positiven Tun. Als blosse Unterlassungspflicht falle die Treuepflicht nicht unter OR 680.

Von anderer Seite wird mit einer restriktiven Auslegung von OR 680 eine differenzierte, d.h. den konkreten Verhältnissen angepasste Lösung verlangt[78]: Der Grundsatz der beschränkten Beitragspflicht bezwecke vor allem den Schutz des Aktionärs vor einer Belastung mit zusätzlichen finanziellen Risiken. Der Zweck von OR 680 bestehe darin, auch dem finanziell Schwächeren die risiko-

---

73 Haab 30; vgl. Nenninger 106 f.
74 Vgl. Schluep, Rechte 332; W. von Steiger, Rechtsverhältnisse 255a; Weiss, Einl. N 127; ebenfalls BGE 67 II 164.
75 Rechte 333.
76 Rechtsverhältnisse 256a; derselbe, Verantwortlichkeit 708.
77 Bürgi N 11 zu OR 680; sinngemäss W. von Steiger, Rechtsverhältnisse 255a; Weiss, Einl. N 181.
78 So Bürgi, Ideen 277: "Dagegen lässt sich immerhin die Auffassung vertreten, dass die Treuepflicht anerkannt werden könnte, wo es sich um sehr persönlich ausgestaltete Kleingesellschaften wie z.B. eine Familien-AG handelt, bei welchen die internen Verhältnisse ... denjenigen in einer Personengesellschaft in mancher Hinsicht nahekommen"; im gleichen Sinne Bürgi N 45 zu OR 736; Gloor 119 ff.; Siegwart N 32 zu OR 620; Wohlmann 107; gegen eine solche differenzierte Betrachtungsweise mit Hinweis auf die Rechtssicherheit Vischer/Rapp 192.

lose Anlage seines Vermögens in der AG zu ermöglichen und eine erhöhte Negotiabilität der Aktien sicherzustellen. Auf diesen Zweck sei der Anwendungsbereich von OR 680 zu beschränken; daher stehe diese Vorschrift der Annahme einer Treuepflicht des Aktionärs bei Vorliegen besonderer Umstände nicht entgegen. So gelangt NENNINGER auf dem Wege einer *typengerechten* Auslegung von OR 680 zur Bejahung einer aktienrechtlichen Treuepflicht: "Bei der 'kleinen' (sc. AG), wo sich die Verhältnisse denen der Kollektiv- oder Kommanditgesellschaft nähern, wo die Stellung der Aktionäre eine viel individuellere und mit der Gesellschaft enger verbundene ist, liegen die Dinge ganz anders. Hier ist die absolute Beschränkung der Aktionärspflichten auf das Minimum, ... nicht die interessengerechte, den tatsächlichen Verhältnissen entsprechende Lösung."[79] M.E. gibt auch die Feststellung, dass OR 680 einer aktienrechtlichen Treuepflicht nicht entgegenstehe, noch keine Aufklärung über den *Geltungsgrund* einer solchen.

M.E. lässt sich die Treuepflicht des Aktionärs weder aus dem Wesen der AG noch aus dem positiven Recht ableiten. Die Auffassung ist spekulativ, der Gesetzgeber sei beim Erlass des OR von einem vorpositiv gegebenen Treuegebot ausgegangen[80]. *Wann* den Aktionär über die Liberierung des gezeichneten Grundkapitals hinaus zusätzliche Handlungs- und Unterlassungspflichten treffen, ergibt sich aus dem Gebot von Treu und Glauben. Die Treuepflicht des Aktionärs ist nichts anderes als "die Pflicht zum Handeln nach Treu und Glauben in seiner besonderen gesellschaftsrechtlichen Bedeutung"[81].

Bei der aktienrechtlichen Konkretisierung von ZGB 2 sind die OR 620 und OR 680 zugrunde liegenden Rechtsgedanken bedeutsam: Die beschränkte Haftung des Aktionärs und sein Schutz vor weiteren Verpflichtungen gegenüber der Gesellschaft sind als Wesensmerkmal der Kapitalgesellschaft[82] Ausflüsse der vom Gesetzgeber gewollten *Einheit von Herrschaft und Haftung*. Der Grundsatz der beschränkten Haftung und Beitragspflicht des Aktionärs muss aber dort seine Grenze finden, wo von einer Korrelation von Herrschaft und Haftung nicht mehr gesprochen werden kann; dies ist bei allen Aktiengesellschaften der Fall, wo die Aktionäre einen "massgeblichen Einfluss auf die Geschäftsführung der Gesellschaft auszuüben imstande sind"[83,84]. OR 680 erweist sich bei näherer Betrachtung nicht als Widerspruch zur aktienrechtlichen Treuepflicht, sondern gerade als Ausdruck desjenigen Rechtsgedankens, der zu ihrer Begründung führt.

Von einer generellen Treuepflicht des Aktionärs kann im schweizerischen Recht kaum die Rede sein; ihn trifft vielmehr eine "latente"[85] Treuepflicht: Er

---
79 Nenninger 105.
80 Vgl. A. Hueck 5: "Gerade weil ich den Wert der Treue und der Treuepflicht auch für das Recht sehr hoch einschätze, wehre ich mich gegen eine übermässige Verwendung des Treuebegriffes."
81 W. von Steiger, Verantwortung 708.
82 Meier-Hayoz, Typologie 251.
83 W. Naegeli 36.
84 Ähnlich Bürgi, Regelungen 58 f.; derselbe, Ideen 277.
85 Nenninger 112.

ist in dem Masse zur *Wahrung* und *Förderung* des Gesellschaftsinteresses verpflichtet, als er auf die Geschäftsführung der Gesellschaft einen massgeblichen Einfluss ausübt. Auch den Hauptaktionär trifft keine über die Liberierung hinausgehende Handlungs- oder Unterlassungspflicht, solange er sich auf die Ausübung des Stimmrechts in der GV beschränkt. Greift er aber durch Ausübung von Geschäftsführungsfunktionen in die vom Gesetzgeber gewollte *aktienrechtliche Zuständigkeitsordnung* ein[86], so muss er die Gesellschaftsinteressen pflichtgemäss wahren und fördern.

2. Rechtsprechung

Die Gerichtspraxis übt Zurückhaltung in der Annahme zusätzlicher Pflichten des Aktionärs mit dem Hinweis darauf, dass die für Personengesellschaften geltenden Grundsätze nicht ohne weiteres auf die AG übertragen werden könnten[87], neuerdings auch mit ausdrücklicher Betonung des kapitalistischen Charakters der AG[88]. Sodann verneint sie die Existenz einer über ZGB hinausgehenden Treuepflicht[89].

3. Rechtsvergleichende Bemerkung

Auch im amerikanischen Recht hat der Hauptaktionär grundsätzlich nur seine Einlage an die Gesellschaft zu zahlen und schuldet weder seinen Mitaktionären noch der Gesellschaft Treue. Sobald er aber die organisatorische Zuständigkeitsordnung der corporation durchbricht[90] und aktiv in die Geschäftsführung der Gesellschaft eingreift, erwachsen ihm treuhänderische Pflichten – "fiduciary duties" – gegenüber der Gesellschaft und seinen Mitaktionären[91]. Diese Rege-

---

86 Vgl. dazu vorn S. 88 f.
87 BGE 67 II 164.
88 Vgl. BGE 91 II 298 ff., 305: "Die Aktiengesellschaft ist vor allem eine Kapitalgesellschaft."
89 Vgl. einen in SJZ 49 (1953) 294 f. zitierten Entscheid des Aargauer Obergerichtes: "Es ist dabei ohne weiteres gerechtfertigt, bei Familienaktiengesellschaften eine erhöhte Treuepflicht anzunehmen ... Aber auch unter diesen Umständen kann die Klage nur gutgeheissen werden, wenn Rechtsmissbrauch, insbesondere Machtmissbrauch vorliegt." Mit dieser Wendung verneint das Gericht eine über ZGB 2 hinausgehende Treuepflicht. Allerdings will Nenninger 108 diesem Entscheid die Bejahung einer generellen Treuepflicht des Aktionärs entnehmen.
90 Durch Beeinflussung der Organe oder Entsendung von Interessenvertretern in den Verwaltungsrat der Gesellschaft.
91 Vgl. Mestmäcker 195 ff.; F.P. Oesch 14 ff.; W. von Steiger, Verantwortung 699 ff., 705 f.

lung findet ihre Begründung in der dem amerikanischen Recht eigenen Treuhandfigur[92].

Zwei Umstände ermöglichen die elastische und den Gegebenheiten angepasste Lösung: das amerikanische Treuhanddenken und die Tatsache, dass das amerikanische Recht die juristische Person *funktional* verwendet[93]: Anders als das europäische Recht versteht es die "corporation" nicht als eine neben den Gesellschaftern existierende eigene Rechtspersönlichkeit, sondern als eine durch Fiktion[94] geschaffene verselbständigte juristische Zuordnungsgrösse für die Rechte und Pflichten der Gesellschafter: "Die Rechtsordnung schafft keine Person neben den Aktionären, sondern verselbständigt lediglich in der Hand der Aktionäre einen Inbegriff von Rechten und Pflichten."[95] Das Verhältnis der Gesellschafter untereinander und zur Gesellschaft wird als ein vertragliches betrachtet.

Angesichts der in dogmatischer Hinsicht so verschiedenen Auffassungen über das Wesen der juristischen Person vermag der Hinweis auf die fiduciary duties nur wenig zur Begründung einer aktienrechtlichen Treuepflicht im schweizerischen Recht beizutragen. Wertvolle Ansatzpunkte ergeben sich aber aus dem Umstand, dass das amerikanische Recht den Eingriff in die aktienrechtliche Zuständigkeitsordnung als Kriterium für die Begründung einer zusätzlichen Aktionärspflicht betrachtet.

IV. Die Treuepflicht der Obergesellschaft im Konzern

Ist der Eingriff in die aktienrechtliche Zuständigkeitsordnung der Geltungsgrund für die Treuepflicht des Aktionärs[96], so lassen sich für die Treuepflicht im Konzern folgende Feststellungen machen:

Das Konzernverhältnis allein vermag eine Treuepflicht der Obergesellschaft noch nicht zu begründen. Diese hat die Interessen der Konzerngesellschaft nur in dem Masse zu wahren, als sie im Rahmen der einheitlichen Leitung Einfluss auf die Geschäftsführung der Konzerngesellschaft nimmt.

Im Konzern finden sich von der völligen wirtschaftlichen Eingliederung der Konzerngesellschaft in den Gesamtkonzern bis zur blossen Wahrnehmung von Kontroll- und Koordinationsfunktionen durch die Konzernspitze alle Abstufun-

---

92 Zur Treuhandfigur vgl. die Nachweise vorn S. 10.
93 Über die Unterschiede der juristischen Person des amerikanischen Rechts zur Verbandsperson im deutschen Recht vgl. Rehbinder, Konzernaussenrecht 125 f.; Serick, Rechtsform 67 f.
94 Vgl. dazu den von F.P. Oesch 1 f. mit weiteren Nachweisen zitierten Darthmouth College Case von 1819: "A corporation is an artificial being, invisible, intangible and existing only in contemplation of law."
95 Rehbinder, Konzernaussenrecht 126 mit weiteren Hinweisen.
96 Vgl. dazu vorn S. 133 f.

gen der einheitlichen Leitung[97]. Das Konzernmerkmal der einheitlichen Leitung ist zu allgemein, als dass sich aus ihm Aussagen über Bestand und Inhalt einer Treuepflicht der Obergesellschaft gewinnen lassen. Es bedarf der *Konkretisierung*[98]. Aus den verschiedenen Fallgruppen einheitlicher Leitung ergeben sich verschiedene Treuepflichten:

1. Umfassende wirtschaftliche Eingliederung der Konzerngesellschaft – Generelle Treuepflicht der Konzernspitze

Die finanzielle, wirtschaftliche und organisatorische Eingliederung der Konzerngesellschaft in den Gesamtkonzern bezeichnet die deutsche Steuerrechtslehre als Organschaftsverhältnis[99]: Hier ist die Konzerngesellschaft *wirtschaftlich* gesehen eine Betriebsabteilung des Gesamtkonzerns. Die Tatsache ihrer juristischen Selbständigkeit wird zur Fiktion. Als Beispiele sind etwa die völlig im Dienst des Konzerns stehende Einkaufs-, Forschungs-, Vertriebs- oder Finanzierungsgesellschaft zu nennen[100].

Es liegt auf der Hand, dass in diesen Fällen die Obergesellschaft die Interessen der Konzerngesellschaft in gleicher Weise zu wahren und zu fördern hat wie die eigenen. Sie tritt völlig in die Pflichten eines Organs der Konzerngesellschaft ein[101]. Die Konzerngesellschaft trifft eine *generelle* Treuepflicht.

2. Punktuelles Eingreifen in Grundsatzentscheide – Akzidentielle Treuepflicht der Konzernspitze

In vielen Fällen beschränkt sich die Konzernspitze auf die Koordination und Beeinflussung wichtiger Geschäftsführungsentscheide der Konzerngesellschaften. Diese besitzen im übrigen eine recht grosse Selbständigkeit im Konzern[102].

Hier kann nicht von einer generellen, sondern nur von einer *akzidentiellen* Treuepflicht die Rede sein: Nur in dem Masse ist die Obergesellschaft zur Wah-

---

97 Zum Begriff der einheitlichen Leitung vgl. vorn S. 8.
98 Diese Art der Konkretisierung ist nicht zu verwechseln mit der Konkretisierung des Tatbestandes der einheitlichen Leitung, welche im Zusammenhang mit der persönlichen Verantwortlichkeit der Organe der Obergesellschaft vorgenommen wurde.
99 Zur Organschaft als Lehre von der steuerrechtlichen Anerkennung der wirtschaftlichen Einheit des Konzerns vgl. Hamburger, Organgesellschaft 264 ff.; Rasch 270 ff.; Rehbinder, Konzernaussenrecht 63 ff.
100 Vgl. Rehbinder, Konzernaussenrecht 41 f., 68.
101 Zur unmittelbaren Organhaftung der Obergesellschaft vgl. hinten S. 168 ff.
102 Vgl. vorn S. 58 f.

rung und Förderung der konzerngesellschaftlichen Interessen berufen, als sie in einem konkreten Falle die Geschäftsführung der Konzerngesellschaften *tatsächlich* ausübt.

3. Beteiligungsverhältnis – Treuepflicht nur bei Vorliegen besonderer Umstände

Ausserhalb des Konzernverhältnisses kann weder von einer generellen noch von einer bloss akzidentiellen Treuepflicht gesprochen werden. Dies sei am Beispiel der Beteiligung einer Grossbank an einer Industriegesellschaft (bankfremde Beteiligung) erläutert. Die Bank wird nur selten in die Geschäftsführung dieser Gesellschaft eingreifen, sondern sich auf die Entsendung von Interessenvertretern in deren Verwaltung beschränken. Von einer Beherrschung der Gesellschaft kann "nicht die Rede sein"[103]. Eine Treuepflicht der Muttergesellschaft kann nur bei Vorliegen besonderer Umstände angenommen werden[104]. Dazu ein Beispiel:

> Ein Bankunternehmen A ist mit 25% des Aktienkapitals an der Industrieunternehmung B beteiligt. Sie übernimmt die Finanzierung der Gesellschaft B. Laufende Kredite an B bewirken eine beträchtliche Umsatzsteigerung. Zur Finanzierung der Expansionstätigkeit werden die Kreditlimiten mit Einwilligung des Bankhauses A laufend überzogen, was mit der Zeit zu einer völlig ungenügenden Eigenkapitalbasis der Gesellschaft B führt. In der Rezession hat die B erhebliche Umsatzeinbrüche zu verzeichnen. Trotzdem glaubt die Geschäftsleitung der B, die Liquidationsengpässe mit weiteren Krediten seitens der Bank A überwinden zu können. Um sich vor weiteren finanziellen Engagements bei der B zu schützen, sperrt die A der B später jeden zusätzlichen Kredit. Dies hat den Konkurs der B zur Folge.

Der besondere Umstand ist in der Schaffung eines zwischengesellschaftlichen *Vertrauenstatbestandes* zu erblicken: Durch laufende Kreditgewährung hat die Bank als Aktionärin die Gesellschaft zu einem übermässig expansiven Geschäftsgebaren ermutigt und den Anschein erweckt, sie gewähre der Gesellschaft als Aktionärin finanzielle Unterstützung. Der Vertrauenstatbestand führt zu einer Treuepflicht der Bank. Die plötzliche Verweigerung weiterer Kredite kann m.E. als Verletzung der aktienrechtlichen Treuepflicht qualifiziert werden.

---

103 de Weck 6.
104 Z.B. die Schaffung eines besonderen konzerninternen *Vertrauenstatbestandes*.

4. Gerichtspraxis zur Treuepflicht im Konzern

Mit der Frage nach einer Treuepflicht im *Konzern* hat sich die schweizerische Rechtsprechung noch nie auseinandergesetzt. In einem allerdings den GmbH-Konzern betreffenden Entscheid hat der deutsche Bundesgerichtshof[105] festgestellt, die Konzernmehrheit habe bei Einflussnahme auf die Geschäftsführung der Konzerngesellschaft Rücksicht auf die Interessen der Minderheit in der Konzerngesellschaft zu nehmen. Die Gesellschafter der GmbH seien nicht nur gegenüber der Gesellschaft, sondern auch untereinander zur Treue verpflichtet[106].

V. Die Rechtsfolgen treuwidrigen Verhaltens der Konzernspitze

Mögliche Rechtsfolgen des treuwidrigen Verhaltens der Obergesellschaft als Aktionärin der Konzerngesellschaft sind die Anfechtung des GV-Beschlusses (1.), die Klage auf Auflösung der Gesellschaft (2.) und die Schadenersatzklage des geschädigten konzernfreien Aktionärs gegen die Obergesellschaft (3.). Da der die Geschäftsführung beeinflussende Hauptaktionär der Gesellschaft und allenfalls dem Mitaktionär[107] gegenüber zur Treue verpflichtet ist, sind die folgenden Darlegungen dem Problemkreis des Minderheitenschutzes zuzuordnen.

1. Richterliche Anfechtung eines treuwidrigen GV-Beschlusses[108]

Nach OR 706 I können alle gegen Gesetz, Statuten oder allgemeine Rechtsgrundsätze verstossenden GV-Beschlüsse[109] beim Richter angefochten werden. Ein durch treuwidrige Stimmrechtsausübung zustande gekommener GV-Beschluss unterliegt also der gerichtlichen Anfechtung[110].

Allerdings ist darauf hinzuweisen, dass die Anfechtungsklage nicht in jedem Fall die geeignete Sanktion gegen treuwidriges Verhalten des Hauptaktionärs (hier: der Obergesellschaft) ist: Einmal lässt sich der Fall denken, in dem ein formeller GV-Beschluss zwar vorliegt, seine Anfechtung aber die Schädigung des konzernfreien Minderheitsaktionärs der Konzerngesellschaft nicht verhindern

---

105 BGHZ 65, 15.
106 Vgl. zu diesem Entscheid Emmerich/Sonnenschein 238 f. sowie Rehbinder, Treuepflichten 386 ff.
107 Vgl. dazu hinten S. 139 f.
108 Vgl. statt vieler Bürgi N 34 ff. zu OR 706 sowie Forstmoser/Meier-Hayoz § 21 N 14.
109 Vgl. statt vieler Bürgi N 33 ff. zu OR 736 sowie Forstmoser/Meier-Hayoz § 41 N 14 ff.
110 Fromer 239 ff.; Nenninger 115; Schluep, Rechte 343 f.; Wohlmann 141 f.

kann. Sodann erfolgt im Konzern das treuwidrige Verhalten der Obergesellschaft selten in der äusseren Form eines GV-Beschlusses, sondern durch rein tatsächliche Verhaltensweise. Zu nennen ist etwa die treuwidrige Veräusserung einer Mehrheitsbeteiligung oder die auf rein tatsächlicher Basis erfolgende Beeinflussung der konzerngesellschaftlichen Organe[111]. In all diesen Fällen kann der konzernfreie Aktionär mit einer Anfechtungsklage nur wenig ausrichten.

2. Klage beim Richter auf Auflösung der Gesellschaft

Die Verletzung der Treuepflicht durch einen Hauptaktionär kann einen "wichtigen Grund" im Sinne von OR 736 Ziff. 4 darstellen. Mag auch die Auflösungsklage nach OR 736 Ziff. 4 für die "kleine" AG mit personalistischem Einschlag ihre Bedeutung haben, so kommt sie doch für Konzernverhältnisse aus *praktischen Gründen* wohl kaum in Betracht: Die Konzerngesellschaft ist oft eine grosse Unternehmung, an der die verschiedensten Interessen beteiligt sind. Ihre Auflösung durch den Richter hätte für alle Beteiligten möglicherweise schwerwiegende Folgen, welche sich auch durch das Schutzbedürfnis geschädigter konzernfreier Aktionäre nicht rechtfertigen lassen[112]. Die Gerichtspraxis steht der richterlichen Auflösung der AG zudem zurückhaltend gegenüber[113].

Auf die Auflösungsklage wird daher nicht weiter eingegangen.

3. Schadenersatzklage des konzernfreien Aktionärs gegen die Obergesellschaft aus treuwidrigem Verhalten

Kann der geschädigte konzernfreie Aktionär der Konzerngesellschaft mit einer Schadenersatzklage gegen die ihre Treuepflicht verletzende Obergesellschaft vorgehen? Hier stellt sich die Frage nach dem Träger des materiellen Ersatzanspruches (a), nach der Klagelegitimation (b) sowie nach der Rechtsnatur einer solchen Klage (c):

a) Ist der Aktionär nur gegenüber der Gesellschaft oder auch gegenüber seinen Mitaktionären zur Treue verpflichtet? Der herrschenden Lehre[114], welche der Gesellschaft *und* dem Mitaktionär einen Anspruch auf gesellschaftstreues Verhalten einräumt, ist m.E. aus *praktischen* Erwägungen zuzustimmen: Stünde

---

111 Vgl. Mestmäcker 205 ff.; W. von Steiger, Verantwortung 705.
112 Vgl. Nenninger 52 f.; Schluep, Rechte 344 ff.; zurückhaltend zur Auflösungsklage auch F.P. Oesch 193 f.
113 Vgl. Forstmoser/Meier-Hayoz § 41 N 20.
114 Fromer 215; Gloor 140 ff.; Nenninger 117; Schaffner 105; Schluep, Rechte 348.

der Anspruch auf gesellschaftstreues Verhalten des machtausübenden Aktionärs nur der Gesellschaft zu, so wäre dem geschädigten Mitaktionär kaum geholfen. Ausserhalb des Konkurses könnte er seinen Anspruch nicht selbständig geltend machen. Im Konkurs der AG fiele die sich aus der Treueverletzung ergebende Ersatzforderung der Gesellschaft in die Konkursmasse und käme den Gläubigern und nicht dem Aktionär zugute[115]. Der Aktionär ist lediglich am Liquidationsüberschuss berechtigt[116]; ihm steht der Abtretungsanspruch nach SchKG 260 nicht zu[117]. Billigt man dem Aktionär hingegen einen materiellen Anspruch auf gesellschaftstreues Verhalten zu, so kann er diesen ausserhalb und innerhalb des Konkurses der AG selbständig geltend machen.

b) Die Konzerngesellschaft wird den aus Treueverletzung der Konzernspitze erlittenen *unmittelbaren* Schaden kaum durch Klage geltend machen. Daher frägt es sich, ob dem konzernfreien mittelbar[118] geschädigten Aktionär in Analogie zu OR 755 ein Recht zur Klage auf Leistung an die Gesellschaft zugebilligt werden soll[119]. Eine solche Lösung wäre von der Sache her zu befürworten, da ja in den meisten Fällen die Konzerngesellschaft und nicht die konzernfreien Aktionäre durch die treuwidrige Nachteilszufügung *unmittelbar* geschädigt sind. Doch gilt es zu bedenken, dass OR 755 als Sondervorschrift des Verantwortlichkeitsrechts[120] wohl eher restriktiv zu handhaben ist.

c) Unzweckmässig ist es m.E., dem belangten Hauptaktionär über die vertragliche Konzeption des Treueanspruches die Beweislast für fehlendes Verschulden zuzuschieben[121]. Dies würde zu einer kaum zu rechtfertigenden Belastung des beklagten Aktionärs führen. Die Klage des Aktionärs gegen seinen Mitaktionär wegen Verletzung der Treuepflicht soll nicht leichthin angehoben werden können. Der Hinweis auf die fiduciary duties des amerikanischen Rechts vermag daran nichts zu ändern[122].

---

115 Falls die Konkursmasse auf die Geltendmachung der Ansprüche verzichtet, steht dem Gläubiger nach SchKG 260 generell die Klage als Abtretungsgläubiger zu.
116 Denn er ist nicht Gläubiger.
117 Forstmoser, Aktienrechtliche Verantwortlichkeit N 54; Meier-Wehrli 112 f.
118 Zum Schadensbegriff im Aktienrecht vgl. vorn S. 72 f.
119 Dies ist die Lösung des ITT-Entscheides in BGHZ 65, 15; dazu Rehbinder, Treuepflichten 393 f.
120 Zu den rechtlichen Besonderheiten der Klage aus OR 755 siehe vorn S. 54 f.
121 Eine vertragliche Natur der Klage nehmen an: Fromer 243; Gloor 122; Nenninger 118; Wieland II/248 f.
122 In diesem Sinne scheint Nenninger 118 zu argumentieren.

VI. Zusammenfassung

Bestand und Inhalt der aktienrechtlichen Treuepflicht sind in der schweizerischen Doktrin und Rechtsprechung umstritten[123]. Betrachtet man die Treuepflicht des Aktionärs als Konkretisierung des Gebots von Treu und Glauben, so liesse sich dieses Rechtsinstitut möglicherweise durch richterliche Rechtsfortbildung zu einem wirksamen *Instrument des konzernrechtlichen Minderheitenschutzes* ausbauen. De lege ferenda stellt der Ausbau der aktienrechtlichen Treuepflicht eine mögliche Alternative zum Institut des Nachteilsausgleichs im deutschen Konzernrecht dar, das für das schweizerische Recht wohl kaum übernommen werden kann[124].

D. Die Haftbarkeit der Obergesellschaft für rechtswidrige Ausübung des Stimmrechts in der GV der Konzerngesellschaft

I. Problemstellung

Die Stimmkraft der Obergesellschaft in der GV der Konzerngesellschaft ist in doppelter Hinsicht die Grundlage für die einheitliche Leitung im faktischen Konzern: Durch die *tatsächliche Ausübung* des Stimmrechts kann die Konzernspitze die Wahl der konzerngesellschaftlichen Organe entscheidend beeinflussen und in beschränktem Masse Geschäftsführungsentscheide durch die von ihr beherrschte GV fällen lassen[125]. Die blosse *Möglichkeit der Stimmrechtsausübung* eröffnet der Konzerngesellschaft den Weg zur Beherrschung der einzelnen Konzerngesellschaften auf rein tatsächlicher Basis: Sie hat die faktische Weisungsunterworfenheit der Organe der Konzerngesellschaft zur Folge[126].

Im folgenden interessiert uns die tatsächliche Stimmrechtsausübung. Diese kann in doppelter Hinsicht relevant werden:

Gegen einen rechtswidrigen GV-Beschluss kann sich der Minderheitsaktionär nach OR 706 mit der Anfechtungsklage zur Wehr setzen[127]. Die geringe Wirksamkeit dieses Vorgehens ist oft genug betont worden[128]; zudem ist dieser Weg dem Gläubiger der Konzerngesellschaft verschlossen.

---

123 Vgl. dazu vorn S. 131 ff.
124 § 317 AktG; zur Problematik dieser Regelung vgl. hinten S. 187 f.
125 W. von Steiger, Verantwortung 702 f.
126 Vgl. Zweifel, Holdinggesellschaft 97.
127 OR 706.
128 Vgl. Zweifel, Fragen 92 f.

Die Lehre bejaht sodann eine Schadenersatzpflicht der Obergesellschaft gegenüber Aktionären und Gläubigern der Konzerngesellschaft für *rechtsmissbräuchliche* Ausübung des Stimmrechts[129]. Diese Schadenersatzpflicht ist Gegenstand der folgenden Ausführungen: Zunächst ist zu untersuchen, unter welchen *Voraussetzungen* die Stimmabgabe des Aktionärs den Tatbestand des Rechtsmissbrauchs erfüllt (II.); sodann stellt sich die Frage nach den *Erscheinungsformen* rechtsmissbräuchlicher Ausübung des Stimmrechts im Konzern (III.). Am Schluss gelangen Einzelfragen einer Schadenersatzklage gegenüber der Obergesellschaft zur Darstellung (IV.).

II. Die rechtsmissbräuchliche Stimmabgabe in der GV

Die Problematik einer aktienrechtlichen Konkretisierung des Rechtsmissbrauchsverbotes kann hier nur am Rande gestreift werden. Wir beschränken uns auf die Darlegung der wichtigsten Gesichtspunkte:

1. Zur Ausübung des Stimmrechts im allgemeinen

ZGB 2 verbietet in der Hauptsache die "Zweckwidrigkeit und Interesselosigkeit der Rechtsausübung"[130]. Davon ausgehend betrachten viele Autoren den *Gesellschaftszweck* als massgebendes Kriterium für die Umschreibung des Stimmrechtsmissbrauchs; sie sind sich aber nicht einig, welche Bedeutung dem Gesellschaftszweck für die Konkretisierung des Rechtsmissbrauchsverbotes zukommt:

EGGER vertritt die grundsätzliche Ausrichtung des Stimmrechts auf den Gesellschaftszweck: Danach hat die Generalversammlung "die ihr in der korporativen Organisation zugewiesenen Aufgaben zu erfüllen, über Wohl und Wehe der Gesellschaft zu wachen, die Gesellschaft in ihrem Bestande zu sichern, sie zu fördern"[131]. BÄR folgert aus dem Zweck der AG eine Pflicht des Aktionärs zur "Stimmrechtsausübung im Sinne des typischen Aktionärs"[132]. Aus der Erkenntnis, dass das Stimmrecht nur seinem Zwecke gemäss ausgeübt werden dürfe, formuliert NENNINGER die These von der Zweckgebundenheit des Stimm-

---

[129] Vgl. Caflisch 262 f.; Goldschmidt 37; F.P. Oesch 194; Schluep, Rechte 348; Siegwart, Einl. N 196, 231; W. von Steiger, Rechtsverhältnisse 315a; Tappolet 130 f.; Weiss, Einl. N 210; Zweifel, Holdinggesellschaft 99.
[130] Merz N 50 zu ZGB 2.
[131] Majoritätsherrschaft 41.
[132] Fragen 515.

rechts[133]: Nach ihm ist ein Gesellschaftsbeschluss dann zweckmässig und somit nicht anfechtbar, wenn "er im Zeitpunkt der Beschlussfassung objektiv auf den Gesellschaftszweck ausgerichtet"[134] ist.

Andere Autoren stellen die Stimmrechtsausübung allein in den Rahmen von Treu und Glauben. Sie stellen fest, der Aktionär dürfe in der GV seine Stimme im eigenen Interesse und nach seinem Ermessen abgeben, sei aber dabei an das Rechtsmissbrauchsverbot gebunden[135].

SCHLUEP geht von dem in OR 706 II umschriebenen Tatbestand einer rechtsmissbräuchlichen Beschlussfassung aus[136]. Aus der Tatsache, dass der Gesetzgeber in OR 706 II die durch den Gesellschaftszweck nicht erforderliche offenbare Schädigung der Aktionäre als rechtsmissbräuchlich erklärt, zieht er den Schluss, "dass auch der einzelne Aktionär in keiner Weise verpflichtet ist, sein Stimmrecht innerhalb der Schranken des Gesellschaftszweckes auszuüben"[137]. Der Aktionär könne seine Interessen voll und ganz wahrnehmen "unter der Voraussetzung freilich, dass dadurch nicht die Interessen anderer Aktionäre offenbar geschädigt werden"[138]. Er weist nach, dass auch eine im Gesellschaftszweck liegende Schädigung bzw. Ungleichbehandlung der Aktionäre gegen Treu und Glauben verstossen kann und billigt dem Gesellschaftszweck die Bedeutung eines "negativen Begriffsmerkmals" des Rechtsmissbrauchstatbestandes zu: "Der Tatbestand des rechtsmissbräuchlichen Beschlusses ist vielmehr nur dann ausgeschlossen, wenn die grundsätzlich notwendige Schädigung in dem Masse und in der Weise erfolgt, wie sie der Gesellschaftszweck verlangt."[139] SCHLUEP erachtet die nicht durch den Gesellschaftszweck gebotene Schädigung der Aktionäre als das entscheidende Merkmal des Stimmrechtsmissbrauches. Der Gesellschaftszweck wird dabei zum wichtigen Kriterium für eine Konkretisierung des Rechtsmissbrauchsverbotes.

---

133 Nenninger 56.
134 Nenninger 58 f.
135 Nach Weiss, Einl. N 172, hat "jeder Aktionär das Recht, in der Generalversammlung seine Stimme nach seinem Ermessen und in Verfolgung seiner Interessen abzugeben. Aber jede Rechtsausübung ist an das Prinzip von Treu und Glauben gebunden." Vgl. weiter Goldschmidt 41 ff.; Schluep, Rechte 312 ff.; W. von Steiger, Verantwortung 703 f.
136 Schluep, Rechte 312 ff.; nach OR 706 II sind Beschlüsse über die Einführung von Stimmrechtsaktien sowie Beschlüsse, die infolge des erhöhten Stimmrechts solcher Aktien zustande gekommen sind, nur anfechtbar, wenn sie "eine durch den Gesellschaftszweck nicht erforderte offenbare Schädigung der Interessen von Aktionären mit sich bringen". Die Literatur ist sich einig darüber, dass OR 706 II dem Verbot rechtsmissbräuchlicher Stimmabgabe nicht nur für den Sonderfall der Stimmrechtsaktien Geltung verschaffen will; vgl. Bürgi N 39 ff. zu OR 706; Nenninger 57; Schluep, Rechte 313 f.; W. von Steiger, Rechtsverhältnisse 266a; Weiss, Einl. N 206.
137 Schluep, Rechte 315.
138 Schluep, Rechte 315 (Auszeichnung vom Verfasser).
139 Schluep, Rechte 320 (Auszeichnung vom Verfasser).

Dieser Auffassung möchten wir uns mit dem Hinweis auf die Darlegungen zur aktienrechtlichen Treuepflicht[140] anschliessen: In welchem Masse der Aktionär verpflichtet ist, über "Wohl und Wehe der Gesellschaft zu wachen"[141], kann nicht generell für alle Aktiengesellschaften, sondern nur aufgrund des konkreten Falles beurteilt werden. Welches Verhalten vom Aktionär über die Liberierung des Grundkapitals hinaus erwartet werden darf, ergibt sich aus dem Gebot von Treu und Glauben[142]. Dieses muss konkretisiert werden. Bei dieser Konkretisierung kommt dem Gesellschaftszweck die Bedeutung eines wichtigen, aber nicht des einzigen Gesichtspunktes zu[143].

Das Bundesgericht erklärt verschiedentlich ausdrücklich oder sinngemäss den *Gesellschaftszweck* zu einem wichtigen Gesichtspunkt bei der Beurteilung der Frage, ob ein GV-Beschluss rechtsmissbräuchlich sei[144], übt aber in der Annahme rechtsmissbräuchlicher GV-Beschlüsse eine oft bedauerte Zurückhaltung: Nach BGE 99 II 62 ist ein GV-Beschluss nicht schon dann rechtsmissbräuchlich, wenn die Mehrheit "ihre eigenen Interessen ... denjenigen der Gesellschaft und einer Minderheit vorgehen lässt"[145].

Lehre und Rechtsprechung haben das Gebot einer Stimmrechtsausübung nach Treu und Glauben zum Grundsatz der *Gleichbehandlung des Aktionärs* und zum Gebot der *schonenden Rechtsausübung* konkretisiert:

2. Das Gebot der Gleichbehandlung des Aktionärs

Anders als das Genossenschaftsrecht[146] kennt das Aktienrecht keine Norm, welche die Gleichbehandlung des Aktionärs ausdrücklich feststellt. Trotzdem betrachten Lehre[147] und Rechtsprechung[148] die Gleichbehandlung des Aktionärs als einen ungeschriebenen aktienrechtlichen Fundamentalsatz. Es stellt sich die

---

140 Vgl. dazu vorn S. 131 ff.
141 Egger, Schranken 41.
142 Vgl. die Darlegungen zur aktienrechtlichen Treuepflicht vorn S. 131 ff., 133 f.
143 Ein anderer möglicher Gesichtspunkt wäre m.E. der Eingriff in die aktienrechtliche Zuständigkeitsordnung.
144 Das Bundesgericht beurteilt die Stimmrechtsausübung vorwiegend nach dem Kriterium der "Sachlichkeit": BGE 69 II 246 ff., 249 f.; 88 II 98 ff., 105; 91 II 298 ff., 301; 93 II 393 ff., 405; 95 II 157 ff., 162 f.; zu diesen Entscheiden vgl. auch Stockmann 387 ff., 391 ff.
145 Zu diesem Entscheid vgl. Forstmoser/Meier-Hayoz § 21 N 3 ff.; Meier-Hayoz/Zweifel 384 ff.; Patry, SAG 46 (1974) 38 ff.
146 OR 854.
147 Bürgi, Regelungen 57 ff.; derselbe, N 35 ff. zu OR 706; Forstmoser/Meier-Hayoz § 21 N 6 ff.; Goldschmidt 44 ff.; W. Naegeli 173 ff.; Patry 81 ff.; Schluep, Rechte 320 ff.; Siegwart, Einl. N 235 ff.; Spiess 52 ff.; F. von Steiger, Recht der AG 177; W. von Steiger, Gesellschaftsrecht 298 ff.; Stockmann 387 ff.; Vischer/Rapp 186 ff.; Wehrli, Behandlung 189 ff.; Weiss, Einl. N 185 ff.; derselbe, Rechte des Aktionärs 513 ff.; Wieland II/198 ff.; Wiethölter, Interessen 107 ff.; Zöllner 301 ff.
148 Vgl. BGE 69 II 246 ff.; 76 II 51 ff.; 83 II 194; 84 II 550 ff.; 86 II 195; 88 II 98; 91 II 298; 93 II 393; 95 II 157; 95 II 555; 99 II 58; 102 II 265 ff.

Frage nach dem Inhalt und der Begründung sowie nach dem Verhältnis dieses Grundsatzes zu ZGB 2:

Aus dem Wesen der AG als Kapitalgesellschaft folgt, dass der Grundsatz keine absolute, sondern nur eine der Höhe der Kapitalbeteiligung des Aktionärs entsprechende *relative Gleichbehandlung* verlangt: Gefordert ist "relative Gleichheit, mithin Gleichheit der Aktien, nicht der Aktionäre"[149]. Die Gleichbehandlung verbietet eine willkürliche Schlechterstellung des Aktionärs. Von der Gleichbehandlung darf nur dann abgewichen werden, wenn "dies für die Verfolgung des Gesellschaftszwecks im Interesse aller Aktionäre unbedingt erforderlich ist"[150]. Ein die Aktionäre ungleich behandelnder GV-Beschluss ist somit dann rechtsmissbräuchlich, wenn er der sachlichen Rechtfertigung durch den Gesellschaftszweck entbehrt.

Das aktienrechtliche Gleichbehandlungsgebot wird entweder unmittelbar mit der Gerechtigkeitsidee[151], mit dem Wesen der AG als einem vertraglichen Zusammenschluss zu einer Zweckgemeinschaft[152] oder mit dem Hinweis darauf begründet, dass der Satz ein für alle menschlichen Verbände geltendes Prinzip sei[153].

Ein Teil der Rechtsliteratur betrachtet den aktienrechtlichen Gleichheitssatz als lex specialis zu ZGB 2 und lehnt daher die Überprüfung eines das Gleichbehandlungsgebot nicht verletzenden GV-Beschlusses unter dem Gesichtspunkt von Treu und Glauben ab[154]. Andere Autoren dagegen betrachten den Grundsatz als Fallgruppe (Konkretisierung) von ZGB 2[155] oder lediglich als Richtschnur[156]. Insbesondere weisen SCHLUEP und MEIER-HAYOZ/ZWEIFEL darauf hin, dass der Tatbestand der Verletzung des Gleichbehandlungsgebotes nicht alle Fälle einer rechtsmissbräuchlichen Beschlussfassung enthalte[157]. Auch ein alle Aktionäre gleich behandelnder GV-Beschluss könne rechtsmissbräuchlich sein. Vor allem in Konzernverhältnissen könne das Gleichbehand-

---

149 Vgl. Forstmoser/Meier-Hayoz § 21 N 8 f.; Stockmann 387 spricht von einer "Kapitaldemokratie". Vgl. Weiss, Rechte des Aktionärs 519.
150 BGE 95 II 165.
151 Raiser, Gleichheitsgrundsatz 84: "In Wahrheit hat der Gleichheitssatz die Qualität eines unmittelbar aus Rechtsidee abzuleitenden Rechtssatzes ..."
152 Spiess 61.
153 Siegwart, Einl. N 235.
154 Goldschmidt 45; Patry 103; Spiess 128 ff.
155 Bürgi N 36 zu OR 706; Meier-Hayoz/Zweifel 387 f.; W. Naegeli 177; Schluep, Rechte 326 ff.; Wehrli, Behandlung 194 ff.; Walder 17 ff.; Weiss, Einl. N 195; derselbe, Rechte des Aktionärs 513 ff.; ähnlich Zöllner 307 ff.
156 Bürgi N 36 zu OR 706; W. Naegeli 177; Wehrli, Behandlung 197; Stockmann 398: "Es fällt daher schwer anzunehmen, dass das Gleichheitsprinzip mehr einen 'ungeschriebenen Grundsatz' als eine 'Leitidee' des Aktienrechts darstellt."
157 Vgl. Meier-Hayoz/Zweifel 388; Schluep, Rechte 326: "Der Haupteinwand gegen die Behauptung, der Grundsatz der Gleichbehandlung sei lex specialis zu Art. 2 ZGB, liegt aber ohne Zweifel darin, dass der Tatbestand des das Prinzip verletzenden GV-Beschlusses nicht alle Tatbestandsmerkmale des rechtsmissbräuchlichen Beschlusses enthält."

lungsgebot nicht alle rechtsmissbräuchlichen — die Minderheit schädigenden — GV-Beschlüsse erfassen. Das Bundesgericht hat das Gleichbehandlungsgebot bis vor kurzem als lex specialis angesprochen[158] und missbräuchliche GV-Beschlüsse nur unter dem Gesichtspunkt des Gleichbehandlungsgebotes überprüft. In Würdigung der gegen diese Praxis vorgebrachten Äusserungen der Lehre[159] hat das Bundesgericht in BGE 102 II 265 ff. den Gleichbehandlungssatz als aktienrechtliche Konkretisierung von ZGB 2 erkannt, welche aber "die Berufung auf das Rechtsmissbrauchsverbot nicht vollständig zu decken" vermag[160]. Diese Praxisänderung eröffnet die Möglichkeit, einen den Gleichbehandlungssatz nicht verletzenden GV-Beschluss unter dem Gesichtspunkt anderer Konkretisierungen von Treu und Glauben zu überprüfen.

Eine weitere *Fallgruppe* von ZGB 2 ist das Gebot der schonenden Rechtsausübung.

3. Das Gebot der schonenden Rechtsausübung

Neben dem Gleichbehandlungsgebot kommt im Aktienrecht vor allem dem Gebot der schonenden Rechtsausübung eine besondere Bedeutung zu. Es ist als Fallgruppe von ZGB 2[161] zu betrachten und hat auch in anderen Rechtsbereichen Geltung[162]. Danach kann bei gegebenem Interesse einer Rechtsausübung eine solche dann unzulässig werden, "wenn sie einem andern Nachteil bringt und wenn dieser Nachteil durch eine modifizierte, aber das gleiche Interesse verwirklichende Ausübung vermieden werden kann"[163].

Als Konkretisierung von ZGB 2 hat das Gebot der schonenden Rechtsausübung auch im Gesellschaftsrecht Eingang gefunden[164]; es wird von MEIER-HAYOZ/ZWEIFEL folgendermassen umschrieben: "Mehrheitsbeschlüsse, welche Minderheitsrechte in irgendeiner Weise erheblich beeinträchtigen, verletzen das Gebot der schonenden Rechtsausübung dann, wenn der im Gesellschaftsinteresse liegende Zweck auf einem anderen, die Minderheit nicht oder weniger benachteiligenden Weg ohne Nachteil für die Interessen der Mehrheit erreicht werden

---

158 BGE 69 II 249; 95 II 162 f.; 99 II 62 f.; vgl. dazu eingehend Stockmann 391 ff.
159 Kummer in ZBJV 111 (1975) 137 ff.; Meier-Hayoz/Zweifel 387 f.; Patry in SAG 46 (1974) 38 ff.
160 BGE 102 II 268; zur Bedeutung dieses Entscheides vgl. Kummer in ZBJV 114 (1978) 227 ff.; Zweifel, Fragen 93.
161 Merz N 393 zu ZGB 2.
162 Auch im Verwaltungsrecht gilt der Grundsatz der Verhältnismässigkeit.
163 Merz N 393 zu ZGB 2.
164 Vgl. Forstmoser/Meier-Hayoz § 21 N 12 f.; allerdings liegt m.W. kein Entscheid vor, der diesen Grundsatz für das Gesellschaftsrecht ausdrücklich formuliert.

kann."¹⁶⁵ Sinngemäss findet sich diese Formulierung auch bei SCHLUEP, wenn dieser feststellt, der Tatbestand des rechtsmissbräuchlichen Beschlusses sei "nur dann ausgeschlossen, wenn die grundsätzlich notwendige Schädigung *in dem Masse und in der Weise* erfolgt, wie sie der Gesellschaftszweck erfordert"¹⁶⁶.

III. Der Stimmrechtsmissbrauch im Konzernverhältnis

Wurden vorgängig der Gleichbehandlungsgrundsatz und das Gebot der schonenden Rechtsausübung als mögliche aktienrechtliche Konkretisierungen von ZGB 2 erkannt, so wird im folgenden kurz untersucht, welche Bedeutung diesen Grundsätzen für das Konzernverhältnis zukommt:

*1. Die Gleichbehandlung des Aktionärs im Konzern*¹⁶⁷

Da der Konzern "seiner Struktur nach kein Gemeinschaftsverhältnis darstellt"¹⁶⁸, bedeutet der Grundsatz im Konzern nicht etwa gleichmässige Behandlung aller Konzernglieder, sondern Gleichbehandlung aller Aktionäre der Konzerngesellschaften. Der Gleichbehandlungsgrundsatz gilt nur *innerhalb* der einzelnen Konzerngesellschaften.

Für die Anwendung auf den Einzelfall ist der Grundsatz zu allgemein formuliert und bedarf weiterer Konkretisierungen. Einen Hinweis für eine mögliche Differenzierung gibt STOCKMANN¹⁶⁹, welcher die kleine AG, die Konzerngesellschaft und die Publikums-AG ohne klare Mehrheitsverhältnisse als mögliche Unterscheidungen vorschlägt.

Gehen wir vom Tatbestand einer nicht durch den *Gesellschaftszweck* gebotenen Ungleichbehandlung des Aktionärs aus, so lassen sich für die Verhältnisse in der Konzerngesellschaft folgende Feststellungen machen:

Eine im Interesse des Gesamtkonzerns erfolgende Ungleichbehandlung konzerneigener und konzernfreier Aktionäre ist nur dann zulässig, wenn sie im Interesse der Konzerngesellschaft liegt. *Das Gesellschaftsinteresse*¹⁷⁰ ist die *Bestimmungsgrösse des Gleichheitssatzes.*

---

165 Meier-Hayoz/Zweifel 388.
166 Schluep, Rechte 320 (Auszeichnung vom Verfasser). Diese Interpretation von Schlueps Äusserung findet sich auch bei Meier-Hayoz/Zweifel 392.
167 Vgl. dazu Zöllner 309 ff.
168 Zöllner 310.
169 Stockmann 400 ff. unter Bezugnahme auf Wiethölter, Interessen 135 ff.
170 Zum Gesellschaftsinteresse vgl. vorn S. 94 f.

Es spitzt sich alles auf die Frage nach dem Überschneidungsbereich zwischen Konzerninteresse und Interesse der Konzerngesellschaft zu. Dass über den Umfang der Interessenkongruenz keine allgemeine Aussage gemacht werden kann, wurde bereits festgestellt[171]. Wir müssen uns daher auf folgende Bemerkung beschränken: Je kleiner der Bereich gemeinsamer Interessen von Gesamtkonzern und Konzerngesellschaft ist, desto eher wird eine Ungleichbehandlung konzernfreier und konzerneigener Aktionäre dem Gleichbehandlungsgebot widersprechen.

2. Die schonende Rechtsausübung im Konzern

Die Konzernspitze hat verschiedene Möglichkeiten, ihre Interessen unter formaler Wahrung des Gleichbehandlungsgebotes durchzusetzen. Durch einen GV-Beschluss erscheinen zwar zunächst alle Aktionäre der Konzerngesellschaft in gleicher Weise benachteiligt, doch kann die Obergesellschaft als Hauptaktionärin der Konzerngesellschaft den erlittenen Schaden auf aussergesellschaftlicher Basis – etwa auf dem Wege der verdeckten Gewinnausschüttung[172] – wettmachen[173]. Das *Gleichbehandlungsgebot* versagt also genau dort, wo die Interessen der Minderheiten am meisten gefährdet sind. Welche Dienste vermag nun hier das Gebot der schonenden Rechtsausübung zu leisten?

Anders als das an formale Merkmale anknüpfende Gleichbehandlungsgebot stellt das Gebot der schonenden Rechtsausübung auf tatsächliche Verhältnisse – im Konzern auf *wirtschaftliche Gegebenheiten* – ab und verleiht diesen eine normative Bedeutung[174]. Das Gebot enthält also im Grunde das Bekenntnis zu einer beschränkten wirtschaftlichen Betrachtungsweise[175]. Aus dieser Feststellung ergeben sich nun die Grenzen dessen, was das Gebot der schonenden Rechtsausübung im Konzern zu leisten vermag: Um beurteilen zu können, ob die Konzernspitze ihre Interessen "auf einem anderen, die Minderheit nicht oder weniger benachteiligenden Weg" ohne Nachteil eigener Interessen verfolgen kann, benötigen der Richter und die Aktionäre genügend *Information* und *Sachkenntnis* über die wirtschaftlichen Zusammenhänge im Konzern: Wann die Konzernspitze in einem konkreten Falle die Möglichkeit hat, ihre Interessen auf Kosten der Minderheit durchzusetzen, kann ein Richter kaum wirksam beurteilen; bei der Beurteilung komplizierter unternehmerischer Zusammenhänge wird er oft überfordert sein.

---

171 Vgl. vorn S. 97 ff.
172 Vgl. Mestmäcker 224 ff., 232 ff.; Schluep, Rechte 250.
173 Schluep, Rechte 249 f.; Zweifel, Holdinggesellschaft 90 f.
174 Ob die Konzernspitze ihre Interessen auch auf einem anderen, die Konzerngesellschaft weniger schädigenden Weg hätte durchsetzen können, ist eine *wirtschaftliche* Frage.
175 Zur wirtschaftlichen Betrachtungsweise vgl. vorn S. 11.

IV. Einzelfragen

1. Stimmrechtsausübung durch Organe oder Hilfspersonen der Obergesellschaft?

Da die Obergesellschaft als juristische Person nicht selber in der GV der Konzerngesellschaft stimmen kann, übt sie ihr Stimmrecht über Vertreter aus. Je nachdem, ob der Vertreter Organ oder Hilfsperson der Obergesellschaft ist, gestaltet sich die Rechtslage verschieden. Der Unterschied zwischen der Organ- und Hilfspersonenhaftung ergibt sich aus dem *Organbegriff*[176]: Wer Organ ist, kann begriffsnotwendigerweise nicht gleichzeitig Hilfsperson sein[177].

Ist der Vertreter *Organ* der Obergesellschaft, so wird seine Stimmrechtsausübung der Obergesellschaft gemäss ZGB 55 II/OR 718 III als eigene zugerechnet[178]. Ist der Stimmrechtsbevollmächtigte dagegen *Hilfsperson* der Obergesellschaft, so kann die Zurechnung der eine unerlaubte Handlung im Sinne von OR 41 darstellenden rechtsmissbräuchlichen Stimmabgabe nur nach OR 55 erfolgen[179].

Diese Unterscheidung wird in bezug auf die Entlastungsmöglichkeiten der Obergesellschaft praktisch bedeutsam: Die Haftung aus OR 55 (Geschäftsherrenhaftung) ist für den Geschädigten weniger günstig, da der Geschäftsherr den Nachweis erbringen kann, alle zur Vermeidung des Schadens gebotenen Vorkehrungen getroffen zu haben[180].

2. Klagelegitimation

Erleiden die konzernfreien Aktionäre und die Gläubiger der Konzerngesellschaft durch rechtsmissbräuchliche Stimmrechtsausübung der Obergesellschaft einen unmittelbaren Schaden, so können sie diesen selbständig geltend machen.

Bei unmittelbarer Schädigung der *Konzerngesellschaft* ist den dadurch mittelbar geschädigten Aktionären und Gläubigern ein selbständiges Klagerecht auf Leistung an die Gesellschaft in Analogie zu OR 755 zuzubilligen[181].

---

176 Zum Organbegriff vgl. vorn S. 45 ff.
177 Vgl. Oftinger II/1 104; zum Unterschied zwischen Organ und Hilfsperson grundlegend Portmann, Organ und Hilfsperson im Haftpflichtrecht.
178 Vgl. Zweifel, Holdinggesellschaft 99.
179 Die Frage, ob der Vertreter der Obergesellschaft in der GV der Konzerngesellschaft als Organ der Obergesellschaft zu betrachten sei, ist nicht ohne weiteres zu bejahen: Der Stimmrechtsbevollmächtigte übt sein Stimmrecht oft nach strikten Weisungen aus; ob die weisungsgemässe Ausübung des Stimmrechts mit der Stellung eines Organs vereinbar ist, halte ich für fraglich.
180 Zu den Entlastungsmöglichkeiten bei der Haftung aus OR 55 vgl. Oftinger II/1 149 ff.
181 Vgl. dazu vorn S. 54 f., 140.

3. Das Verhältnis von Stimmrechtsmissbrauch und anfechtbarem GV-Beschluss

Weiter ist darauf hinzuweisen, dass nicht jede Stimmabgabe zu einem anfechtbaren GV-Beschluss eine Haftbarkeit des Stimmenden begründet. Neben der Rechtswidrigkeit der Stimmabgabe muss zusätzlich ein Verschulden vorliegen[182].

4. Die Verteilung der Beweislast

Praktisch bedeutsam ist in diesem Zusammenhang endlich die Frage nach der Verteilung der Beweislast: Muss der aussenstehende Aktionär beweisen, dass der Grundsatz der Gleichbehandlung bzw. der schonenden Rechtsausübung verletzt wurde, oder muss umgekehrt die Konzernspitze dartun, dass sie ihre Rechte schonend ausgeübt und alle Aktionäre gleich behandelt hat? Der Antwort auf diese Frage liegen eine rechtliche Überlegung sowie eine Interessenabwägung zugrunde:

In *rechtlicher* Hinsicht ist davon auszugehen, dass die rechtsmissbräuchliche Stimmabgabe in der GV eine unerlaubte Handlung im Sinne von OR 41 darstellt. Gemäss ZGB 8 hat der Geschädigte die Rechtswidrigkeit der Stimmabgabe (d.h. den Tatbestand des Rechtsmissbrauchs) sowie das Verschulden zu beweisen.

Der Blick auf die tatsächliche *Interessenlage* führt sodann zum selben Ergebnis: Bei der Haftung der Obergesellschaft besteht die Rechtswidrigkeit der Stimmabgabe im Tatbestand des Rechtsmissbrauchs. Der Obergesellschaft die Beweislast dafür zuzuschieben, den Grundsatz der schonenden Rechtsausübung und der Gleichbehandlung des Aktionärs *nicht* verletzt zu haben, käme einer Präsumtion rechtsmissbräuchlichen Verhaltens gleich, welche sich auch durch das Schutzbedürfnis des aussenstehenden (konzernfreien) Aktionärs nicht rechtfertigen lässt[183]. Eine solche Vermutung ist um so weniger gerechtfertigt, als es sich um eine ausservertragliche Haftung der Obergesellschaft handelt.

---

182 Vgl. Siegwart, Einl. N 231: "Aber die Voraussetzungen des Art. 41 ... sind nicht schon jedesmal verwirklicht, wenn ein Aktionär in Gesellschaftsangelegenheiten in guten Treuen eine bestimmte, vielleicht gesetzes- oder statutenwidrige Stellung genommen hat."
183 Vgl. dazu auch die Bemerkungen zur Beweislastverteilung bei der Haftung der Obergesellschaft aus treuwidrigem Verhalten vorn S. 140.

V. Zusammenfassung

Aufgrund der obigen Darlegungen betrachten wir sowohl den Gleichheitsgrundsatz als auch das Gebot der schonenden Rechtsausübung als ungenügende Mittel für den Minderheitenschutz in Konzernverhältnissen.

2. KAPITEL

Die Haftbarkeit der Obergesellschaft für das Verhalten ihrer Vertreter im Verwaltungsrat der Konzerngesellschaft

Die Konzernspitze übt die einheitliche Leitung der einzelnen Konzerngesellschaften[1] auf dem Wege der personellen Verflechtung aus. Da der Obergesellschaft als juristischer Person die Mitgliedschaft im Verwaltungsrat der Konzerngesellschaft nach OR 707 III verwehrt ist[2], entsendet sie ihre *Vertreter* in den Verwaltungsrat der Konzerngesellschaft. Über diese übt sie im Rahmen der einheitlichen Leitung einen Einfluss auf die Geschäftsführung der Konzerngesellschaften aus.

Begeht dieser Vertreter in seiner Funktion als Organ der Konzerngesellschaft eine Pflichtwidrigkeit, so frägt es sich, ob die entsendende Obergesellschaft für dieses Verhalten haftbar gemacht werden könne. Die Frage nach der Haftbarkeit der entsendenden juristischen Person für das Verhalten ihrer Vertreter im Verwaltungsrat der aufnehmenden Gesellschaft ist zwar keine spezifisch konzernrechtliche, erhält aber in Konzernverhältnissen eine besondere Bedeutung.

Im folgenden untersuchen wir die Haftbarkeit der Obergesellschaft für ihre Vertreter im Verwaltungsrat der Konzerngesellschaften unter dem Gesichtspunkt der Doppelorganschaft (A.) und der Geschäftsherrenhaftung (B.).

A. Die Haftbarkeit der Obergesellschaft für ihre Vertreter aus doppelter Organschaft gemäss ZGB 55 II/OR 718 III

I. Problemstellung

Der Grundgedanke der Konstruktion einer Haftung der Obergesellschaft aus doppelter Organschaft[3] besteht darin, dass der entsandte Vertreter *gleichzeitig als Organ der entsendenden und der aufnehmenden Gesellschaft* betrachtet wird. Die Haftbarkeit der entsendenden Gesellschaft wird über die persönliche Verantwortlichkeit des Vertreters konstruiert. Der Vertreter ist Bindeglied zwischen der

---

1 Zum Begriff der einheitlichen Leitung vgl. vorn S. 8.
2 Zur Bedeutung dieser Vorschrift vgl. hinten S. 159 ff.
3 Zum Begriff der Doppelorganschaft vgl. vorn S. 83.

entsendenden und der aufnehmenden Gesellschaft: Sein unerlaubtes Verhalten wird der entsendenden Gesellschaft nach ZGB 55 II bzw. OR 718 III als deren eigenes zugerechnet.

Zunächst bringen wir eine Darstellung der in Literatur und Rechtsprechung zu diesem Problem vorgebrachten Meinungen (II.). In einem daran anschliessenden Lösungsversuch (III.) untersuchen wir die Frage nach der *Zulässigkeit*, den *Voraussetzungen* und den *Grenzen* einer Haftung der Obergesellschaft aus doppelter Organschaft:

II. Lösung in Doktrin und Praxis

Die Frage nach der Haftbarkeit der delegierenden Gesellschaft für das Verhalten ihrer Vertreter im Verwaltungsrat der aufnehmenden Gesellschaft findet in der Lehre keine einmütige Beantwortung[4]:

Für eine Haftung der delegierenden Gesellschaft wird einmal der Vertrauensgedanke angeführt: Die Wahl des Vertreters durch die GV der aufnehmenden Gesellschaft erfolge im Vertrauen auf die dahinterstehende Gesellschaft[5]. Sodann wird auf die Interessenlage hingewiesen: In Konzernverhältnissen sei die vom Recht gewollte Selbständigkeit der juristischen Person "rein formaler Natur"[6]. In Wirklichkeit trete ja die delegierende Gesellschaft in die Verwaltung der Tochtergesellschaft ein[7]. Nach G. SCHUCANY liegt "interessens-, einfluss- und gefährdungsmässig genau dieselbe Situation vor"[8], wenn juristische Personen selber Verwaltungsratsmitglied sind oder ihre Vertreter entsenden. Aus der gleichen Sachlage sollten sich daher die gleichen Haftungsfolgen ergeben.

---

4 *Für* eine solche Haftung: E. Schucany N 5 zu OR 707; G. Schucany 82 ff., 91 ff.; Siegwart, Einl. N 198; Wohlmann 126 f.; *zurückhaltend:* Frankenberg 163 f.; *kritisch* zu einer solchen Haftung äussert sich Vischer, Verantwortung 91 f.; *differenzierend:* Bürgi N 33 ff. zu OR 707; Forstmoser, Aktienrechtliche Verantwortlichkeit N 506 ff.; derselbe, Verantwortlichkeit 33 f.; befürwortend im deutschen Recht: von Hofmannsthal 306 ff.; Mestmäcker 251 ff.; Rehbinder, Konzernaussenrecht 252 ff.; Westermann 336; zurückhaltend Kronstein, Person 25 f., 81 f.; nur gegenüber der aufnehmenden Gesellschaft bejaht eine Haftung Mertens, Kölner Kommentar § 76 N 31; *gegen* eine Haftung der delegierenden Gesellschaft: Caflisch 139 ff., 264; Capitaine 91a; Funk N 3 zu OR 707; Falkeisen 83; Hamburger, Schuldenhaftung 30; Krause 680; Rasch, 2. Aufl. 179; W. von Steiger, Rechtsverhältnisse 313a; Stulz 34; Tappolet 132; Zweifel, Holdinggesellschaft 96 f.
5 von Hofmannsthal 306; G. Schucany 95; Tobler 82 f.; zum Vertrauensargument vgl. auch Forstmoser, Aktienrechtliche Verantwortlichkeit N 507.
6 Tobler 81.
7 Tobler 74 spricht von einer "erlaubten, aber nur mittelbaren Organstellung der juristischen Person".
8 G. Schucany 83.

MESTMÄCKER[9] argumentiert mit dem Gedanken der *haftungsmässigen Gleichstellung natürlicher und juristischer Personen*[10], welche ein Gebot der zivilrechtlichen Verantwortlichkeit sei, und bejaht die Haftung der delegierenden Gesellschaft aus doppelter Organschaft, wenn der Vertreter die Interessen der delegierenden Gesellschaft denjenigen der aufnehmenden überordnet und jener der Vorteil daraus zufliesst[11]. Die Vertreter der herrschenden Gesellschaft seien ja nur wegen ihrer Stellung bei ihr in den Verwaltungsrat der Konzerngesellschaft gewählt. Über die Vertreter handle die Obergesellschaft faktisch, wie wenn sie selber Verwaltungsrat wäre. "In der Verwaltung der aufnehmenden Gesellschaft geschieht nichts und unterbleibt nichts, das nicht genau so geschehen würde, wie wenn sie selber Verwaltungsrat wäre."[12]

REHBINDER bejaht die Haftbarkeit der delegierenden Gesellschaft für ihren Vertreter nach BGB § 31 für Konzernverhältnisse. Eine solche Haftbarkeit entspreche dem Grundsatz der Gleichstellung juristischer und natürlicher Personen: "Soweit die Konzernleitung reicht, ist nach dem Grundgedanken des § 31 BGB — Gleichstellung der juristischen Person mit der natürlichen — eine Haftung der Obergesellschaft für Pflichtwidrigkeiten geboten."[13] Zudem operiert er mit dem Grundsatz der Einheit von Macht und Verantwortung: "Die einheitliche Leitung schliesst die rechtlich selbständigen juristischen Personen zu einer ... Einheit zusammen; soweit diese Leitungseinheit reicht, korrespondiert ihr auch eine entsprechende Verantwortlichkeit."[14]

Abgelehnt wird die Haftung der delegierenden juristischen Person für ihren Vertreter mit dem Hinweis darauf, dass der Vertreter nicht durch die delegierende Person — wie etwa im Falle der Beteiligung von Körperschaften des öffentlichen Rechts gemäss OR 762 —, sondern durch die GV der aufnehmenden Gesellschaft gewählt wird. Ein weiteres Argument ist die *Eigenverantwortlichkeit* der Gesellschaftsorgane: Aus der vom Gesetz geforderten Selbständigkeit der Vertreter folgert W. von STEIGER[15], dass die Vertreter der delegierenden Gesellschaft nur Organe der aufnehmenden, nicht aber der herrschenden Gesellschaft sein können. Andere Autoren äussern Bedenken gegen eine Anknüpfung von Rechtsfolgen an die Faktizität[16] bloss tatsächlicher Macht und erachten nur die rechtlich erzwingbaren Einflussmöglichkeiten als massgeblich: So führt ZWEI-

---

9 Mestmäcker 261 ff., 263.
10 Zum Grundsatz der Gleichbehandlung juristischer und natürlicher Personen vgl. Bürgi, Wandlungen 252; Portmann 18 f. sowie vorn S. 47 f.
11 Mestmäcker 264; a.M. Rehbinder, Konzernaussenrecht 256, der diese Formulierung für zu eng hält.
12 Mestmäcker 263.
13 Konzernaussenrecht 255.
14 Konzernaussenrecht 256.
15 Rechtsverhältnisse 313a f.
16 Rehbinder, Konzernaussenrecht 253.

FEL[17] neben der Selbständigkeit und Eigenverantwortlichkeit der Vertreter als Gesellschaftsorgane der Konzerngesellschaft vor allem das Fehlen eines normierten Weisungs*rechtes* der entsendenden Gesellschaft an. Nach FALKEISEN[18] geht es nicht an, "aus der Möglichkeit grosser Abhängigkeit des Vertreters" von der delegierenden Gesellschaft deren Haftbarkeit abzuleiten. VISCHER[19] äussert Bedenken gegen die Konstruktion einer Haftung der delegierenden Gesellschaft im Hinblick auf OR 707 III und OR 762: Das schweizerische Recht betone bewusst das personelle Element in der Verwaltung und schliesse daher die juristische Person von der Mitgliedschaft in der Verwaltung aus. Aus der unterschiedlichen Formulierung von OR 707 III und OR 762 IV folge e contrario, dass die delegierende Gesellschaft nicht für das Verhalten ihres Vertreters hafte.

Differenzierend argumentieren BÜRGI[20] und FORSTMOSER[21]: Beide betrachten die tatsächlich erfolgte Teilnahme an der Willensbildung der AG und die Erfüllung korporativer Aufgaben als Voraussetzung für die Haftung der entsendenden Gesellschaft.

Gegen die Möglichkeit des Handelns in doppelter Organschaft und damit gegen eine Haftbarkeit der entsendenden Gesellschaft spricht sich ein Entscheid des deutschen Bundesgerichtshofes[22] aus mit der Feststellung, das entsandte Aufsichtsratsmitglied könne nur in seiner Eigenschaft als Organ der aufnehmenden Gesellschaft handeln: "Die von einer juristischen Person in den Aufsichtsrat einer Aktiengesellschaft entsandten Personen dürfen bei der Wahrnehmung ihrer Verpflichtungen als Aufsichtsratsmitglieder der aufnehmenden Gesellschaft nicht in ihrer Doppeleigenschaft als Organvertreter der Entsendungskörperschaft tätig werden."[23] Allerdings lässt der Entscheid offen, ob in Konzernverhältnissen eine Haftung der delegierenden Gesellschaft anzunehmen sei: "Ob eine Ausnahme gemacht werden könnte, wenn durchweg Organe einer juristischen Person in der Verwaltung einer Aktiengesellschaft tätig sind, braucht hier nicht entschieden zu werden."[24]

---

17 Holdinggesellschaft 97.
18 Falkeisen 82.
19 Verantwortung 91 f.; vgl. allerdings Forstmoser, Aktienrechtliche Verantwortlichkeit, Anm. 883, wonach aus der unterschiedlichen Formulierung von OR 707 III und OR 762 IV keine Schlüsse zu ziehen seien.
20 Bürgi N 34 zu OR 707.
21 Forstmoser, Aktienrechtliche Verantwortlichkeit N 506; derselbe, Verantwortlichkeit 33 f.
22 BGHZ 36, 296 ff.; vgl. zu diesem Urteil Rehbinder, Konzernaussenrecht 253.
23 BGHZ 36, 309 f.; das Urteil fährt fort: "... Verletzt eine in den Aufsichtsrat einer Aktiengesellschaft entsandte Person, die zugleich Organmitglied der entsendenden Körperschaft ist, ihre Verpflichtungen als Aufsichtsratsmitglied dadurch, dass sie den Interessen der Entsendungskörperschaft den Vorzug gibt, so bleibt diese Pflichtverletzung eine Handlung als Aufsichtsratsmitglied und ist auch nicht etwa zugleich eine Handlung in Ausführung der ihr bei der Entsendungskörperschaft zustehenden Verrichtung."
24 BGHZ 36, 311 sowie hinten S. 162.

In der schweizerischen Rechtsprechung findet sich keine Äusserung über eine Haftung der entsendenden Gesellschaft für das Verhalten ihrer Vertreter in der Verwaltung der aufnehmenden Gesellschaft.

III. Eigener Lösungsversuch

Rechtliche Ansatzpunkte zur Begründung einer Haftbarkeit der entsendenden Gesellschaft für ihre in Doppelorganschaft handelnden Vertreter ergeben sich aus OR 762 IV bzw. ZGB 55 II/OR 718 III:

M.E. lässt sich eine Haftbarkeit der entsendenden Gesellschaft nicht überzeugend aus OR 762 IV heraus begründen. Als Vorschrift des öffentlichen Rechts[25] lässt sich OR 762 nicht ohne weiteres auf private Aktiengesellschaften anwenden. Zudem kann aus OR 762 IV gefolgert werden, dass der Gesetzgeber eine Haftung der entsendenden Gesellschaft aus doppelter Organschaft nicht als Regel betrachtet[26]. Unser Augenmerk richtet sich daher im folgenden ausschliesslich auf die Begründung einer Haftung aus ZGB 55 II/OR 718 III:

Zunächst ist vorauszuschicken, dass die Frage nach der Haftbarkeit der delegierenden Gesellschaft — genau wie diejenige nach der Deliktsfähigkeit der Verbandsperson[27] — nicht allein durch begriffliche Erwägungen über das Wesen der juristischen Person, sondern nur unter Zuhilfenahme allgemeiner Rechtsgedanken beantworten lässt: Massgebend sind vor allem die der Deliktsfähigkeit der Verbandsperson zugrunde liegenden Postulate der billigen Schadensverteilung sowie der Gleichbehandlung juristischer und natürlicher Personen[28].

Voraussetzung einer Zurechnung aus doppelter Organschaft ist, dass der entsandte Vertreter *gleichzeitig* als Organ der aufnehmenden und der entsendenden Gesellschaft betrachtet werden kann (1.). Sodann ist ein doppelter funktioneller Zusammenhang zu fordern: Die haftungsbegründende Handlung muss "in Ausübung geschäftlicher Verrichtung"[29] beider Gesellschaften begangen worden sein (2.).

---

25 Gemäss OR 762 IV haftet die öffentlich-rechtliche Körperschaft für die von ihr abgeordneten Mitglieder "der Gesellschaft, den Aktionären und den Gläubigern gegenüber unter Vorbehalt des Rückgriffes nach dem Recht des Bundes und der Kantone".
26 Vgl. Vischer, Verantwortung 91 f.
27 Vgl. dazu vorn S. 47 f.
28 Vgl. dazu vorn S. 47 f.
29 Vgl. OR 718 III; zum Erfordernis des *funktionellen Zusammenhangs*, d.h. des Handelns in Ausübung dienstlicher Verrichtung, Egger N 19 zu ZGB 54/5; Gutzwiller, Verbandspersonen 495, Anm. 82; Halbheer 40 ff.

1. Kann eine natürliche Person Organ zweier Verbandspersonen sein?

Die Beantwortung dieser Frage hängt davon ab, ob eine konkrete Organhandlung ausschliesslich *einer* juristischen Person oder mehreren juristischen und der als Organ handelnden natürlichen Person zugerechnet werden könne. Nach dem für das schweizerische Recht massgebenden materiellen Organbegriff[30] sind Organe Personen, welche in einem qualifizierten Verhältnis zur Gesellschaft stehen, das sich in einer Handlungs*macht* und einer Handlungs*aufgabe* äussert. In diesem Sinne verstanden, kann eine Organhandlung durchaus für zwei juristische Personen erfolgen[31]. Ein Blick auf die Praxis zeigt, dass dies häufig der Fall ist: Mitglieder der Geschäftsleitung oder des Verwaltungsrates der einen Gesellschaft sitzen im Verwaltungsrat einer anderen Gesellschaft[32]. Im übrigen ist darauf hinzuweisen, dass ZGB 55 II die juristische Person aus Gründen der Billigkeit und der Gleichbehandlung mit natürlichen Personen für die unerlaubten Handlungen ihrer Funktionäre haften lässt[33]. Auch diese Gedanken schliessen eine Haftbarkeit der delegierenden Gesellschaft aus doppelter Organschaft nicht aus, sondern lassen sie geradezu als angebracht erscheinen[34].

2. Kann eine konkrete Handlung in "Ausübung geschäftlicher Verrichtung" beider Gesellschaften erfolgen?

Weitere Voraussetzung für eine Haftbarkeit der delegierenden Gesellschaft aus ZGB 55 II/OR 718 III für die Handlungen ihres Vertreters ist, dass der Vertreter die ihn persönlich verpflichtende unerlaubte Handlung[35] für die delegierende Gesellschaft begangen hat. Erforderlich ist somit ein doppelter *funktioneller Zusammenhang*.

Dass eine konkrete Pflichtverletzung des Vertreters nicht zugleich in Ausübung seiner ihm bei der delegierenden Gesellschaft zustehenden Funktion erfolgen kann, wird mit dem Hinweis auf das Fehlen einer rechtlich durchsetzbaren Weisungsmacht begründet[36]. Dieses Argument bezieht sich auf die dem Konzernrecht eigene Polarität zwischen rechtlichem *Dürfen* und tatsächlichem *Können*.

---

30 Vgl. dazu vorn S. 45 ff.
31 BGHZ 4, 253, 262 ff.
32 Zum Tatbestand der Doppelvertretung vgl. Bürgi N 35 ff. zu OR 707; Siegwart, Einl. N 214; zur personellen Verflechtung Mestmäcker 240 ff. sowie vorn S. 35 ff.
33 Vgl. vorn S. 47 f.
34 Vgl. Rehbinder, Konzernaussenrecht 252.
35 ZGB 55 III.
36 W. von Steiger, Rechtsverhältnisse 313a.

Zum andern könnte einer Haftung der delegierenden Gesellschaft entgegengehalten werden, OR 707 III schliesse die juristische Person von der Mitgliedschaft im Verwaltungsrat aus.

Auf diese beiden Punkte soll im folgenden kurz eingegangen werden:

a) Zum fehlenden Weisungsrecht

Strenggenommen stellt jede unerlaubte Handlung eines Organs eine Kompetenzüberschreitung dar und sollte die Verbandsperson daher nicht verpflichten[37]. Die Haftbarkeit der Verbandspersonen für die in Ausübung dienstlicher Verrichtung begangenen unerlaubten Handlungen ihrer Organe muss somit als eine an das tatsächliche *Können* und nicht an das rechtliche *Dürfen* anknüpfende Zurechnung betrachtet werden. Die Kompetenzwidrigkeit der unerlaubten Handlung eines Organs bleibt so lange unmassgeblich für die Zurechnung, als die unerlaubte Handlung in einem funktionellen Zusammenhang zur Tätigkeit des Verbandes steht[38]. Die im funktionellen Zusammenhang objektiv gewürdigte Kompetenzgemässheit einer Handlung[39] stellt eine die Kluft zwischen rechtlichem Dürfen und tatsächlichem Können[40] überbrückende Lösung dar und ist als solche das Resultat einer Interessenabwägung. Massgebend ist hier letztlich, dass der Verbandsperson die unerlaubte Handlung zugerechnet wird, weil sie dafür haften *soll*[41].

Daher trifft der in der Literatur vorgebrachte Hinweis auf das Fehlen eines Weisungsrechtes an die Vertreter den Kern der Sache nicht: Ob eine Handlung in funktionellem Zusammenhang mit der Tätigkeit bei der Gesellschaft steht, ergibt sich aus dem der Deliktsfähigkeit der Verbandsperson zugrunde liegenden Gebot der Billigkeit sowie der Gleichbehandlung natürlicher und juristischer Personen[42]. Sässe die juristische Person als Mitglied im Verwaltungsrat der aufnehmenden Gesellschaft, so würde sie für Pflichtverletzungen verantwortlich.

Daraus folgt aber wiederum, dass die Bejahung des funktionellen Zusammenhangs dann unzulässig ist, wenn sie zu einer "Schlechterstellung der juristischen

---

37 Strenggenommen ist eine unerlaubte Handlung des Organs immer kompetenzwidrig; vgl. dazu Egger N 19 zu ZGB 54/5; Hafter, Straffähigkeit 91 f.; Portmann 33 f.
38 Dass die Bejahung bzw. Verneinung des funktionellen Zusammenhanges das Resultat einer Interessenabwägung ist, weist Halbheer 40 ff. nach (allerdings im Zusammenhang mit der Frage nach der Haftung der Personengesellschaften für die unerlaubten Handlungen ihrer Mitglieder; materiell geht es bei OR 567 III und ZGB 55 II um das gleiche Problem).
39 Vgl. Portmann 34.
40 Vgl. etwa Hafter, Straffähigkeit 91: "Das 'natürliche Können' deckt sich nicht mit dem 'rechtlichen Dürfen', das Können geht über das Dürfen hinaus."
41 Wolfers 6.
42 Vgl. dazu vorn S. 47 f.

Personen gegenüber einer natürlichen Person als Entsender"[43] führt: Eine generelle Haftung der entsendenden Gesellschaft für ihren Vertreter kann also nicht angenommen werden. Für die Bejahung einer solchen Haftung bedarf es vielmehr besonderer Umstände[44].

b) Die Vereinbarkeit einer Haftung der entsendenden Gesellschaft mit OR 707 III

Es frägt sich, ob der Ausschluss juristischer Personen von der Mitgliedschaft im Verwaltungsrat einer AG gemäss OR 707 III der Annahme entgegenstehe, der Vertreter der juristischen Person habe "in Ausübung geschäftlicher Verrichtung" gehandelt. Wird nicht dadurch, dass die Handlungen des Vertreters im Verwaltungsrat der aufnehmenden Gesellschaft der delegierenden gemäss ZGB 55 II/ OR 718 III zugerechnet werden, gegen OR 707 verstossen[45]? Die Beantwortung dieser Frage hängt von dem Sinn ab, den man der Regelung von OR 707 III entnimmt[46]. Wir untersuchen daher, welche Bedeutung dieser Vorschrift in bezug auf ZGB 55 II/OR 718 III zukommt:

Wo einer Person die Vertretung möglicherweise entgegengesetzter Interessen obliegt, entsteht die Gefahr eines *Interessenkonfliktes*. Im Brennpunkt verschiedener Interessen befindet sich der Vertreter einer juristischen Person im Verwaltungsrat einer AG[47].

OR 707 III könnte nun dahin ausgelegt werden, dass der Gesetzgeber mit dieser Vorschrift mögliche Interessenkonflikte im Verwaltungsrat einer AG von vornherein habe ausschliessen wollen; die Zulassung juristischer Personen in den Verwaltungsrat einer AG würde die Gesellschaftsorgane einem unerträglichen Interessenkonflikt aussetzen. Der Gesetzgeber habe die Gefahr eines Konfliktes erkannt, die Einzelgesellschaft zum rechtlich geschützten Interessenzentrum erhoben und die Wahrnehmung gesellschaftsfremder Interessen im Verwaltungsrat einer AG durch OR 707 III ausgeschlossen. Diese Vorschrift stehe daher der Annahme zwingend entgegen, der Vertreter habe in "Ausübung geschäftlicher

---

43 Mertens, Kölner Kommentar § 76 N 31.
44 Zu den besonderen Voraussetzungen, unter denen eine Haftung bejaht werden kann, vgl. hinten S. 161.
45 So Falkeisen 83; diese These lehnt Mestmäcker 262 ausdrücklich ab.
46 Vgl. Bürgi N 27 ff. zu OR 707; Falkeisen 72 ff.; G. Schucany 13 ff.; Wieland II/121; die analoge Vorschrift zu OR 707 III findet sich in § 76 III AktG; zu dieser Bestimmung vgl. etwa Gessler/Hefermehl/Eckhardt/Kropff § 76 N 34; Mertens, Kölner Kommentar § 76 N 41 sowie Godin/Wilhelmi, Aktiengesetz § 76 N 9: "Eine juristische Person kann nicht Vorstandsmitglied sein, dies erklärt sich aus dem Wesen des Vorstandes. Der Vorstand ist der Handelnde der juristischen Person, also kann dies nicht wiederum eine andere juristische Person sein ..."

Verrichtung" gehandelt[48]. Sobald das Verhalten des Vertreters als Organhandlung für die aufnehmende Gesellschaft zu betrachten wäre, sei jede organschaftliche Zurechnung an eine andere Gesellschaft blockiert[49].

Einer solchen Interpretation von OR 707 III muss indessen entgegengehalten werden, dass das Aktienrecht die AG vor der Wahrnehmung anderer Interessen weder schützen *kann* noch *will;* die AG steht anerkanntermassen im Brennpunkt verschiedenster Interessen[50]: In der GV kann der Aktionär durch Ausübung seines Stimmrechts im Rahmen des Gebots von Treu und Glauben gesellschaftsfremde Interessen verfolgen[51], nach OR 708 IV ist die Vertretung von Gruppeninteressen im Verwaltungsrat der AG ausdrücklich vorgesehen[52]. Wo aber mehrere Interessen im Spiele stehen, entsteht die Pflicht zu ihrer Abwägung. Aus OR 722 ergibt sich, dass die Gesellschaftsorgane im Konfliktsfalle den Gesellschaftsinteressen den Vorzug zu geben haben[53]. Die Einzelgesellschaft ist nach geltender Rechtsordnung rechtlich geschütztes Interessenzentrum. Das *Gesellschaftsinteresse ist die absolute Schranke* einer grundsätzlich zulässigen Wahrnehmung anderer Interessen im Verwaltungsrat der AG.

OR 707 III schliesst das Handeln in Doppelorganschaft nicht aus. Diese Regelung unterstreicht lediglich die den Gesellschaftsorganen obliegende Pflicht zur Interessenabwägung und betont den persönlichen Charakter des Verwaltungsratsmandates. Indem sie bei den Organen das Bewusstsein der persönlichen Verantwortung weckt, stellt sie eine sorgfältige Interessenwahrung sicher[54].

Über die *Rechtsfolgen* eines Verstosses gegen die in OR 722 grundsätzlich verankerte und in OR 707 III für den Fall der Vertretung juristischer Personen im Verwaltungsrat der AG unterstrichene Interessenwahrungspflicht der Gesellschaftsorgane sagt OR 707 III nichts aus. Sie ergeben sich m.E. aus dem Gebot der *Billigkeit, dass derjenige für die Schädigung anderer Personen haften soll, in dessen Interesse gehandelt wird*[55]. Damit schliesst sich der Kreis der Argumentation: Angewandt auf die Frage der Deliktsfähigkeit der Verbandsperson – d.h. hier die Haftung der entsendenden Gesellschaft für ihre Vertreter im Verwaltungsrat der aufnehmenden Gesellschaft –, verlangt dieses Gebot nichts anderes als die Gleichbehandlung juristischer und natürlicher Personen[56].

47 Zum Interessenkonflikt des abhängigen Verwaltungsrates vgl. vorn S. 93 ff.
48 Vgl. OR 718 III.
49 Vgl. BGHZ 39, 309; Mertens, Kölner Kommentar § 76 N 30; eindeutig ist die Formulierung von Capitaine 91a: "Cependant, il ne s'agit pas ici d'une véritable représentation aux sens des art. 32 et ss. CO. L'administrateur élu chez la société dominée devient bien plutôt *le représentant* de cette dernière et il perd en droit tous rapports avec ceux qui l'ont élu." Ähnlich Caflisch 264 mit Verweisungen.
50 Vgl. dazu vorn S. 94 f.
51 Zu den Schranken des Stimmrechts vgl. vorn S. 142 ff.
52 Bürgi N 63 ff. zu OR 708.
53 Dies gebietet die Treuepflicht der Gesellschaftsorgane, vgl. dazu vorn S. 87.
54 In diesem Sinne Simonius 387.
55 Ich verzichte auf eine Begründung dieses Gebots.
56 Vgl. Mertens, Kölner Kommentar § 76 N 31.

Die Frage, ob eine konkrete Handlung des Vertreters der delegierenden Gesellschaft im Verwaltungsrat der aufnehmenden *in dienstlicher Verrichtung beider Gesellschaften* erfolgen kann, ist zu bejahen.

3. Voraussetzungen für das Vorliegen eines funktionellen Zusammenhangs

Bereits wurde festgestellt[57], dass ein funktioneller Zusammenhang und damit eine Haftung der delegierenden Gesellschaft für das Verhalten ihres Vertreters nicht generell bejaht werden kann. Es bleibt zu untersuchen, *wann* ein solcher gegeben ist. Nach den vorstehenden Bemerkungen wäre theoretisch darauf abzustellen, ob eine bestimmte Handlung pflichtgemäss im Interesse der aufnehmenden Gesellschaft oder im ausschliesslichen Interesse der entsendenden Gesellschaft und somit pflichtwidrig erfolgte. Nur im zweiten Falle ist die Zurechnungsvoraussetzung des Handelns in "Ausübung geschäftlicher Verrichtung" gegeben. Zurechnungsvoraussetzung wäre die im Interesse der entsendenden Gesellschaft begangene Pflichtwidrigkeit.

Eine solche Betrachtungsweise würde indessen von der wirklichkeitsfremden Vorstellung ausgehen, dass der Vertreter der delegierenden Gesellschaft einmal für die entsendende und ein andermal für die aufnehmende Gesellschaft handle[58], und hätte eine exakte Abgrenzung der Interessenkreise beider Gesellschaften zur Voraussetzung. Für Konzernverhältnisse zumindest drängt sich eine einfachere Lösung auf:

IV. Die Haftbarkeit der Obergesellschaft aus doppelter Organschaft im Konzernverhältnis

Wurde eine Haftbarkeit der delegierenden Gesellschaft für das Verhalten ihres Vertreters im Verwaltungsrat der aufnehmenden Gesellschaft als rechtlich begründbar erkannt, so drängt sich eine solche Haftung in Konzernverhältnissen angesichts der besonderen Interessenlage durchaus auf:

Im Konzern wird die einheitliche Leitung in personeller Hinsicht durch die Entsendung von Vertretern der Obergesellschaft in den Verwaltungsrat der einzelnen Konzerngesellschaften sichergestellt. Diese sind von der Konzernspitze zur Einflussnahme auf die Geschäftsführung der Konzerngesellschaften berufen.

---

[57] Vgl. vorn S. 159.
[58] Die Handlung des Vertreters ist m.E. vielmehr ein Lebensvorgang, der sich weder objektiv (d.h. für Dritte) noch *subjektiv* (d.h. für den Handelnden selbst) unterteilen lässt.

Daher muss die Obergesellschaft für alle unerlaubten Handlungen ihrer Vertreter im Verwaltungsrat der Konzerngesellschaften aus doppelter Organschaft haftbar werden, welche nach der konkreten Konzernorganisation[59] objektiv in den sachlichen Bereich der einheitlichen Leitung fallen[60]. Gefordert ist m.a.W. das Vorliegen eines funktionellen Zusammenhanges zwischen der konkreten Handlung des abhängigen Verwaltungsrates und der materiellen Konzernleitung[61].

Diesen Lösungsansatz hat der deutsche Bundesgerichtshof vor Augen, wenn er eine Haftung der delegierenden Gesellschaft für den Fall offenlässt, wo diese einen "bestimmenden, beherrschenden Einfluss auf die Verwaltung" der aufnehmenden Gesellschaft ausübt[62].

Diese Lösung lässt sich m.E. mit dem der Deliktsfähigkeit der Verbandsperson zugrunde liegenden *Billigkeitsgedanken* begründen. Ob die Obergesellschaft wegen ihrer Einflussnahme auf die Geschäftsführung der Konzerngesellschaft direkt als Organ der betroffenen Konzerngesellschaft anzusprechen sei, wird an anderer Stelle erläutert[63].

V. Einzelfragen

1. Haftbarkeit gegenüber der aufnehmenden Gesellschaft oder gegenüber Dritten?

M.E. wird die entsendende Gesellschaft für das unerlaubte Verhalten ihres Vertreters sowohl gegenüber der aufnehmenden Gesellschaft als auch gegenüber Dritten haftbar[64]. Es besteht weder ein rechtlicher noch ein sachlicher Grund, die Haftung der entsendenden Gesellschaft nur gegenüber der aufnehmenden Gesellschaft eintreten zu lassen: Die Haftbarkeit der juristischen Person für das unerlaubte Verhalten ihrer Organe besteht gegenüber jedermann, der einen Schaden erlitten hat.

Bei der Haftung gegenüber der aufnehmenden Gesellschaft aus doppelter Organschaft ergibt sich dann eine Besonderheit, wenn der Vertreter seine ihm als Organ der aufnehmenden Gesellschaft nach OR 722 obliegenden Sorgfaltspflichten verletzt hat und dafür nach OR 754 persönlich verantwortlich wird. ZGB 55

---

59 Zur Konzernorganisation vgl. vorn S. 29 ff.
60 Die einheitliche Leitung beschlägt den Bereich der vergemeinschafteten Unternehmensfunktionen.
61 Rehbinder, Konzernaussenrecht 256 ff.
62 Vgl. BGHZ 36, 311; dazu Rehbinder, Konzernaussenrecht 253; Vischer, Verantwortung 92.
63 Zur unmittelbaren Organhaftung der herrschenden Gesellschaft vgl. hinten S. 168 ff.
64 A.M. Mertens, Kölner Kommentar § 76 N 30, der eine Haftung der entsendenden Gesellschaft gegenüber Dritten generell ablehnt.

II bzw. OR 718 III lässt die juristischen Personen nur für die in Ausübung geschäftlicher Verrichtung begangenen *unerlaubten* Handlungen haften. Es sind daher zwei Fälle zu unterscheiden: Stellt das die aktienrechtliche Verantwortlichkeit des Vertreters begründende Verhalten gleichzeitig einen Verstoss gegen die Gebote der allgemeinen Rechtsordnung dar[65], so ist die Haftbarkeit der entsendenden Gesellschaft gegeben. Besteht die Pflichtwidrigkeit lediglich im Verstoss gegen eine relative Pflicht, so muss auf die Rechtsnatur des Verantwortlichkeitsanspruches abgestellt werden; diese ist anerkanntermassen umstritten[66]. Nur wenn der Verantwortlichkeitsanspruch als ausservertraglich zu betrachten ist, kann eine Zurechnung an die entsendende Gesellschaft aus doppelter Organschaft erfolgen.

2. Klagelegitimation mittelbar geschädigter Aktionäre und Gläubiger der aufnehmenden Gesellschaft?

Ist nur die aufnehmende Gesellschaft durch das Verhalten des Vertreters unmittelbar geschädigt, so wird diese in Konzernverhältnissen kaum eine Schadenersatzklage gegen die Obergesellschaft anheben, da sie von dieser beherrscht ist. Es frägt sich daher, ob ihren mittelbar geschädigten Aktionären und Gläubigern ein selbständiges Klagerecht auf Leistung an die aufnehmende Gesellschaft im Sinne von OR 755 zugebilligt werden solle. Dies ist m.E. unter Hinweis auf die dieser Norm zugrundeliegenden Rechtsgedanken zu bejahen[67].

VI. Zusammenfassung

— Das Handeln in doppelter Organschaft ist grundsätzlich möglich. Weder OR 707 III noch das Fehlen einer rechtlich normierten Weisungsbefugnis der delegierenden Gesellschaft an ihre Vertreter stehen dem entgegen.

---

65 Über das Verhältnis von OR 41 zu OR 754 vgl. Bürgi N 11 ff. zu OR 753/4, der umgekehrt untersucht, wann eine unerlaubte Handlung des Gesellschaftsorgans gleichzeitig eine Pflichtwidrigkeit im Sinne von OR 754 darstellt; zum funktionellen Zusammenhang zwischen unerlaubter Handlung und Vertragsverletzung vgl. auch Jäggi, Schadenersatzforderung 181 ff.
66 Zur Rechtsnatur der Verantwortlichkeitsansprüche vgl. Forstmoser, Aktienrechtliche Verantwortlichkeit N 108 ff.; Schiess 28 ff.: Die Ansprüche der Gesellschaft werden *einhellig* als vertragliche bezeichnet; die Ansprüche des Aktionärs werden *vorwiegend* als vertraglich bezeichnet; *uneinig* ist man sich über die Rechtsnatur der Gläubigeransprüche.
67 Vgl. vorn S. 54 ff., 74.

— Die Haftbarkeit der entsendenden Gesellschaft für das unerlaubte Verhalten ihrer in Doppelorganschaft handelnden Vertreter im Verwaltungsrat der aufnehmenden Gesellschaft ergibt sich aus den ZGB 55 II/OR 718 III bzw. § 31 BGB zugrunde liegenden Postulaten der billigen Haftungsverteilung sowie der Gleichbehandlung natürlicher und juristischer Personen.

— Voraussetzung einer solchen Haftbarkeit ist die im Interesse der entsendenden Gesellschaft erfolgende Pflichtwidrigkeit des Vertreters: In Konzernverhältnissen wird die Haftbarkeit der delegierenden Obergesellschaft generell für solche Handlungen ihrer Vertreter im Verwaltungsrat der Konzerngesellschaften bejaht, welche in funktionellem Zusammenhang mit der Ausübung der einheitlichen Leitung stehen.

B. Die Haftbarkeit der Obergesellschaft für ihre Vertreter als Geschäftsherr nach OR 55

I. Problemstellung

Oft bekleidet der in den Verwaltungsrat der Konzerngesellschaft entsandte Interessenvertreter keine Organstellung bei der Obergesellschaft, sondern steht zu dieser im Auftrags- oder Arbeitsvertragsverhältnis.

Dies ist einmal dann der Fall, wenn die Obergesellschaft einen unabhängigen Dritten als selbständigen Interessenvertreter in die Verwaltung der Konzerngesellschaft entsendet[68]. Sodann lässt sich der Fall denken, dass die Konzernspitze einen untergeordneten Angestellten in die Verwaltung der Konzerngesellschaft schickt, der die Weisungen der Obergesellschaft *tatsächlich* zu befolgen hat[69].

In beiden Fällen kommt eine Haftbarkeit der Obergesellschaft unter dem Gesichtspunkt der doppelten Organschaft nicht in Betracht, weil der Vertreter nicht Organ der Obergesellschaft ist. Daher stellt sich die Frage nach der Anwendbarkeit von OR 55.

---

68 Dies ist in multinationalen Konzernen der Fall, wo der Verwaltungsrat der ausländischen Konzerngesellschaft eine Mindestzahl nationaler Mitglieder aufweisen muss; über die Funktionen dieser Verwaltungsräte vgl. Hans J. Bär 95 ff.
69 Über die rechtliche Zulässigkeit der Weisungsbefolgung vgl. vorn S. 90 ff.; dieser Fall wird allerdings deshalb selten sein, weil sich nach aussen die Unabhängigkeit eines Verwaltungsrates dann überzeugender vertreten lässt, wenn er bei der entsendenden Gesellschaft eine Organstellung bekleidet.

II. Grundsätzliche Anwendbarkeit von OR 55

Die Geschäftsherrenhaftung der Obergesellschaft für das Verhalten ihrer in die Verwaltung der Konzerngesellschaft entsandten Vertreter wird in der Rechtsliteratur mehrheitlich abgelehnt[70] und nur von wenigen Autoren befürwortet[71].

Als Haupteinwände gegen die Anwendbarkeit von OR 55 werden die Unvereinbarkeit einer solchen Haftung mit OR 707 III[72], die normative Eigenverantwortlichkeit der Gesellschaftsorgane und das Fehlen eines Weisungsrechtes ins Feld geführt[73].

Diese Argumente sind m.E. nicht stichhaltig: Auf die rechtliche Qualifikation des zwischen entsendender Gesellschaft und Vertreter bestehenden tatsächlichen Verhältnisses kommt es für die Anwendbarkeit von OR 55 nicht an. Massgebend ist allein die faktische Weisungsunterworfenheit der abhängigen Verwaltungsräte. Die Eigenverantwortlichkeit und das damit verbundene Fehlen eines Weisungsrechtes an die Organe der Konzerngesellschaft stehen der Annahme eines Subordinationsverhältnisses im Sinne von OR 55 nicht entgegen. Im übrigen ist auf die im Zusammenhang mit der Haftbarkeit der Obergesellschaft aus doppelter Organschaft dargelegten Argumente zu verweisen. M.E. sprechen keine grundsätzlichen dogmatischen Bedenken gegen eine Geschäftsherrenhaftung der Obergesellschaft für das Verhalten ihrer in die Verwaltung der Konzerngesellschaft entsandten Vertreter.

III. Die Voraussetzungen einer Haftung aus OR 55 im einzelnen

Im folgenden muss differenzierend untersucht werden, *wann* eine solche Haftung im konkreten Fall angenommen werden kann: Geht man davon aus, dass das "Moment der Unterordnung" das Hauptmerkmal des zwischen Geschäftsherrn und Hilfsperson bestehenden Rechtsverhältnisses darstellt[74], so lassen sich bezüglich einer Geschäftsherrenhaftung der Obergesellschaft für ihre Vertreter folgende Feststellungen machen:

Steht der Vertreter mit der Obergesellschaft im *Arbeitsvertragsverhältnis,* so ist m.E. das für die Haftung aus OR 55 erforderliche Unterordnungsverhältnis gegeben[75], da der Vertreter in diesen Fällen meistens in die Organisations-

---

70 Vgl. Falkeisen 83; Hamburger, Schuldenhaftung 30; Mestmäcker 260; Rasch, 2. Aufl. 179; W. von Steiger, Rechtsverhältnisse 311a f.
71 Rehbinder, Konzernaussenrecht 257; sinngemäss Forstmoser, Aktienrechtliche Verantwortlichkeit N 506.
72 So Falkeisen 83 f.
73 So W. von Steiger, Rechtsverhältnisse 311a f.
74 Vgl. Oftinger II/1 135.
75 Vgl. grundlegend Oftinger II/1 131 ff.

struktur des Gesamtkonzerns eingegliedert ist. Allerdings fällt eine Geschäftsherrenhaftung der Obergesellschaft immer dann ausser Betracht, wenn der mit der Konzernspitze im Arbeitsvertragsverhältnis stehende Vertreter bei dieser eine Organstellung bekleidet[76]. Damit findet die Geschäftsherrenhaftung der Obergesellschaft für die mit ihr im Auftragsverhältnis stehenden Personen auf den seltenen Fall Anwendung, wo untergeordnete Funktionäre der Konzernspitze in die Verwaltung der Konzerngesellschaft gewählt werden[77].

Sehr häufig werden dagegen selbständige Treuhänder oder Rechtsanwälte mit der Wahrnehmung der Konzerninteressen in der Verwaltung der Konzerngesellschaft betraut. Sie sind in diesem Falle *Beauftragte* der Obergesellschaft im Sinne von OR 394 ff. Die Untersuchung der Frage, ob zwischen diesem selbständigen Vertreter und der Obergesellschaft das für die Anwendung von OR 55 erforderliche *Subordinationsverhältnis* gegeben sei, führt wiederum ins Spannungsfeld zwischen rechtlichem Dürfen und tatsächlichem Können[78]: OR 397 räumt dem Auftraggeber ein Weisungs*recht* an den Beauftragten ein[79]. Wie an anderer Stelle der Arbeit dargelegt wird[80], ist das zwischen dem abhängigen Verwaltungsrat und der Konzernspitze bestehende Auftragsverhältnis durch die Eigenverantwortlichkeit der Verwaltungsorgane insofern weitgehend bestimmt, als das Weisungsrecht der Obergesellschaft grundsätzlich auf den Bereich der zulässigen Interessenwahrung beschränkt ist. Anderseits bewirkt die Möglichkeit der jederzeitigen Abberufung nach OR 404 in vielen Fällen eine faktische Weisungsunterworfenheit des Vertreters. Nach herrschender Lehre ist ein Unterordnungsverhältnis im Sinne von OR 55 dann *nicht* gegeben, wenn die Gegenpartei des Auftraggebers selbständig und unter eigener Verantwortung handelt, so dass "nicht anzunehmen ist, sie habe sich nach seinen Weisungen zu verhalten"[81]. Der als Interessenvertreter des Gesamtkonzerns in die Verwaltung der Konzerngesellschaft entsandte selbständige Rechtsanwalt oder Treuhänder ist also keineswegs generell als Hilfsperson der Konzernspitze im Sinne von OR 55 zu betrachten[82]. Es muss vielmehr nach dem Stellenwert differenziert werden, den die Konzerngesellschaft im Gesamtkonzern einnimmt:

Je bedeutender die Position einer Tochtergesellschaft innerhalb des ganzen Konzerns ist, desto eher handelt der in ihre Verwaltung entsandte selbständige Vertreter als gleichgestellter Berater der Konzernleitung in allen die Konzerngesellschaft betreffenden Fragen und hat als solcher vor allem Koordinations-

---

76 Dies ist z.B. dann der Fall, wenn die Mitglieder der Geschäftsleitung der Obergesellschaft (Konzernleitung) zugleich im Verwaltungsrat der Tochtergesellschaft sitzen.
77 Vgl. dazu vorn S. 82 f.
78 Vgl. dazu vorn S. 158.
79 Zum Wesen des Weisungsrechtes als Voraussetzung eines Auftragsverhältnisses vgl. grundlegend Gautschi N 1a ff. zu OR 397.
80 Vgl. dazu vorn S. 88 f.
81 Oftinger II/1 135.
82 Nach Oftinger II/1 136 ist der Rechtsanwalt nicht Hilfsperson des Auftraggebers.

funktionen. In anschaulicher Weise schildert H.J. BÄR die Aufgaben des Verwaltungsrates einer ausländisch beherrschten Tochtergesellschaft: "Die hier zur Diskussion stehenden Aufgaben sind psychologisch von eminenter Bedeutung, hat doch der lokale Verwaltungsrat — ich denke hier keineswegs an die ausländischen Vertreter der Muttergesellschaft, sondern an effektiv lokalansässige Vertrauenspersonen — die Rolle eines Prokonsuls zu erfüllen. Es gilt zum Beispiel, die lokale politische Lage zu überprüfen, in Sachen Lohnpolitik, Rassenpolitik, Spesenvergütungen und anderes mehr den Aktionär zu *beraten*[83], lokale Geschäftspraktiken im Lichte der vorherrschenden Sitten und Gebräuche zu analysieren und unter Umständen zur Verhandlung mit der Lokalregierung, Steuerbehörde oder auch der privaten Geschäftswelt zur Verfügung zu stehen."[84] Aus diesem Votum eines Praktikers erhellt, dass von blossem "Befehlsempfängertum" des abhängigen Verwaltungsrates in einem solchen Fall nicht die Rede sein kann und eine Geschäftsherrenhaftung der Konzernspitze nicht gegeben ist.

Daneben sind — vor allem in kleineren Konzerngesellschaften — aber Fälle denkbar, wo der in die Verwaltung der Konzerngesellschaft entsandte Vertreter eine blosse Strohmannfunktion erfüllt und jederzeit ausgewechselt werden kann. Hier ist eine Haftung der Konzernspitze aus OR 55 gegeben.

83 Auszeichnung vom Verfasser.
84 H.J. Bär 101.

3. KAPITEL

Organhaftung der Obergesellschaft aus OR 754

I. Problemstellung

Die Haftbarkeit der Obergesellschaft aus doppelter Organschaft[1] ergab sich aus einer Zurechnung der im Verwaltungsrat der aufnehmenden Gesellschaft begangenen unerlaubten Handlung ihres Vertreters nach ZGB 55 II/OR 718 III. Hier wird untersucht, ob die Obergesellschaft dann unmittelbar als *Organ der Konzerngesellschaft* angesprochen werden könne, wenn sie über delegierte Personen oder durch Stimmrechtsausübung in die Geschäftsführung der Konzerngesellschaft eingreift. Der Grundgedanke einer unmittelbaren Organhaftung der Obergesellschaft liegt in der haftungsmässigen *Gleichstellung der Obergesellschaft mit den Organen der Konzerngesellschaft;* er ist ein Anwendungsfall des Postulats der Gleichbehandlung juristischer und natürlicher Personen[2]:

Nimmt die Obergesellschaft Organfunktionen für die Konzerngesellschaft wahr, so sollen sie die Pflichten eines ordentlichen Organs treffen. Als Folge dieser Konstruktion hat die Obergesellschaft bei ihrer Einflussnahme auf die Konzerngesellschaft das rechtlich geschützte Eigeninteresse[3] dieser Gesellschaft wie ein ordentliches Gesellschaftsorgan zu wahren. Bei Pflichtverletzung wird sie nach OR 754 verantwortlich.

Ein Teil der schweizerischen Rechtsliteratur lehnt die Begründung einer unmittelbaren Organhaftung der Obergesellschaft nach OR 754 mit dem Hinweis auf die Unvereinbarkeit dieser Konstruktion mit OR 707 III ab[4]. Andere Autoren bejahen eine Organhaftung der Obergesellschaft mit gewisser Zurückhaltung: "Il ne paraît pas impossible de considérer la société dominante comme un organe de la filiale, responsable de ses dettes aux termes de l'article 754 CO."[5]

---

1 Zur Haftbarkeit der Obergesellschaft aus doppelter Organschaft vgl. vorn S. 152 ff.
2 Vgl. Immenga 276 ff.
3 Zum Gesellschaftsinteresse vgl. vorn S. 94 f.
4 Gehriger 105 ff.; Woernle 60 (ohne Hinweis auf OR 707 III); sinngemäss Wohlmann 110; Zweifel, Holdinggesellschaft 98.
5 Recherches sur le droit des groupes de sociétés, Compte-rendu des colloques de l'été 1968, hrsg. vom Centre d'études juridiques européennes (Genf 1968), 9 (zitiert von Woernle 59); bejahend mit ausdrücklichem Hinweis auf die herrschende *Gesellschaft* Petitpierre-Sauvin 133 ff., vgl. allerdings die Bedenken auf S. 138: "Il ne faut pas oublier que ce système est envisagé comme hypothèse." Mit Hinweis auf eine extensive Auslegung von OR 754, aber nicht unter Bezugnahme auf eine Haftbarkeit der herrschenden *Gesellschaft:* Forstmoser, Aktienrechtliche Verantwortlichkeit N 498; Forstmoser/Meier-Hayoz § 25 N 4; Hirsch, cession 183; Meier-Wehrli 22 f.; Nenninger 116; neuerdings Zweifel, Fragen 94, Anm. 20.

169

In der schweizerischen Judikatur liegen keine Entscheidungen zu dieser Frage vor.

Bei der Begründung einer unmittelbaren Organhaftung der Obergesellschaft aus OR 754 stellt sich die Frage nach der rechtlichen Zulässigkeit (II.), nach den Voraussetzungen (III.) und der praktischen Bedeutung einer solchen Konstruktion (IV.).

II. Rechtliche Zulässigkeit einer Organhaftung der Obergesellschaft

1. Vereinbarkeit mit OR 707 III

Vor dem Erlass des revOR war die Frage umstritten, ob juristische Personen als Verwaltungsratsmitglieder einer AG gewählt werden könnten[6]. OR 707 III hat diese Streitfrage in dem Sinn entschieden, dass nur natürliche Personen Mitglieder der Verwaltung einer AG sein können. Für die Beantwortung der Frage, ob diese Regelung der Konstruktion einer direkten Organhaftung der Obergesellschaft aus OR 754 im Wege stehe, muss der Sinn der Vorschrift erkundet werden[7].

Zunächst ist festzustellen, dass sich aus dem Wesen der Verbandsperson m.E. weder Argumente für noch gegen die Fähigkeit juristischer Personen gewinnen lassen, Gesellschaftsorgane zu sein[8]. Auch das positive Recht hat diese Frage nicht eindeutig entschieden: Nach OR 727 III können juristische Personen Kontrollstelle einer AG und somit Gesellschaftsorgane sein[9]; wie verhält sich OR 727 III zu OR 707 III?

Der Sinn von OR 707 III ergibt sich m.E. aus folgender Überlegung: An anderer Stelle[10] ist ausführlich dargelegt worden, dass unser Gesellschaftsrecht den Verwaltungsorganen einer AG die Pflicht zu sorgfältiger Geschäftsführung in *voller Eigenverantwortlichkeit* auferlegt. Mit dieser Eigenverantwortlichkeit wäre die Mitgliedschaft juristischer Personen im Verwaltungsrat einer AG unvereinbar, da letztlich hinter jeder Handlung einer juristischen Person das Verhalten

---

6 Bürgi N 8 zu OR 707; Schaefer 138 ff.; Simonius 367 ff.
7 Zu OR 707 III vgl. auch vorn S. 159 ff.
8 Vgl. BGE 58 I 382: "On voit ... qu'il est difficile de tracer des limites sûres entre lesquelles la capacité juridique de la personne morale existe dans tous les cas. Au lieu de chercher le critère dans des considérations abstraites à propos de l'article 53 CCS, il échet bien plutôt de rechercher dans chaque cas particulier si, ... la personne morale possède ou non les qualités requises pour pouvoir exercer les droits et exécuter les obligations dont il s'agit, en l'espèce ceux d'administrateur d'une société anonyme" (zitiert bei Simonius 371). Zu den möglichen Bedenken gegen eine Organstellung juristischer Personen vgl. im einzelnen Stulz 23 ff.
9 Vgl. Bürgi N 10 zu OR 727 mit weiteren Hinweisen.
10 Vgl. vorn S. 88 f.

natürlicher Personen steht. Als Verwaltungsorgan einer AG wäre die juristische Person zwar Träger der aus dieser Organstellung fliessenden Rechte und Pflichten, müsste sie aber durch ihre Organe wahrnehmen, deren Verhalten ihr als eigenes zugerechnet würde. Nicht die Vertreter, sondern die juristische Person wird dafür verantwortlich.

Die Wahl juristischer Personen in den Verwaltungsrat einer AG hätte zur Folge, dass im Verwaltungsrat Personen verschiedener rechtlicher Kategorien sitzen würden: unter eigener Verantwortung handelnde Mitglieder und die Vertreter juristischer Personen. Der Ausschluss juristischer Personen vom Verwaltungsrat einer AG ist daher die notwendige Folge des Grundsatzes der Eigenverantwortlichkeit der Verwaltungsorgane.

OR 707 III ändert nichts an der Tatsache, dass eine juristische Person ihre Interessenvertreter in den Verwaltungsrat einer von ihr beherrschten AG entsendet. Diese Bestimmung hält lediglich fest, dass die Interessenvertretung im Verwaltungsrat einer AG unter voller Eigenverantwortlichkeit der Gesellschaftsorgane zu erfolgen hat; sie macht aber keine Aussage darüber, ob die in voller Eigenverantwortlichkeit erfolgte Interessenvertretung auch der juristischen Person als Organhaftung zugerechnet werden kann, in deren Interesse sie erfolgte[11].

Eine direkte Organhaftung der Obergesellschaft aus OR 754 ist durch OR 707 III somit nicht ausgeschlossen.

2. Vereinbarkeit mit OR 754

Die Obergesellschaft wird dann aktienrechtlich verantwortlich, wenn sie als materielles Organ der Konzerngesellschaft im Sinne von OR 754 betrachtet werden kann. Bei der Auslegung von OR 754 wurde der Grundsatz des *Gleichgewichts von Herrschaft und Haftung* als ein wichtiger dieser Vorschrift zugrunde liegender Gedanke erkannt[12]; er gestattet eine weite Fassung der Passivlegitimation im Sinne des materiellen Organbegriffes. Organ ist jedermann, der "effektiv und in entscheidender Weise an der Bildung des Verbandswillens" teilnimmt[13].

Ob der materielle Organbegriff neben den natürlichen auch juristische Personen erfasst, erscheint allerdings im Hinblick auf den Wortlaut von OR 754

---

11 In diesem Sinne sind die Autoren zu verstehen, welche den Ausschluss juristischer Personen von der Mitgliedschaft im Verwaltungsrat nach OR 707 III mit der Höchstpersönlichkeit und dem besonderen Vertrauenscharakter des Verwaltungsratsmandates begründen: so Bürgi N 8, 27 zu OR 707; ähnlich Schaefer 140 ff.; G. Schucany 13 f.; Wieland II/121 mit weiteren Hinweisen.
12 Vgl. vorn S. 54 ff., 55.
13 BGE 87 II 187; Forstmoser/Meier-Hayoz § 15 N 9.

fraglich. Der Entstehungsgeschichte[14] dieser Vorschrift ist zu entnehmen, dass dem Gesetzgeber die Anwendung der aktienrechtlichen Verantwortlichkeitsvorschriften auf einen weiten Personenkreis, nicht aber die Erfassung der gesellschaftsschädigenden Einflussnahme durch juristische Personen vor Augen gestanden hat.

Daneben sprechen auch konzeptionelle Erwägungen gegen die Konstruktion einer unmittelbaren Organhaftung der Obergesellschaft aus OR 754: Diese Vorschrift statuiert in ihrem Grundgedanken eine persönliche Verantwortlichkeit der Gesellschaftsorgane für die Verletzung der ihnen nach OR 722 obliegenden Sorgfaltspflichten. Die Deliktsfähigkeit juristischer Personen unterwirft diese einer Haftung für fremdes Verschulden[15]. ZGB 55 II/OR 718 III sind Zurechnungsnormen. Die Anwendung von OR 754 auf juristische Personen würde diesen eine über ZGB 55 II/OR 718 III hinausgehende Haftung für fremdes Verschulden auferlegen und gegen den Grundsatz der Gleichbehandlung natürlicher und juristischer Personen verstossen.

M.E. sollte OR 754 nur auf den Bereich der persönlichen Verantwortlichkeit angewandt werden.

III. Die Voraussetzungen einer direkten Organhaftung der Obergesellschaft

Die Voraussetzungen, unter denen — von den in II. erwähnten Bedenken einmal abgesehen — eine unmittelbare Organhaftung der Obergesellschaft aus OR 754 anzunehmen ist, ergeben sich aus dem materiellen Organbegriff: Erforderlich ist danach für die aktienrechtliche Verantwortlichkeit nach OR 754 die in tatsächlicher Ausübung von konzerngesellschaftlichen Geschäftsführungsfunktionen begangene Pflichtverletzung gegenüber der Konzerngesellschaft.

IV. Praktische Bedeutung einer Organhaftung der Obergesellschaft

Die unmittelbare Organhaftung der Obergesellschaft könnte bei Vorliegen einer personellen Verflechtung dann praktisch bedeutsam werden, wenn sich eine Haftung der Konzernspitze aus doppelter Organschaft nicht begründen lässt:

Erfüllt das Verhalten des Vertreters der Obergesellschaft den Tatbestand der unerlaubten Handlung nicht, so fällt die Haftung aus Doppelorganschaft ausser

---

14 Zur Entstehungsgeschichte vgl. vorn S. 51 f.
15 Vgl. Portmann 38.

Betracht[16]. Sprechen wir die Obergesellschaft unmittelbar als Organ der Konzerngesellschaft an, dann ist *sie* neben den ordentlichen Gesellschaftsorganen Träger der organschaftlichen Rechte und Pflichten[17]. Ihre in den Verwaltungsrat der Konzerngesellschaften entsandten Vertreter üben ihre Organpflichten unter *eigener Verantwortung* für die Obergesellschaft aus. Diese wächst über ihre Vertreter in die Organstellung hinein. Die Zurechnung ergäbe sich in rechtlicher Hinsicht aus ZGB 55 II[18].

Ist der Vertreter der Obergesellschaft im Verwaltungsrat der Konzerngesellschaft Hilfsperson oder ein Dritter, so ist die Begründung einer Haftung der Obergesellschaft aus doppelter Organschaft ebenfalls ausgeschlossen[19]. Billigt man der Obergesellschaft eine unmittelbare Organstellung bei der Konzerngesellschaft zu, so können die Vertreter ohne Organeigenschaft als Hilfspersonen der als Organ der Konzerngesellschaft handelnden Obergesellschaft im Sinne von OR 55/101 angesprochen werden. Die Zurechnung ergäbe sich in diesem Falle aus OR 55/101[20].

V. Rechtsvergleichende Bemerkung

Präziser als OR 754 unterwirft § 93 AktG die Vorstandsmitglieder der AG[21] der aktienrechtlichen Verantwortlichkeit für Pflichtverletzungen. Diese Vorschrift regelt nur die persönliche Verantwortlichkeit. Die Anwendung von § 93 AktG auf den Tatbestand der faktischen Beherrschung einer Gesellschaft durch Dritte ist ausgeschlossen.

Daneben regelt das Gesetz ausdrücklich die wirtschaftliche Machtausübung auf eine Gesellschaft: § 117 AktG statuiert eine Verantwortlichkeit für gesellschaftsschädigende Einflussnahmen[22].

Die haftungsrechtlichen Konsequenzen der *konzernmässigen* Beherrschung einer Gesellschaft finden im konzernrechtlichen Teil des AktG[23] ihre Regelung.

---

16 Vgl. vorn S. 152 ff., 153, 163.
17 Aus dem Grundsatz der Eigenverantwortlichkeit der Gesellschaftsorgane (vgl. dazu vorn S. 88 f.) ergibt sich, dass auch das "Hineinwachsen" der Obergesellschaft in die Stellung eines Organs der Konzerngesellschaft nichts an der grundsätzlichen Verantwortlichkeit der konzerngesellschaftlichen Organe zu ändern vermag.
18 Dies wirkt sich auf die Entlastungsmöglichkeiten aus.
19 Die Haftung aus ZGB 55 II tritt nur für Organhandlungen ein.
20 Zur Haftbarkeit der Obergesellschaft für ihren Vertreter aus OR 55 vgl. vorn S. 164 ff.
21 Vgl. § 93 II AktG: "Vorstandsmitglieder, die ihre Pflichten verletzen, sind der Gesellschaft zum Ersatz des daraus entstehenden Schadens ... verpflichtet ..." Zur Frage, ob das faktische Organ den Bestimmungen von § 93 AktG untersteht, vgl. Gehriger 102 ff. mit weiteren Hinweisen.
22 Vgl. dazu vorn S. 121.
23 § 308 (Vertragskonzern), § 311 (faktischer Konzern).

Das deutsche Recht basiert also auf einer klaren Trennung zwischen der persönlichen Verantwortlichkeit der Gesellschaftsorgane für Pflichtverletzungen und den haftungsrechtlichen Folgen der faktischen Beherrschung einer Gesellschaft. Gerade dieser Umstand verstärkt aber unsere bereits dargestellten grundsätzlichen Bedenken[24] gegen die Begründung einer unmittelbaren Organhaftung juristischer Personen nach OR 754.

---

24 Vgl. vorn S. 170 f.

4. KAPITEL

Geschäftsherrenhaftung der Obergesellschaft für die Verbindlichkeiten der Konzerngesellschaft

I. Problemstellung

Es frägt sich, ob die Obergesellschaft im Konzern für unerlaubte Handlungen der Konzerngesellschaft dadurch haftbar gemacht werden kann, dass sie als Geschäftsherr der Konzerngesellschaft nach OR 55 bzw. § 831 BGB betrachtet wird.

II. Lösung in Doktrin und Praxis

Ob die Obergesellschaft für das unerlaubte Verhalten der Konzerngesellschaft nach OR 55 bzw. § 831 BGB haftbar gemacht werden kann, ist in der Rechtsliteratur umstritten[1]:

Ein Teil der Lehre *befürwortet* die Haftung der Obergesellschaft für unerlaubte Handlungen der Konzerngesellschaft nach OR 55 bzw. § 831 BGB bei Vorliegen eines Organschaftsverhältnisses[2], lehnt sie ausserhalb eines solchen ab[3] oder macht sie von der Beurteilung der konkreten Umstände abhängig[4].

Kritische Stimmen bezeichnen die Anwendung von OR 55 auf Konzernsachverhalte als "construction particulièrement artificielle car trop éloignée du but originairement assigné à cette disposition"[5] oder als "nicht über alle Zweifel erhaben"[6].

Gegen eine solche Haftung wird vor allem die Eigenverantwortlichkeit der Gesellschaftsorgane ins Feld geführt[7]: Da die Obergesellschaft ihre Weisungen

---

1 Zu dieser Frage äussern sich folgende Autoren: Caflisch 263; Dallèves 615; Falkeisen 83; Frankenberg 165 ff.; Gehriger 113 ff.; Hamburger, Organgesellschaft 261 ff., 319; derselbe, Schuldenhaftung 15 ff.; Herzog 52 ff.; Joss 110; Kronstein, Person 82 ff.; Petitpierre-Sauvin 87 f.; Rasch, 2. Aufl. 174 ff.; Rehbinder, Konzernaussenrecht 521 ff., 529 ff.; G. Schucany 78 ff.; Siegwart, Einl. N 199; W. von Steiger, Rechtsverhältnisse 311a ff.; Zweifel, Holdinggesellschaft 97.
2 Frankenberg 165 f.; Hamburger, Schuldenhaftung 15; Herzog 52 ff.; Kronstein 82; Rasch, 2. Aufl. 177; Siegwart, Einl. N 199; Tobler 68.
3 Frankenberg 166; Hamburger, Schuldenhaftung 21 f.; Tobler 68 f.; Rasch, 2. Aufl. 178 f.
4 Rehbinder, Konzernaussenrecht 532 ff.
5 Petitpierre-Sauvin 88.
6 Joss 110.
7 Zur Eigenverantwortlichkeit der Verwaltungsorgane vgl. vorn S. 88 f.

an die beherrschte Konzerngesellschaft nur *tatsächlich,* aber niemals *rechtlich* durchsetzen könne, sei das für eine Anwendbarkeit von OR 55 bzw. § 831 BGB notwendige Unterordnungsverhältnis niemals gegeben[8]. Sodann wird argumentiert, eine selbständig im Rechtsverkehr auftretende juristische Person könne niemals in ihrer gesamten Tätigkeit als Verrichtungsgehilfe im Sinne von § 831 BGB betrachtet werden[9].

Für eine differenzierte Anwendung von § 831 BGB auf Konzernverhältnisse setzt sich REHBINDER[10] ein mit dem Hinweis auf den § 831 BGB zugrunde liegenden Gedanken, dem Unternehmer die Risiken seines Betriebes auf objektiver Grundlage zuzurechnen. Er geht dabei von der durch die deutsche Rechtsprechung zu § 831 BGB geschaffenen Unterscheidung aus, ob der Verrichtungsgehilfe eine "institutionell" abhängige Person oder ein selbständiger Unternehmer sei. Er stellt fest, dass das Verhältnis zwischen Obergesellschaft und Untergesellschaft im Konzern weder dem zwischen Werkbesteller und Werkunternehmer noch dem Verhältnis zwischen Unternehmer und Betriebsangehörigem entspreche, sondern etwa in der Mitte dieser beiden Gegensätze anzusiedeln sei[11]. Bei seiner Differenzierung[12] stellt er wesentlich auf den Grad und die Art der Abhängigkeit der Konzerngesellschaft ab: Für den Fall der funktionalen Abhängigkeit einer Konzerngesellschaft, d.h. der einseitigen Ausrichtung ihrer Tätigkeit auf die Förderung der Obergesellschaft, bejaht er die Anwendbarkeit von § 831 BGB[13]. Leiste die Konzerngesellschaft dagegen einen selbständigen Beitrag zum Gesamtkonzern, so sei die Anwendbarkeit von § 831 BGB abzulehnen[14]. Für den Fall einer geschäftsleitenden Holdinggesellschaft kommt er zu keinem eindeutigen Ergebnis[15].

III. Die Haftbarkeit der Obergesellschaft aus OR 55

Voraussetzung einer Haftung der Obergesellschaft für die unerlaubten Handlungen einer Konzerngesellschaft nach OR 55 ist einmal, dass die Obergesellschaft als *Geschäftsherr* und die Konzerngesellschaft als *Hilfsperson* im Sinne

---

8 Caflisch 263; Frankenberg 166; W. von Steiger, Rechtsverhältnisse 311a ff.; Zweifel 97; mit Hinweis auf OR 707 III: Falkeisen 83; G. Schucany 78 f.
9 Rehbinder, Konzernaussenrecht 533.
10 Konzernaussenrecht 529 ff.
11 Konzernaussenrecht 531 f.
12 Konzernaussenrecht 534 ff.
13 Konzernaussenrecht 535: "Der Zweckgedanke des § 831 BGB gebietet hier die Anknüpfung an die grössere ... Unternehmenseinheit, die durch die Zusammenfassung von Ober- und Untergesellschaft nach *funktionalen Gesichtspunkten* gebildet wird."
14 Konzernaussenrecht 536.
15 Konzernaussenrecht 536.

von OR 55 angesprochen werden können. Sodann muss zwischen diesen beiden Gesellschaften ein *Unterordnungsverhältnis* bestehen. Als negative Voraussetzung einer solchen Haftung muss dem Geschäftsherrn der *Entlastungsbeweis* misslingen.

1. Obergesellschaft und Konzerngesellschaft als Geschäftsherr bzw. Hilfsperson im Sinne von OR 55

Dass eine juristische Person Geschäftsherr im Sinne von OR 55 sein kann, ist unbestritten[16] und bedarf keiner weiteren Erläuterung. Dagegen muss die Frage näher untersucht werden, ob die Konzerngesellschaft als Hilfsperson gemäss OR 55 betrachtet werden könne:

Angesichts des nicht sehr exakten Sprachgebrauchs unseres Gesetzgebers in OR 55[17] und im Hinblick auf den Grundgedanken dieser Vorschrift kann dies bejaht werden: Der Grundgedanke der Geschäftsherrenhaftung ist die Abwälzung des Unternehmensrisikos auf den Verursacher. Als Hilfsperson ist jedermann anzusehen, der den Zwecken und Interessen eines anderen dient und diesem untergeordnet ist[18]. Wenn aber die Zurechnung des Unternehmensrisikos der Geltungsgrund für die Haftung des Geschäftsherrn nach OR 55 ist, so kann es vernünftigerweise nicht darauf ankommen, ob er sich eine natürliche oder juristische Person zum Gehilfen nimmt[19].

Dass die Konzerngesellschaft nach aussen als Gehilfe auftritt[20], ist keine Voraussetzung für die Anwendbarkeit von OR 55. Die Bemerkung REHBINDERs, "§ 831 BGB ist nicht vom Vertrauensschutzgedanken geprägt, sondern rechnet dem Unternehmer bestimmte Risiken auf objektiver Grundlage zu"[21], lässt sich sinngemäss auf OR 55 übertragen. Einer Anwendung von OR 55 auf Konzernverhältnisse stehen demnach keine dogmatischen Erwägungen im Wege.

---

16 Vgl. Oftinger II/1 141; Oser/Schönenberger N 4 zu OR 55; Portmann 63.
17 Aus der Verschiedenheit der Wortlaute in OR 101 und OR 55 darf nicht geschlossen werden, OR 55 beschränke den erfassten Personenkreis unter Ausschluss weiterer Personen auf Angestellte und Arbeiter; vgl. dazu Portmann 64.
18 Dazu Portmann 67; weiter Oser/Schönenberger N 13 zu OR 55, wonach der Begriff der Hilfsperson "nicht im rechtlichen, sondern im wirtschaftlichen Sinne aufzufassen" ist.
19 Vgl. Herzog 52 ff.; Tobler 66 sowie im Ergebnis Rehbinder, Konzernaussenrecht 532 ff.
20 Vgl. dazu Herzog 64 f.
21 Konzernaussenrecht 529.

2. Vorliegen eines Unterordnungsverhältnisses zwischen Konzernspitze und Konzerngesellschaft

Voraussetzung einer Haftung des Geschäftsherrn für Hilfspersonen nach OR 55 ist ein zwischen Geschäftsherrn und Hilfsperson bestehendes Unterordnungsverhältnis, welches dem Geschäftsherrn ermöglicht, sich der Hilfsperson zur Verfolgung seiner Zwecke zu bedienen[22].

Die Obergesellschaft (Konzernspitze) wird nur dann für die unerlaubten Handlungen der Konzerngesellschaft bzw. deren Organe nach OR 55 haftbar, wenn das zwischen Konzernspitze und Konzerngesellschaft bestehende Abhängigkeitsverhältnis[23] die Intensität eines Subordinationsverhältnisses aufweist[24].

Die Untersuchung des Konzernverhältnisses im Hinblick auf eine Anwendbarkeit von OR 55 führt — im Bereich des faktischen Konzerns — zur grundlegenden Frage nach der rechtlichen Bedeutung der faktischen Weisungs*macht*, welche sich auch im Zusammenhang mit der Haftbarkeit der delegierenden Gesellschaft für ihre Vertreter im Verwaltungsrat der aufnehmenden Gesellschaft stellt[25]: Kann die Konzerngesellschaft als Hilfsperson der Obergesellschaft betrachtet werden, weil sie einer tatsächlichen Weisungsmacht seitens der Konzernspitze unterliegt[26]?

Die Antwort ergibt sich m.E. aus den OR 55 als Kausalhaftung zugrunde liegenden Gedanken, mithin aus einer Auslegung dieser Norm: OR 55 will den Geschäftsherrn, der sich zur Verfolgung seiner Ziele ihm untergeordneter Personen bedient, für das dadurch realisierte Unternehmensrisiko einstehen lassen[27]. Diese Zurechnung ist aber nur dann berechtigt, wenn der Geschäftsherr *tatsächlich* die Möglichkeit hatte, eine Schadensverursachung durch Beeinflussung seiner Hilfsperson zu verhindern[28]. Aus dieser Überlegung ergibt sich, dass der Hinweis auf die fehlende rechtliche Erzwingbarkeit von Weisungen der Konzernspitze und die Eigenverantwortlichkeit der Gesellschaftsorgane kein wirksames Argument gegen das Bestehen eines Unterordnungsverhältnisses im Sinne von OR 55 darstellen kann[29]. Das Subordinationsverhältnis im Sinne von OR 55 kann auch bloss tatsächlicher Natur sein[30].

22 Vgl. Oftinger II/1 132; Portmann 64 ff.
23 Zum Abhängigkeitsbegriff vgl. vorn S. 12.
24 Eingehend dazu Rehbinder, Konzernaussenrecht 530 ff.; Tobler 67 sowie Kronstein, Person 82, der dieses für den Fall der vertraglichen Abhängigkeit als gegeben annimmt.
25 Zur Haftbarkeit der Obergesellschaft aus doppelter Organschaft vgl. vorn S. 152 ff.
26 Zu den Möglichkeiten, eine Weisung auf rein tatsächlicher Basis durchzusetzen, vgl. W. von Steiger, Verantwortung 702; Zweifel, Holdinggesellschaft 97.
27 Da OR 55 im Gegensatz zu § 831 BGB eine *Kausalhaftung* für vorausgesetzte Sorgfaltspflichtverletzung statuiert, kommt in OR 55 der Grundgedanke einer objektiven Risikoverteilung besser zum Ausdruck; vgl. dazu Oftinger II/1 100 f.
28 Vgl. BGE 84 II 382.
29 Vgl. die ähnliche Argumentation im Zusammenhang mit der Frage nach der Haftbarkeit der Obergesellschaft aus doppelter Organschaft vorn S. 158.
30 Vgl. Oftinger II/1 134; Portmann 65.

Ob zwischen Konzernspitze und Konzerngesellschaft ein Unterordnungsverhältnis vorliegt, kann nicht generell gesagt werden. Vielmehr ist jedes Konzernverhältnis im konkreten Fall daraufhin zu untersuchen, ob ein Unterordnungsverhältnis vorliege. Welches sind die massgebenden Gesichtspunkte einer solchen Differenzierung?

REHBINDER[31] scheint die tatsächlich erfolgte Weisungserteilung als massgebendes Kriterium für eine Anwendbarkeit von § 831 BGB zu betrachten, wenn er feststellt, die Konzerngesellschaft solle eine Haftbarkeit der Obergesellschaft nach § 831 in dem Bereich begründen, in dem sie an deren Weisungen gebunden sei.

Einen weiteren Ansatzpunkt für eine Differenzierung bietet die Rechtsprechung des deutschen Bundesgerichtshofes zu § 831 BGB[32]: Er unterscheidet, ob es sich beim Verrichtungsgehilfen um einen selbständig tätigen Unternehmer oder um eine in den Betrieb des Unternehmers eingegliederte abhängige Person handelt. Bei dieser verlangt der Bundesgerichtshof für die Anwendung von § 831 BGB keine bis ins letzte gehende Weisungsabhängigkeit. Beim selbständigen Unternehmer ist dagegen für die Haftung nach § 831 BGB eine in bezug auf die konkrete Handlung bestehende Weisungsunterworfenheit erforderlich. Diese Rechtsprechung scheint also das Abhängigkeitsverhältnis als Indiz für die tatsächliche Weisungsbefolgung zu betrachten[33].

M.E. ist bei dieser Differenzierung auf den *Zweck der Geschäftsherrenhaftung* abzustellen. Man hat sich zu fragen, welche der durch die Konzerngesellschaft realisierten Betriebsrisiken der Obergesellschaft (d.h. dem Gesamtkonzern) vernünftigerweise zugerechnet werden sollen. Aus organisatorischen Gründen[34] wird die Konzernspitze nicht alle Geschäftsführungsentscheide im Konzern selber fällen, sondern eine optimale Dezentralisation von Unternehmensfunktionen anstreben, als Folge derer jede Konzerngesellschaft über einen Raum eigener Entscheidungskompetenz verfügt. Ob zwischen der Konzerngesellschaft und der Konzernspitze ein Unterordnungsverhältnis nach OR 55 bestehe, beurteilt sich daher nach der konkreten Funktionsverteilung im Konzern. Dabei finden das Abhängigkeitsverhältnis *und* die tatsächlich erfolgte Weisungserteilung als relevante Gesichtspunkte ihre Berücksichtigung:

---

31 Konzernaussenrecht 534.
32 Vgl. Rehbinder 530 mit Hinweisen auf deutsche Gerichtsurteile zur Gehilfenhaftung nach § 831 BGB.
33 In diesem Sinne scheint Oftinger II/1 135 zu argumentieren: "Das Moment der Unterordnung, ... bringt es mit sich, dass immer dann nicht von einer Hilfsperson gesprochen werden kann, wenn die Partei des 'Geschäftsherrn' so selbständig auftritt, *dass nicht anzunehmen ist, sie habe sich nach seinen Weisungen zu verhalten* oder stehe unter seiner Aufsicht" (Auszeichnung vom Verfasser).
34 Zur Konzernorganisation vgl. vorn S. 29 ff.

Im *zentralisierten Unternehmensbereich*[35] wird die Obergesellschaft für unerlaubte Handlungen der Konzerngesellschaft nach OR 55 verantwortlich, welche diese *in Ausübung der einheitlichen Leitung* begeht, ohne dass eine Weisungserteilung im einzelnen nachgewiesen werden muss. Der Konzerntatbestand bewirkt die Vermutung für die tatsächlich erfolgte Weisungserteilung im zentralisierten Unternehmensbereich.

Im *dezentralisierten Unternehmensbereich*[35] ist für die Haftung der Obergesellschaft nach OR 55 m.E. der Nachweis erforderlich, dass die Konzernspitze der Konzerngesellschaft eine Weisung tatsächlich erteilt hat.

Für Konzernverhältnisse lässt sich die Feststellung machen: Je dezentralisierter ein Konzern, desto enger muss der *Weisungskonnex* sein, damit zwischen Konzernspitze und Konzerngesellschaft ein Unterordnungsverhältnis im Sinne von OR 55 angenommen werden kann.

3. Fehlender Entlastungsbeweis

Nach OR 55 ist der Geschäftsherr zum Entlastungsbeweis[36] zugelassen, dass er alle nach den Umständen gebotene Sorgfalt zur Vermeidung des Schadens aufgewandt habe. Diese Sorgfaltspflicht umfasst die richtige Auswahl, Instruktion und Überwachung[37] der Hilfsperson.

Da in diesem Zusammenhang die *Konzerngesellschaft* als Hilfsperson betrachtet wird, frägt es sich, worauf sich der Entlastungsbeweis beziehen muss. Da die Konzerngesellschaft letztlich nicht selbst, sondern nur durch ihre Organe und Hilfspersonen handeln kann, muss sich m.E. der Exkulpationsbeweis auf die richtige Auswahl, Instruktion und Überwachung *sowohl der Konzerngesellschaft (b) als auch ihrer Organe (a) beziehen*[38].

a) Auswahl, Instruktion und Überwachung der Organe der Konzerngesellschaft

OR 55 verlangt eine "nach den Umständen gebotene Sorgfalt". Was diese Generalklausel im einzelnen bedeutet, hat der Richter im konkreten Fall zu beurteilen.

---

35 Zur Unterscheidung zwischen zentralisiertem und dezentralisiertem Unternehmensbereich vgl. vorn S. 59 ff.
36 Zu den Entlastungs- und Befreiungsgründen vgl. Oftinger II/1 149 ff.; Portmann 70 ff.
37 Vgl. Oftinger II/1 159 ff.; Portmann 70.
38 In diesem Sinne Frankenberg 166 f.; Hamburger, Organgesellschaft 319; Kronstein, Person 82 f.; Rehbinder, Konzernaussenrecht 540.

Von der Pflicht zur richtigen *Auswahl* der konzerngesellschaftlichen Organe kann aber sinnvollerweise nur dann gesprochen werden, wenn die Konzernspitze tatsächlich Einfluss auf die Wahl der Organe hat[39].

Welches Verhalten die Pflicht zur *Instruktion und Überwachung* der konzerngesellschaftlichen Organe erheischt, hängt wiederum von der konkreten Ausgestaltung des Konzernverhältnisses ab[40].

b) Auswahl, Instruktion und Überwachung der Konzerngesellschaft

Da sich Instruktion und Überwachung naturgemäss nur auf menschliches Verhalten beziehen können, wird hier vor allem die Pflicht zur richtigen *Auswahl* der Konzerngesellschaft bedeutsam werden: So kann m.E. die Obergesellschaft z.B. dann für die Konzerngesellschaft nach OR 55 verantwortlich werden, wenn sie die Konzerngesellschaft zum Abschluss von Geschäften veranlasst, zu denen diese nicht mit genügend Kapital ausgestattet ist[41].

IV. Schlussfolgerungen

Unter III. wurden die Argumente dargelegt, mit denen sich eine Haftbarkeit der Obergesellschaft für unerlaubtes Verhalten der Konzerngesellschaft bzw. ihrer Organe nach OR 55 begründen lässt. Trotzdem erkennen wir einer Übertragung der Geschäftsherrenhaftung auf Konzernverhältnisse nur geringe praktische Bedeutung zu, da diese Haftung in ihrer Grundkonzeption eben doch auf das Verhalten natürlicher Personen zugeschnitten ist.

---

39 Dazu Frankenberg 166.
40 Zu weitgehend m.E. ist die Auffassung von Rehbinder, Konzernaussenrecht 540, wonach die Obergesellschaft nicht nur für die Auswahl und Überwachung der leitenden Organe und Angestellten, sondern auch für die Leitung der Konzerngesellschaft verantwortlich ist.
41 Zur Frage, ob eine Unterkapitalisierung zum Durchgriff führen kann, vgl. Caflisch 260 sowie vorn S. 127 ff.

5. KAPITEL

Exkurs: Die Haftbarkeit der Obergesellschaft aus Patronatserklärung

I. Problemstellung

Bis jetzt wurde lediglich die *Haftung* der Obergesellschaft für die *Verbindlichkeit der Konzerngesellschaft* untersucht; der Vollständigkeit halber soll noch kurz die Frage gestreift werden, wann das Verhalten der Konzernspitze eine unmittelbare Verpflichtung gegenüber den Gläubigern der Konzerngesellschaft zu begründen vermag.

Lange vor der Rechtswissenschaft hat das Wirtschaftsleben den Grundsatz der formalen Selbständigkeit der Konzerngesellschaften überwunden: Eine Konzernunternehmung kann nur dann im Geschäftsverkehr als Einheit auftreten, wenn sich die Konzernspitze bereit erklärt, für die Verbindlichkeiten der Konzerngesellschaft einzustehen.

II. Patronatserklärungen

Als Folge der in Konzernverhältnissen häufig praktizierten konzernexternen Fremdfinanzierung[1] — Mittelbeschaffung der Konzerngesellschaften durch Kreditaufnahme bei Banken — besitzen die Konzerngesellschaften oft nur eine geringe Eigenkapitalbasis[2] und genügen als Haftungssubstrat den Sicherheitsbedürfnissen der Gläubiger nicht. Banken werden der Konzerngesellschaft häufig nur dann einen Kredit gewähren, wenn ihr die Konzernspitze "unterstützende Massnahmen in Aussicht stellt"[3].

Neben Bürgschaften und Garantien sind vor allem sog. Patronatserklärungen ein beliebtes Mittel der Kreditsicherung[4]. Die Patronatserklärung ist eine Erklärung, "in der sich die Muttergesellschaft dem Kreditgeber gegenüber verpflichtet, Massnahmen zu treffen, die die Rückzahlung des Krediets fördern, insbesondere

---

1 Eine Übersicht über die wichtigsten Arten der Konzernfinanzierung gibt Mosch 14 ff.; er unterscheidet: I. Finanzierung mit Eigenmitteln (1. mit thesaurierten Gewinnen, 2. mit konzerninternem Eigenkapital, 3. mit konzernexternem Eigenkapital) und II. Finanzierung mit Fremdmitteln (1. konzerninterne, 2. konzernexterne Fremdfinanzierung).
2 Mosch 28.
3 Obermüller 2.
4 Vgl. Altenburger 6 ff.; Obermüller 2; einen wesentlichen Vorteil gegenüber Bürgschaften und Garantien erblickt die Praxis darin, dass Patronatserklärungen nicht in der Bilanz angemerkt werden; vgl. dazu Altenburger 136 ff.; Mosch 169 ff.; Schaffland 1023 ff.

ihre Tochtergesellschaft finanziell so auszustatten, dass sie jederzeit ihre Verbindlichkeiten gegenüber dem Kreditgeber erfüllen kann"[5].

Über die verschiedenen *Erscheinungsformen* von Patronatserklärungen und ihre *rechtliche Bedeutung* informiert eine umfangreiche Literatur jüngeren Datums[6].

Als Beispiel sei folgende Patronatserklärung erwähnt:

"Wir haben gerne zur Kenntnis genommen, dass Sie bereit sind, unserer Tochtergesellschaft X.Y. einen Kontokorrentkredit zu eröffnen. Wir können Ihnen mitteilen, dass wir hiermit einverstanden sind. Das Aktienkapital unserer Tochtergesellschaft ist zu 100% in unseren Händen und wir gedenken, diese Beteiligung bis auf weiteres beizubehalten. Im übrigen ist es unsere Politik, dafür besorgt zu sein, dass unsere Tochtergesellschaften finanziell in der Lage sind, ihren Verpflichtungen nachzukommen."[7]

Für die rechtliche Bedeutung solcher Patronatserklärungen ist das unserer Rechtsordnung zugrunde liegende *Vertrauensprinzip* massgebend. Die Kernfrage lautet: Welchen Sinn durfte der Adressat der Patronatserklärung nach Treu und Glauben im Gesellschaftsrecht als vernünftiger Mensch beimessen[8]?

Die Rechtsliteratur lässt sich dahin zusammenfassen, dass eine Patronatserklärung der Konzernspitze an die garantierende Bank selten zur Begründung einer direkten Zahlungsverpflichtung gegenüber der Bank führt[9]. Dagegen kann ein Bruch der in der Patronatserklärung abgegebenen Zusagen möglicherweise eine Schadenersatzpflicht der Konzernspitze begründen.

Abschliessend muss bemerkt werden, dass es sich kaum ein Konzern leisten kann, die Verbindlichkeiten seiner Konzerngesellschaften völlig zu ignorieren. In den meisten Fällen wird sich die Konzernspitze von sich aus für eine pünktliche Rückzahlung der Kredite durch die Konzerngesellschaft bemühen[10]. Aus dieser Sicht treten alle Ausführungen um die *rechtliche Verbindlichkeit* von Patronatserklärungen in den Hintergrund[11].

---

5 Obermüller 2; eine weitere Begriffsfassung gibt Mosch 1 ff.
6 Vgl. dazu Altenburger, Die Patronatserklärungen als "unechte Personalsicherheiten"; Geigy-Werthemann 21 ff.; Huber 47 ff., insb. 58 ff.; Mosch, Patronatserklärungen deutscher Konzernmuttergesellschaften; Obermüller 1 ff.; Rehbinder, Konzernaussenrecht 330 ff.; Schaffland 1021 ff.; Vischer, Verantwortung 91.
7 Beispiel von Geigy-Werthemann 21.
8 Vgl. Geigy-Werthemann 25 ff.; auf die vor allem in der deutschen Lehre abgehandelte Frage nach der Haftung der Obergesellschaft aus *Konzernvertrauen* kann im Rahmen dieser Arbeit nicht eingetreten werden; vgl. dazu Altenburger 96 ff., 111 ff.; Rehbinder 311 ff.
9 Vgl. Huber 61 sowie die detaillierte Kasuistik bei Mosch 43 ff. und Obermüller 4 ff.
10 Vgl. Altenburger 30.
11 Zur Patronatserklärung als Gentlemen's Agreement vgl. Altenburger 45 ff.

VIERTER TEIL

Vorschläge de lege ferenda

A. Allgemeines

I. Zusammenfassung der Ergebnisse des zweiten und dritten Teils der Arbeit

Vor der Darlegung einiger de lege ferenda-Vorschläge zur Lösung konzernrechtlicher Haftungsfragen scheint eine kurze Rückschau auf die Ergebnisse des zweiten und dritten Teils der Arbeit geboten:

Eine Haftbarkeit der Obergesellschaft und ihrer Organe für die Schädigung der Konzerngesellschaft kann *mit guten Argumenten befürwortet, aber rechtlich nicht zweifelsfrei begründet* werden. Sodann fehlen im schweizerischen Rechtsraum gerichtliche Entscheidungen zu diesen Fragen bis auf wenige Ausnahmen[1].

Eine unbefriedigende Regelung finden insbesondere folgende Haftungsprobleme:

1. Das geltende schweizerische Aktienrecht gestattet nur in beschränktem Masse die Ausdehnung der Vorschriften über die persönliche Verantwortlichkeit auf den tatsächlichen Beherrscher einer Gesellschaft. Die Begründung einer aktienrechtlichen Verantwortlichkeit von Organen der Obergesellschaft für pflichtwidrige Einflussnahme auf die Konzerngesellschaft stösst demzufolge auf Schwierigkeiten.
2. Ungelöste Probleme birgt sodann der Interessenskonflikt abhängiger Verwaltungsräte[2] von Konzerngesellschaften: Unsere Rechtsordnung verpflichtet die Verwaltungsorgane der Konzerngesellschaft auf deren rechtlich geschütztes Eigeninteresse[3]. Einen Interessenkonflikt zwischen Konzern und Konzerngesellschaft haben sie zugunsten der letzteren zu entscheiden. *Faktisch* sind diese abhängigen Verwaltungsräte gezwungen, im Rahmen ihrer Tätigkeit gegen die Interessen der Konzerngesellschaft zu verstossen.
3. Gänzlich ungelöst ist sodann die Frage nach der Haftbarkeit der herrschenden Gesellschaft für die Schädigung der abhängigen. Als Aktionärin[4] wird die Obergesellschaft nur selten ins Recht gefasst werden können, da unsere Rechtsordnung der juristischen Person grundsätzlich die Selbständigkeit zuerkennt[5]. Ob die Obergesellschaft für das unerlaubte Verhalten ihrer Vertreter im Verwaltungsrat der Konzerngesellschaft haftbar wird, ist umstritten[6]. Andere Konstruktionen einer Haftbarkeit der Obergesellschaft für Schädigungen der Konzerngesellschaft sind fraglich[7].

---

1 Vgl. dazu vorn S. 44 f.
2 Zum Interessenkonflikt abhängiger Verwaltungsräte vgl. vorn S. 93 ff.
3 Zum Gesellschaftsinteresse vgl. vorn S. 94 f.
4 Zur Frage der Haftbarkeit der Obergesellschaft als Aktionärin der Konzerngesellschaft vgl. vorn S. 120 ff.
5 Siegwart, Einl. N 162 ff.
6 Zur Haftbarkeit der Obergesellschaft aus doppelter Organschaft vgl. vorn S. 152 ff.
7 So etwa die Haftbarkeit der Obergesellschaft als Geschäftsherr der Konzerngesellschaft

Unsere Rechtsordnung zieht keine Konsequenzen aus der Tatsache, dass die Konzerngesellschaft wirtschaftlich und organisatorisch im Interesse des Gesamtkonzerns geführt wird. Dies hat zur Folge, dass in Konzernverhältnissen von einem Gleichgewicht zwischen Wirtschaftsmacht und Verantwortung nicht gesprochen werden kann.

II. Das Ziel einer positivrechtlichen Regelung konzernrechtlicher Haftungsfragen

Die Wiederherstellung der Einheit von Macht und Verantwortung im Konzern muss dem Gesetzgeber das vordringlichste Anliegen sein. Das Ziel einer gesetzlichen Regelung konzernrechtlicher Haftungsfragen ist die *Legalisierung* und *Begrenzung* der Konzerngewalt[8]:

Die wirtschaftliche Zugehörigkeit zu einem Konzern bringt für viele Gesellschaften erhebliche Vorteile[9]. Unsere Rechtsordnung darf daher nicht länger vor der Tatsache die Augen verschliessen, dass der Konzern "eine unentbehrliche Funktion im Rahmen unserer Wirtschaftsordnung"[10] erfüllt. Ein neues Gesetz muss der wirtschaftlichen Einheit des Konzerns in beschränktem Masse Rechnung tragen: Grundsätzlich sollte eine Konzerngesellschaft im wohlverstandenen Interesse des Gesamtkonzerns geführt werden dürfen[11].

Aus diesem Umstand darf der Konzerngesellschaft, ihren Aktionären und Gläubigern aber kein Nachteil erwachsen: Für einen Missbrauch der ihnen rechtlich in beschränktem Masse zuerkannten Konzerngewalt sollen die Obergesellschaft und ihre Organe haftbar werden.

(vgl. dazu vorn S. 174 ff.) sowie die unmittelbare Organhaftung der Obergesellschaft (vgl. dazu vorn S. 168 ff.).
8 Vgl. Immenga 269 ff., 270.
9 Vgl. Nenninger 94 f.
10 Nenninger 94.
11 In diesem Sinne Vischer, Verantwortung 89: "Der Beachtung der Interessen des abhängigen Einzelunternehmens steht das Postulat gegenüber, den Konzern als einheitliches Gebilde zu erfassen, ihm als Ganzes eine gewisse Verselbständigung zu gewähren und die wirtschaftliche Einheit anzuerkennen."

III. Regelung in Form eines Konzernrechts oder im Rahmen des allgemeinen Aktienrechts?

1. Die Wünschbarkeit eines schweizerischen Konzernrechts

Verschiedene Autoren haben in jüngster Zeit die Wünschbarkeit eines schweizerischen Konzernrechts mit Nachdruck betont[12]. Auch im Rahmen der Vorarbeiten für die Teilrevision des Aktienrechts wurde die Konzernproblematik kurz gestreift: Die Arbeitsgruppe für die Überprüfung des Aktienrechts stellt in ihrem Zwischenbericht fest, das Konzernrecht bedürfe im Rahmen einer Teilrevision des Aktienrechts keiner Regelung; gleichzeitig schlägt sie aber vor, die Ausarbeitung eines Konzernrechts rasch an die Hand zu nehmen[13]. Dass sie nicht näher auf die Konzernfrage eingetreten ist, wird heute bedauert[14].

Da nicht nur die Haftungsfrage, sondern vor allem auch der Minderheitenschutz und die Publizität im Konzern einer dringenden Regelung bedürfen, schliesse ich mich an dieser Stelle dem Ruf nach einem schweizerischen Konzernrecht grundsätzlich an.

2. Mögliche Vorbilder für ein schweizerisches Konzernrecht

Im folgenden wird auf drei Regelungen hingewiesen, welche als mögliche Vorbilder für ein schweizerisches Konzernrecht dienen können. Jede verwirklicht den Schutz des konzernfreien Aktionärs und des Gläubigers auf verschiedene Weise:

a) Deutsches Konzernrecht — Nachteilsausgleich im faktischen Konzern

Das deutsche Konzernrecht basiert auf der Unterscheidung zwischen Vertragskonzern und faktischem Konzern[15]; es knüpft die Rechtsfolgen an den Tatbestand der Abhängigkeit. Wir beschränken unsere Übersicht auf den faktischen Konzern:

---

12 Dallèves 670, 685; von Graffenried 89 ff.; Nobel, Europäisierung 204 ff.; Schluep, Bemühungen 74; Zweifel, Holdinggesellschaft 165 ff.; derselbe, Konzernrecht 24 ff.; derselbe, Fragen 91; Vischer, Verantwortung 93 f.
13 Zwischenbericht 192.
14 Schluep, Bemühungen 74; Zweifel, Fragen 91.
15 Vgl. den Aufbau des Gesetzes: § 308 Leitungsmacht und Verantwortlichkeit bei Bestehen eines Beherrschungsvertrages — § 311 Verantwortlichkeit bei Fehlen eines Beherrschungsvertrages.

Nach § 311 AktG darf das herrschende Unternehmen eine abhängige Gesellschaft nicht schädigend beeinflussen, "es sei denn, dass die Nachteile ausgeglichen werden"[16]. Erfolgt eine gesellschaftsschädigende Beeinflussung, ohne dass der Nachteil bis zum Ende des Geschäftsjahres ausgeglichen oder der Gesellschaft ein Rechtsanspruch auf einen zum Ausgleich bestimmten Vorteil gewährt wird, so werden das herrschende Unternehmen und seine Organe gegenüber der geschädigten Gesellschaft und deren Aktionären schadenersatzpflichtig[17]. Diese Regelung dient in erster Linie dem Schutze der abhängigen Gesellschaft und nur mittelbar dem Schutz der konzernfreien Aktionäre und Gläubiger der Konzerngesellschaft.

Diese Lösung ist in der Konzernliteratur Gegenstand einer heftigen Kontroverse[18]: Umstritten ist vor allem, ob der Nachteilsausgleich die *Voraussetzung* einer grundsätzlich zulässigen Schädigung der abhängigen Gesellschaft im Konzerninteresse[19] oder bloss eine besondere Modalität der Schadenersatzleistung für rechtswidrige Beeinflussung sei[20]. Daneben äussert die Literatur vor allem Zweifel an der Praktikabilität dieser Regelung. Hingewiesen wird dabei vor allem auf die Schwierigkeiten der objektiven Nachteilsermittlung[21].

Angesichts der Umstrittenheit dieser Lösung kommt eine Übernahme ins schweizerische Recht kaum in Frage.

b) *Statut einer Europäischen Aktiengesellschaft*[22] *(SE) – Subsidiäre Haftung der Obergesellschaft*

Gemäss SE 223 liegt ein Konzern dann vor, wenn ein herrschendes Unternehmen und eine oder mehrere abhängige Gesellschaften unter einheitlicher Leitung des herrschenden Unternehmens zusammengefasst sind und eine der Unternehmungen eine Societas Europaea ist. Anders als das deutsche Konzernrecht unterscheidet das SE nicht zwischen Vertragskonzern und faktischem Konzern und knüpft die Rechtsfolgen nicht an den Abhängigkeitstatbestand, sondern an den Tatbestand der einheitlichen Leitung[23].

---

16 § 311 I AktG.
17 Vgl. § 317 I AktG.
18 Vgl. Emmerich/Sonnenschein 208 ff.; Gessler 145 ff.; Immenga 269 ff., insb. 272 ff.
19 So etwa Gessler/Hefermehl/Eckardt/Kropf § 311 N 32.
20 So Biedenkopf/Koppensteiner, Kölner Kommentar, Vorbem. zu § 311, N 10; Emmerich/Sonnenschein 205; Gessler 155.
21 Emmerich/Sonnenschein 217 f.; Immenga 275; Lutter 159 f.
22 Beilage 4/1975 zum Bulletin der EG; vgl. dazu Nobel, Angleichung 6 mit weiteren Hinweisen in Anm. 18. Die folgenden Angaben sind von Graffenried 153 ff. sowie Tschäni 172 ff. entnommen.
23 Vgl. von Graffenried 153; Tschäni 174.

Der konzernfreie Aktionär kann nach SE 228 ff. Barabfindung oder Umtausch seiner Aktien in solche des herrschenden Unternehmens verlangen[24]. Dem Gläubigerschutz dient eine in SE 239 statuierte subsidiäre Haftung des herrschenden Unternehmens für die Verpflichtungen der abhängigen Gesellschaft[25]. Diese Lösung hat weniger den Schutz der abhängigen Gesellschaft als der freien Aktionäre und Gläubiger der Konzerngesellschaft im Auge[26].
M.E. hätte die Statuierung einer generellen subsidiären Haftung der herrschenden Gesellschaft für die Verbindlichkeiten der beherrschten Gesellschaft eine zu grosse Belastung des Konzerns zur Folge. Eine subsidiäre Haftung der Obergesellschaft liesse sich aber in Einzelfällen − d.h. bei Vorliegen besonderer Umstände − durchaus vertreten[27].

c) Vorentwurf einer Harmonisierungsrichtlinie zum Konzernrecht[28] − Unmittelbare Organhaftung der Obergesellschaft

Diese Lösung statuiert eine direkte Organhaftung der herrschenden Person für jede ausserhalb der Hauptversammlung erfolgende Einflussnahme auf die abhängige Gesellschaft. Bei ihrer Einflussnahme auf die abhängige Gesellschaft hat die herrschende Person die Sorgfaltspflichten eines ordentlichen Organs der abhängigen Gesellschaft zu beachten. Diese Lösung erstrebt in erster Linie den Schutz der abhängigen Gesellschaft. Sie "zieht dem Verhalten des herrschenden Unternehmens engere Grenzen als das deutsche Recht. Das Eigeninteresse der abhängigen Gesellschaft bleibt ausdrücklich massgeblich"[29].
Ob sich die Konstruktion einer organähnlichen Haftung der herrschenden Gesellschaft mit den Grundstrukturen des schweizerischen Gesellschaftsrechts vereinbaren lässt, halte ich für fraglich[30].

---

24 Vgl. von Graffenried 158; Tschäni 173.
25 Vgl. von Graffenried 160 ff.; Tschäni 173.
26 Vgl. Tschäni 174.
27 Vischer/Rapp 201 f. schlagen eine Art erweiterter Pauliana vor.
28 Vgl. dazu Nobel, Angleichung 5 mit weiteren Hinweisen in Anm. 13; speziell zur Organhaftung der herrschenden Gesellschaft gemäss Harmonisierungsrichtlinie Immenga 270 ff., 276 ff.
29 Immenga 278.
30 Zu den Bedenken gegen eine unmittelbare Organhaftung der Obergesellschaft vgl. vorn S. 170 f.

3. Vorteile einer Regelung konzernrechtlicher Haftungsfragen im Rahmen des allgemeinen Aktienrechts

Die Diskussion um den Erlass eines schweizerischen Konzernrechts wirft nicht nur rechtliche Fragen auf; sie ist vor allem auch politischer Natur. Es ist daher zweifelhaft, ob die Ausarbeitung eines Konzernrechts rasch an die Hand genommen werden könne.

Wir untersuchen daher im folgenden, ob die geschilderten Haftungsprobleme auch durch den Erlass von Normen des allgemeinen Aktien- und Gesellschaftsrechtes gelöst werden können. Diese Vorschläge könnten ohne weiteres auch im Rahmen der Teilrevision des Aktienrechts berücksichtigt werden, ohne dass der Grundsatzentscheid über den Erlass eines schweizerischen Konzernrechts heute gefällt werden muss.

IV. Schlussfolgerungen für die zu erlassenden Normen

Der Sinn des eben geschilderten Vorgehens kann natürlich nicht darin bestehen, aus dem Angebot bestehender Konzernregelungen einige scheinbar sachgerechte Rechtssätze herauszugreifen und sie mit geringfügigen Änderungen versehen unserer Aktienrechtsordnung einzuverleiben. Auch als Einzelnormen wären diese Rechtssätze immer noch Konzernrecht im materiellen Sinn[31]. Ein solches Vorgehen hiesse, ohne einen diesbezüglichen Grundsatzentscheid ein Konzernrecht über die Hinterpforte in unser Recht einzuschmuggeln.

Die zu schaffenden Normen müssen sich vielmehr nahtlos ins Gefüge unserer bestehenden Aktienrechtsordnung einfügen, d.h. in Einklang mit den Grundprinzipien des geltenden Aktienrechts stehen.

Dies bedeutet vor allem, dass die "Fiktion selbständiger, im eigenen Interesse geleiteter Einzelgesellschaften"[32] einstweilen aufrechterhalten wird. Aus diesem Postulat ergeben sich zwei konkrete Erfordernisse:

---

31 Hier eine terminologische Anmerkung: Als *Konzernrecht im materiellen Sinn* ist jede Rechtsnorm zu betrachten, welche den Konzernbegriff zum rechtlich relevanten Tatbestandsmerkmal einer Rechtsnorm erhebt. Auch eine einzelne Bestimmung kann also *materiell* Konzernrecht sein; auf die Form kommt es nicht an.

32 Forstmoser/Meier-Hayoz § 44 N 24.

1. Die Einzelgesellschaft als rechtlich geschütztes Interessenzentrum

Andernorts stellt sich die Frage, in welchem Umfange das Konzerninteresse de lege lata Berücksichtigung finden darf[33]; hier wird untersucht, welchen Stellenwert der *Gesetzgeber* dem Konzerninteresse durch den Erlass einer Einzelnorm des Aktienrechts zubilligen darf. Theoretisch sind zwei Modelle denkbar: Das Konzerninteresse kann als eine dem Gesellschaftsinteresse gleichgeordnete rechtlich geschützte Eigengrösse (a) oder als Komponente des Gesellschaftsinteresses (b) aufgefasst werden:

a) Das Konzerninteresse als eine dem Gesellschaftsinteresse gleichgeordnete Grösse?

Diesen Weg hat das deutsche Konzernrecht in § 311 AktG bei der Regelung der Verantwortlichkeit der Obergesellschaft im faktischen Konzern beschritten: Danach entfällt eine Haftbarkeit der herrschenden Gesellschaft für schädigende Einflussnahme auf die Konzerngesellschaft, wenn sie den der Konzerngesellschaft zugefügten Nachteil ausgleicht. Diese in der deutschen Literatur umstrittene Lösung[34] beschränkt das Eigeninteresse der Gesellschaft durch die partielle Anerkennung eines selbständigen Konzerninteresses.

Im Rahmen einer Teilrevision des schweizerischen Aktienrechts ohne Einführung eines materiellen Konzernrechts kommt eine solche Regelung nicht in Betracht[35]: Solange der Konzern als Unternehmen — anders als im deutschen Recht — keine grundsätzliche Anerkennung gefunden hat, kann er auch nicht zum Träger eigener rechtlich geschützter Interessen erklärt werden.

b) Das Konzerninteresse als Komponente des Gesellschaftsinteresses?

Das Konzerninteresse kann also nur als *Komponente des Gesellschaftsinteresses*[36] rechtlichen Schutz finden. Es wäre nicht angängig, durch Erlass einer Einzelnorm des Aktienrechts dem Konzerninteresse einen grösseren Stellenwert zuzuweisen, als ihm das geltende Aktienrecht zubilligt.

An dieser Stelle sei kurz in Erinnerung gerufen, dass das Gesellschaftsinteresse de lege lata funktional im Sinne eines Ausgleichsprinzips zu verstehen ist, welches die Interessen aller Beteiligten in sich vereinigt[37].

---

33 Vgl. die Darlegungen vorn S. 94 ff.
34 Vgl. vorn S. 188, Anm. 18 ff.
35 Sie würde auch dem Grundsatz der Eigenverantwortlichkeit der Gesellschaftsorgane widersprechen.
36 Dies ist auch de lege lata der Fall.
37 Zum Gesellschaftsinteresse vgl. vorn S. 94 f.

2. Die normative Eigenverantwortlichkeit der Verwaltungsorgane

Das geltende Recht verpflichtet die Verwaltungsorgane der AG zwingend auf das Gesellschaftsinteresse[38]. Dieses haben sie in voller Eigenverantwortlichkeit zu wahren und zu fördern[39]. Die Eigenverantwortlichkeit der Verwaltungsorgane ist Ausfluss der an der Einzelgesellschaft als schützenswerter Eigengrösse festhaltenden Grundkonzeption unseres Aktienrechts.

Im Rahmen einer Teilrevision ohne materielles Konzernrecht kann dieser fundamentale Grundsatz nicht eingeschränkt werden. Unzulässig wäre daher z.B. die Einführung eines Weisungs*rechtes* der herrschenden Gesellschaft an die Organe der Konzerngesellschaft mit gleichzeitiger Verminderung ihrer persönlichen Verantwortlichkeit.

V. Weiteres Vorgehen

Auf dem Hintergrund dieser beiden Grundgedanken des geltenden Aktienrechts stellen wir für folgende Problemkreise einen Lösungsvorschlag zur Diskussion:

– die aktienrechtliche Verantwortlichkeit der Organe herrschender Gesellschaften für Einflussnahme auf die Geschäftsführung der beherrschten Gesellschaft,
– der Interessenkonflikt abhängiger Verwaltungsräte der Konzerngesellschaften,
– die Haftbarkeit der herrschenden Gesellschaft für Schädigung der Konzerngesellschaft, deren Aktionäre und Gläubiger.

B. Die Vorschläge im einzelnen

I. Die aktienrechtliche Verantwortlichkeit der Organe herrschender Gesellschaften für Einflussnahme auf die Geschäftsführung der beherrschten Gesellschaft

1. Vorbemerkung

Eingangs sei kurz die Problemstellung in Erinnerung gerufen: Als Mitglieder der Konzernleitung nehmen die Organe der Obergesellschaft in Ausübung der

---

[38] Nach OR 722 I hat die Verwaltung "die Geschäfte der Gesellschaft mit aller Sorgfalt zu leiten". Vgl. dazu Vischer/Rapp 144 ff. sowie vorn S. 88 f.
[39] Zum Grundsatz der Eigenverantwortlichkeit der Verwaltungsorgane vgl. vorn S. 88 f.

einheitlichen Leitung Geschäftsführungsfunktionen für die einzelnen Konzerngesellschaften wahr, obwohl sie *formell* nicht zu Organen der Konzerngesellschaft berufen worden sind. Es scheint billig, dass diese Personen in haftungsrechtlicher Hinsicht den ordentlichen Gesellschaftsorganen gleichgestellt sind.

Der Grundgedanke ist einfach: Wer in die Geschäftsführungsfunktionen einer Gesellschaft eingreift, soll dabei den Sorgfaltspflichten eines Gesellschaftsorgans unterworfen sein. Diese Lösung ist eine Anlehnung an den Treuhandgedanken des amerikanischen Rechts: Wer sich in die Geschäftsführung einer corporation einmischt, übernimmt dadurch fiduciary duties gegenüber der Gesellschaft[40].

Da sich eine aktienrechtliche Verantwortlichkeit der in die Geschäftsführung einer Gesellschaft eingreifenden Personen — zwar nicht unbestrittenermassen[41] — aus OR 754 ableiten lässt, geht es bei dem Vorschlag in erster Linie um Klarstellung und Präzisierung einer ansatzweise in der geltenden Rechtsordnung verankerten Lösung.

Vorab sind noch einige Fragen grundsätzlicher Natur abzuklären:

a) Zur Sorgfaltspflicht der Mitglieder der Konzernleitung

Es frägt sich, ob die haftungsrechtliche Gleichstellung der Organe der herrschenden Gesellschaft mit den Organen der abhängigen — in Konzernverhältnissen — der *tatsächlichen Interessenlage* entspreche: Kann vom Organ der Obergesellschaft im Konzern verlangt werden, die Belange der Konzerngesellschaft wie ein ordentliches Gesellschaftsorgan wahrzunehmen? Als Organe der Obergesellschaft sind die Mitglieder *organisatorisch* zur Wahrnehmung der Konzerninteressen berufen. Interessenmässig sind sie nicht völlig mit den Organen der Konzerngesellschaft gleichzustellen; in diesem Sinne äussert sich IMMENGA: "Von den Mitgliedern des Geschäftsführungsorgans einer unabhängigen Gesellschaft kann grundsätzlich erwartet werden, dass sie die Belange ihrer Gesellschaft fördern ... Demgegenüber lässt sich das herrschende Unternehmen typischerweise nicht von den Interessen der Gesellschaft leiten, für die es handelt."[42] Von ihm

---

40 Dass allerdings in der Übernahme des fiduciary-Gedankens wegen grundlegender Verschiedenheit der amerikanischen Rechtsordnung Zurückhaltung geboten ist, wurde bereits vorn S. 56 f. betont.
41 Vgl. zur aktienrechtlichen Verantwortlichkeit der Organe der Obergesellschaft vorn S. 38 ff.
42 Immenga 279; in ähnlicher Weise äussert sich Petitpierre-Sauvin 135: "Quelles seraient les 'obligations' des dirigeants du groupe si on leur appliquait l'art. 754 CO? Les mêmes que celles de l'administration d'une société isolée? ... Le devoir d'agir selon une politique indépendante, ou, au contraire, selon une politique du groupe? Ont-ils rempli leur devoir en effectuant une saine gestion du groupe dans son ensemble, ou doivent-ils veiller au bien de chaque société? Commettent-ils une faute en favorisant certaines sociétés au détriment d'autres? Autant de problèmes qui devront être laissés à la libre appréciation du juge et qui font que la responsabilité de l'actionnaire dominant ne peut pas être exactement calquée sur celle de l'administrateur de la filiale."

könne vernünftigerweise nicht erwartet werden, einen Interessenkonflikt zwischen Konzern und Konzerngesellschaft zugunsten der letzteren zu entscheiden. Dieser These kann ein tatsächliches und ein rechtliches Argument entgegengehalten werden: Ob ein Mitglied der Konzernleitung formal dem Verwaltungsrat der Konzerngesellschaft angehört oder nicht, beurteilt sich nach *organisatorischen* Kriterien. Vom rechtlichen Standpunkt aus muss darauf hingewiesen werden, dass die Einflussnahme auf die Geschäftsführung der Konzerngesellschaft grundsätzlich einen Verstoss gegen die aktienrechtliche Zuständigkeitsordnung darstellt[43], der rechtlich geahndet werden muss.

b) Das Erfordernis einer klar abgegrenzten Verantwortlichkeit

Durch den Erlass einer Haftungsnorm darf die aktienrechtliche Zuständigkeitsordnung nicht gestört werden. Als Organe der Obergesellschaft sind die Mitglieder keineswegs generell als − "verdeckte"[44] − Organe der Konzerngesellschaft anzusprechen. Voraussetzung einer Ausdehnung der aktienrechtlichen Verantwortlichkeit ist der aus eigenem Antrieb vorgenommene Eingriff in die vom Gesetz gewollte aktienrechtliche Zuständigkeitsordnung, d.h. die tatsächliche Ausübung von Geschäftsführungsfunktionen für die Konzerngesellschaft.

c) Regelung durch Erlass einer Verantwortlichkeitsnorm oder durch eine Spezialvorschrift?

Weiter frägt es sich, ob die gesellschaftsschädigende Einflussnahme durch Erlass einer Sondernorm nach dem Vorbild von § 117 AktG[45] oder durch Umformulierung von OR 754 erfasst werden soll. Da die Verantwortlichkeitsvorschriften des schweizerischen Aktienrechts − anders als die entsprechende Vorschrift § 93 AktG − die Passivlegitimation nach tatsächlichen und nicht nach rechtlichen Kriterien umschreibt[46], ist der Erlass einer Spezialvorschrift nicht notwendig und es genügt zur Präzisierung eine *Neuformulierung* von OR 754.

---

43 Zur aktienrechtlichen Zuständigkeitsordnung vgl. vorn S. 88 f.
44 So etwa Bürgi N 124 zu OR 753/4; a.M. Forstmoser, Aktienrechtliche Verantwortlichkeit N 496 ff.; Gehriger 105.
45 Zur Bedeutung von § 117 AktG vgl. vorn S. 121.
46 Vgl. dazu Gehriger 102 ff. mit Hinweisen.

2. Vorschlag

Vorgeschlagen wird die Einführung eines neuen zweiten Absatzes von OR 754[47]:

"Sodann unterliegen dieser Verantwortlichkeit bei Pflichtwidrigkeit alle natürlichen Personen, welche die Geschäftsführung oder Verwaltung der Gesellschaft tatsächlich ausüben."

3. Erläuterung des Vorschlages

a) Kodifikation der bestehenden Gerichtspraxis

Die vorgeschlagene Regelung ist im wesentlichen eine positivrechtliche Formulierung der Gerichtspraxis zum Verantwortlichkeitsrecht der AG: Danach ist Organ im Sinne von OR 754, "wer effektiv und in entscheidender Weise an der Bildung des Verbandswillens teilhat"[48].

Dass die Passivlegitimation bei der Verantwortlichkeitsklage nach OR 754 nach tatsächlichen und nicht nach rechtlichen Kriterien zu bestimmen sei, ist nicht bestritten. *Uneinigkeit* herrscht nur in der Frage, *wieweit* die Passivlegitimation über den Kreis der formell gewählten Verwaltungsorgane hinaus zu fassen sei. Der vorgeschlagene neue Absatz von OR 754 will hier Klarheit schaffen: Neben den mit "der Geschäftsführung betrauten Personen" unterwirft revOR 754 II diejenigen Personen der aktienrechtlichen Verantwortlichkeit, welche die Geschäftsführung ohne Betrauungsakt auf rein tatsächlicher Ebene ausüben oder beeinflussen.

Die vorgeschlagene Regelung kann als gesetzliche Umschreibung des durch die Gerichtspraxis und Lehre geschaffenen materiellen Organbegriffes bezeichnet werden[49].

b) Ausdrücklicher Ausschluss juristischer Personen von der Verantwortlichkeit

Anders als § 117 AktG[50] soll die Regelung nur natürliche Personen der aktienrechtlichen Verantwortlichkeit für gesellschaftsschädigende Einfluss-

---

47 Der jetzige Art. 754 III würde zu rev. OR 754 IV.
48 Forstmoser/Meier-Hayoz § 15 N 9 unter Bezugnahme auf BGE 87 II 187.
49 Zum materiellen Organbegriff vgl. vorn S. 45 ff.
50 § 117 AktG entspricht mit gewissen Abänderungen dem § 101 AktG 1937: Diese Vorschrift hatte vor allem die Erfassung des konzernmässigen Einflusses im Auge.

nahmen unterwerfen[51]. Die vorgeschlagene Regelung ist eine Norm des *Verantwortlichkeitsrechts*. M.E. ist es vorteilhaft, die Frage nach der Haftbarkeit der herrschenden Gesellschaft von derjenigen nach der persönlichen Verantwortlichkeit ihrer Organe in formaler Hinsicht zu trennen.

c) Die Anspruchsvoraussetzungen

Anspruchsvoraussetzungen sind nach dem Wortlaut der vorgeschlagenen Norm die tatsächlich erfolgte Ausübung von Geschäftsführungsfunktionen der Gesellschaft sowie Pflichtwidrigkeit: Wie § 117 AktG erfasst sie eine gesellschaftsschädigende Einflussnahme auf objektiver Grundlage, ist also kein Missbrauchstatbestand.

Der Vorschlag begnügt sich mit dem blossen Hinweis auf die Pflichtwidrigkeit und verzichtet bewusst auf eine nähere Umschreibung der massgeblichen Sorgfaltspflicht[52]. Damit soll dem Richter die Möglichkeit zur Interessenabwägung im Einzelfalle gegeben werden.

d) Die Anspruchsberechtigung

Da die vorgeschlagene Norm als Bestandteil der Vorschriften über die persönliche aktienrechtliche Verantwortlichkeit konzipiert ist, kann bezüglich Anspruchsberechtigung und Ersatz des mittelbaren Schadens auf OR 755 ff. (geltende Regelung) verwiesen werden.

e) Der Anwendungsbereich der Norm

Anders als § 117 AktG erfasst die Regelung auch die auf dem Wege der blossen Stimmrechtsausübung erfolgte Beeinflussung der Geschäftsführung[53]. Im Einzelfall gilt es abzuklären, ob eine tatsächliche Ausübung von Geschäftsführungsfunktionen vorliegt.

---

51 Anders konzipiert ist der von Gehriger 160 f. vorgebrachte Vorschlag für eine Umformulierung von OR 754: Auch er lehnt die Einführung einer materiell § 311 oder § 117 AktG entsprechenden Vorschrift ab, will aber mit der vorgeschlagenen Norm juristische und natürliche Personen erfassen. Damit verliert OR 754 m.E. aber den Charakter einer Norm über die *persönliche* Verantwortlichkeit.

52 Zu den Schwierigkeiten einer allgemeinen Umschreibung der den obergesellschaftlichen Organen gegenüber der Konzerngesellschaft obliegenden Sorgfaltspflichten vgl. vorn S. 68 f.

53 Nach § 117 VII AktG ist eine Haftung für den Fall ausgeschlossen, dass die Organe der Gesellschaft durch Stimmrechtsausübung zu der gesellschaftsschädigenden Handlung bestimmt worden sind.

RevOR 754 II ist keine spezifisch konzernrechtliche Norm und erfasst daher auch ausserhalb des Konzerntatbestandes erfolgende gesellschaftsschädigende Einflussnahme. In Betracht kommt die Haftung des Hauptaktionärs sowie des Hintermannes in Strohmannverhältnissen[54].

II. Die Regelung des Interessenkonfliktes abhängiger Verwaltungsräte

1. Vorbemerkung

Es frägt sich, ob durch Erlass einer Gesetzesnorm dem abhängigen Verwaltungsrat in der Lösung seines Interessenkonfliktes geholfen werden kann.

Eine auf den ersten Blick einleuchtende Lösung bestünde in der Einführung eines Weisungsrechtes der herrschenden Gesellschaft an die Organe der beherrschten und in der Modifikation ihrer Verantwortlichkeit für den Fall der Weisungsbefolgung[55].

Neben grundlegenden theoretischen Bedenken[56] sind auch praktische Argumente gegen einen solchen Vorschlag ins Feld zu führen: Neben ihrer pönalen Funktion dienen die Verantwortlichkeitsvorschriften dem Schutz der Aktionäre und Gesellschaftsgläubiger. Da letzten Endes in jedem Verwaltungsrat menschliches Verhalten ausschlaggebend ist, vermag allein eine scharfe persönliche Verantwortlichkeit der Gesellschaftsorgane für Pflichtwidrigkeit den Schutz der Gesellschaft, ihrer Aktionäre und Gläubiger sicherzustellen. Die Gefährdung von Aktionärs- und Gläubigerinteressen in der Konzerngesellschaft stellt besonders hohe Anforderungen an die Integrität und Urteilskraft abhängiger Konzernverwaltungsräte.

Die Einführung eines Weisungsrechts der Konzernspitze mit Wegfall der Verantwortlichkeit konzerngesellschaftlicher Organe bei Weisungsbefolgung hätte eine zusätzliche Gefährdung der Konzerngesellschaft zur Folge. Mit RASCH stellen wir fest: "Wer nicht bereit ist, ein Mindestmass eigener Verantwortung für die selbständige Leitung eines Unternehmens ... zu übernehmen, der möge davon absehen, Vorstandsmitglied einer Aktiengesellschaft ... zu werden."[57]

In diesem Zusammenhang sei darauf hingewiesen, dass auch die Befugnis zum Nachteilsausgleich nach § 311 AktG im faktischen Konzern nichts an der Ver-

---

54 Zu diesen Fragen vgl. Forstmoser, Aktienrechtliche Verantwortlichkeit N 491 ff.
55 Eine solche Lösung findet sich im deutschen Recht für den *Vertragskonzern* nach § 310 III AktG: "Eine Ersatzpflicht der Verwaltungsmitglieder der Gesellschaft besteht nicht, wenn die schädigende Handlung auf einer Weisung beruht, die nach § 308 II zu befolgen war." Vgl. dazu Emmerich/Sonnenschein 195; Godin/Wilhelmi § 310 N 5.
56 D.h. die Unvereinbarkeit einer solchen Regelung mit dem Grundsatz der normativen Eigenverantwortlichkeit der Gesellschaftsorgane, vgl. dazu vorn S. 88 f.
57 Gutachten 40.

antwortlichkeit der Vorstandsmitglieder abhängiger Konzerngesellschaften zu ändern vermag[58].

Am Grundsatz der Eigenverantwortlichkeit der Verwaltungsorgane darf daher im Rahmen einer Teilrevision des Aktienrechts nicht gerüttelt werden. Alle Handlungen abhängiger Konzernverwaltungsräte sind trotz ihrer faktischen Weisungsunterworfenheit nach dem Grundsatz "quamvis coactus tamen voluit"[59] zu beurteilen.

2. Vorschlag

Vorgeschlagen wird ein dritter Absatz von OR 722:

"Die Verwaltungsorgane abhängiger Gesellschaften befolgen die Weisungen herrschender Gesellschaften unter eigener Verantwortlichkeit. Sie sind nur in dem Masse von ihrer Verantwortlichkeit befreit, als sie die Interessen der abhängigen Gesellschaft in zumutbarem Masse pflichtgemäss wahrgenommen haben."

3. Erläuterung des Vorschlages

Nach den vorgängigen Bemerkungen muss dieser Vorschlag als *Präzisierung* und *Konkretisierung* des in OR 722 I umschriebenen Grundsatzes der allgemeinen Sorgfaltspflicht verstanden werden. Er kann keine grundlegende Modifikation der Verantwortlichkeitsvorschriften bringen.

a) Präzisierung

Wenn sich auch die Eigenverantwortlichkeit der Verwaltungsorgane aus der geltenden Rechtsordnung ableiten lässt[60], so scheint doch die ausdrückliche Formulierung dieses Grundsatzes nach dem Vorbild von § 76 I AktG[61] im Hinblick auf Konzernverhältnisse ratsam. Damit soll betont werden, dass an diesem Grundsatz auch in Konzernverhältnissen nicht gerüttelt werden kann.

---

58 Nach Emmerich/Sonnenschein 227 ist § 318 AktG "weitgehend überflüssig" und nicht geeignet, "etwas an der allgemeinen Organhaftung von Vorstand und Aufsichtsrat aufgrund §§ 93 und 116 AktG" zu ändern; vgl. weiter Biedenkopf/Koppensteiner, Kölner Kommentar § 318 N 6; Gadow/Heinichen § 318 N 1.
59 Gadow/Heinichen § 318 N 1.
60 Zur Eigenverantwortlichkeit der Verwaltungsorgane vgl. vorn S. 88 f.
61 Vgl. Mertens, Kölner Kommentar § 76 N 5.

b) Konkretisierung

Die ausdrückliche Verpflichtung der Verwaltungsorgane abhängiger Gesellschaften bringt eine Konkretisierung ihrer Sorgfaltspflichten: Einen allfälligen Interessenkonflikt zwischen der beherrschenden Gesellschaft und der beherrschten haben die Verwaltungsorgane zugunsten der letzteren zu entscheiden.

Von den Verwaltungsorganen abhängiger Gesellschaften kann aber nicht immer eine unfehlbare unternehmerische Entscheidung verlangt werden. Die Wendung "in zumutbarem Masse" gibt dem Richter die Möglichkeit, die konkrete Interessenlage objektiv zu würdigen[62].

Der Hinweis auf die Weisungsbefolgung soll daran erinnern, dass in Konzernverhältnissen Weisungen ohne Rücksicht auf ihre *rechtliche* Erzwingbarkeit *tatsächlich* befolgt werden. Über die rechtliche Zulässigkeit solcher Weisungen äussert sich der Vorschlag mit Absicht nicht.

III. Die Haftbarkeit der herrschenden Gesellschaft für Schädigung der Konzerngesellschaft, ihrer Aktionäre und Gläubiger

1. Vorbemerkung

Der nachfolgende Vorschlag zur Begründung einer Haftbarkeit der Obergesellschaft für gesellschaftsschädigende Einflussnahme auf die Konzerngesellschaft soll keineswegs unter dem Motto "Haftung um jeden Preis" erfolgen. Anzustreben ist vielmehr eine Regelung, welche dem Gebot der *Gerechtigkeit* und der *Rechtssicherheit* entspricht, d.h. eine *begrenzte* und *voraussehbare* Haftung der Obergesellschaft. Sie soll nur so weit gehen, wie die Konzerngewalt reicht.

Aus diesem Grunde fällt etwa eine gesamtschuldnerische Haftung der Obergesellschaft für die Verbindlichkeiten der Konzerngesellschaft[63] oder das Institut des jährlichen Verlustausgleiches[64] als Vorschläge ausser Betracht. Angeknüpft werden soll vielmehr an den in Konzernverhältnissen häufigen Tatbestand der personellen Verflechtung, wo die Konzernspitze kraft ihres Stimmrechts Interessenvertreter in die Verwaltung der Konzernspitze entsendet.

In diesem Fall ist es wünschbar, dass die delegierende Gesellschaft in beschränktem Masse für die Handlungen ihrer Vertreter im Verwaltungsrat der

---

62 In methodischer Hinsicht liegt eine Lücke intra legem (Verweisungslücke) vor; vgl. Meier-Hayoz N 262 ff. zu ZGB 1.
63 Vgl. Art. 239 ff. des Statuts für eine Europäische Aktiengesellschaft.
64 Vgl. § 311 AktG.

aufnehmenden Gesellschaft haftet. Die Ausübung der Konzerngewalt muss billigerweise ihre haftungsrechtliche Entsprechung finden.

Die Haftbarkeit der Obergesellschaft für ihre Vertreter im Verwaltungsrat der aufnehmenden Gesellschaft lässt sich m.E. mit der Rechtsfigur der Doppelorganschaft[65] begründen. Diese Frage ist umstritten[66]; daher bedarf sie der positivrechtlichen Entscheidung.

Gegen eine Haftbarkeit der entsendenden Gesellschaft mag angeführt werden, diese Regelung sei unvereinbar mit der Eigenverantwortlichkeit der Verwaltungsorgane; diese seien zur ausschliesslichen Wahrnehmung der Gesellschaftsinteressen verpflichtet, ein Weisungsrecht der herrschenden Gesellschaft könne nicht angenommen werden[67]. Diese Argumente sind nicht triftig; sie sind an anderer Stelle widerlegt worden[68]. Die normative Eigenverantwortlichkeit und das damit eng zusammenhängende Fehlen eines Weisungsrechtes stehen der Einführung einer solchen Haftung nicht im Wege. Diese Haftung knüpft nicht an *rechtliches Dürfen,* sondern an *tatsächliches Können* an[69].

2. Vorschlag

Vorgeschlagen werden ein vierter und ein fünfter Absatz von OR 707:

"In diesem Falle haftet sie solidarisch mit den Vertretern gegenüber der aufnehmenden Gesellschaft sowie ihren Aktionären und Gläubigern für das pflichtwidrige Verhalten ihrer Vertreter, wenn diese im Hinblick auf die Interessen der entsendenden Gesellschaft gehandelt haben.
Für die Geltendmachung des mittelbaren Schadens durch Aktionäre und Gläubiger gelten sinngemäss die Vorschriften über die persönliche aktienrechtliche Verantwortlichkeit."

---

65 Zur Haftbarkeit der Obergesellschaft aus doppelter Organschaft vgl. vorn S. 152 ff.
66 Vgl. vorn S. 153 ff.
67 Vgl. W. von Steiger, Rechtsverhältnisse 314a: "Der Vertreter des Aktionärsunternehmens (HG) ist aber, als Vertreter, Organ der Tochtergesellschaft, nicht der HG. Eine Haftung der HG für ihre Vertreter in der Verwaltung der Tochtergesellschaft aus ZGB 55 und OR 718 Abs. 3 abzuleiten, scheint daher mit der grundsätzlichen Stellung eines Mitgliedes der Verwaltung und der besonderen Ordnung von OR 718 Abs. 3 nicht vereinbar."
68 Vgl. vorn S. 158 f.
69 Diese Konsequenz hat unsere Rechtsordnung im Bereiche der handelsrechtlichen Stellvertretung gezogen; vgl. dazu Meier-Hayoz/Forstmoser § 5 N 211 ff.

3. Erläuterung des Vorschlages

Auch dieser Vorschlag enthält im Grunde nichts anderes als die positivrechtliche Niederlegung einer Haftung, welche m.E. schon aus dem geltenden Recht abgeleitet werden kann[70]. Folgende Merkmale charakterisieren den Lösungsvorschlag:

a) Funktioneller Zusammenhang zwischen Pflichtwidrigkeit und der Interessenvertretung als Voraussetzung einer Haftung der Obergesellschaft für das Verhalten ihrer Vertreter

Die Einsitznahme von Vertretern der Obergesellschaft in den Verwaltungsrat der Konzerngesellschaft bewirkt *allein* noch keine Haftbarkeit der Obergesellschaft für das pflichtwidrige Verhalten des Vertreters. Es wäre unbillig, der entsendenden Gesellschaft generell eine Haftbarkeit für pflichtwidriges Verhalten ihrer Vertreter aufzuerlegen. Diese Lösung würde die juristische Person gegenüber der natürlichen ungerechtfertigterweise schlechterstellen[71].

Eine Haftung der entsendenden Gesellschaft für ihren Vertreter lässt sich nur dann rechtfertigen, wenn der Vertreter die Pflichtverletzung im Interesse der entsendenden Gesellschaft begangen hat. Voraussetzung der Haftung ist m.a.W. ein funktioneller Zusammenhang zwischen der Pflichtverletzung und der Interessenvertretung[72].

b) Haftung der entsendenden Gesellschaft für Pflichtwidrigkeit des Vertreters

Die vorgeschlagene Norm auferlegt der entsendenden Gesellschaft die Haftbarkeit für *Pflichtwidrigkeiten,* welche die Vertreter in ihrem Interesse begehen. Auch wenn das Verhalten des Vertreters im Verwaltungsrat der aufnehmenden Gesellschaft den Tatbestand der unerlaubten Handlung nicht erfüllt, sondern eine Verletzung relativer Sorgfaltspflichten darstellt, erfolgt die Zurechnung. Die vorgeschlagene Norm erfasst also auch diejenigen Fälle, in denen sich eine Haftbarkeit der Obergesellschaft aus Doppelorganschaft nach geltendem Recht nicht begründen lässt[73].

---

70 Zur Haftbarkeit der Organe der Obergesellschaft aus doppelter Organschaft vgl. vorn S. 152 ff.
71 In diesem Sinne auch Mertens, Kölner Kommentar § 76 N 31.
72 Ob der funktionelle Zusammenhang gegeben ist, ergibt sich aufgrund einer Interessenabwägung.
73 Vgl. dazu vorn S. 164.

c) Primärer Schutz der aufnehmenden Gesellschaft

Unmittelbar geschädigt durch rechtswidrige Beeinflussung ist in den meisten Fällen die Gesellschaft, und die Aktionäre erleiden nur mittelbar einen Schaden. Zur Klage wäre vor allem die geschädigte Gesellschaft legitimiert. Da die aufnehmende Gesellschaft in Konzernverhältnissen meist beherrscht ist, kommt eine Schadenersatzklage von ihrer Seite her kaum in Betracht.

In analoger Anwendung von OR 755[74] billigt der Vorschlag den mittelbar geschädigten Aktionären und Gläubigern der aufnehmenden Gesellschaft ein Recht zur Klage auf Schadenersatzleistung an die Gesellschaft zu.

d) Allgemeiner Charakter der Norm

Auch wenn die Haftbarkeit der entsendenden Gesellschaft für ihre Vertreter vor allem in Konzernverhältnissen aktuell werden wird, so knüpft die vorgeschlagene Norm doch bewusst an den allgemeinen Tatbestand der personellen Verflechtung an. Sie erhält damit einen allgemeinen Charakter: Als *aktienrechtliche Vorschrift* kann sie auch ausserhalb des Konzerntatbestandes Anwendung finden. Sie erfasst z.B. die Interessensvertretung von Banken in den Verwaltungsräten der von ihnen kontrollierten oder beeinflussten Industrieunternehmen.

e) Keine Äusserung über die rechtliche Zulässigkeit der Weisungserteilung

Die zur Diskussion gestellte Regelung knüpft an den Tatbestand der Interessenvertretung an und erwähnt die Weisungserteilung mit keinem Wort. Dogmatischen Auseinandersetzungen mit der Frage nach der Zulässigkeit der Weisungserteilung geht sie aus dem Wege; sie stellt lediglich fest, *dass* Weisungen in praxi erteilt werden und regelt deren haftungsrechtliche Konsequenzen.

C. Schlussfolgerungen

Im Rahmen einer Teilrevision des Aktienrechts *ohne Erlass konzernrechtlicher Normen* können die in dieser Arbeit dargestellten Haftungsprobleme nur in beschränktem Masse einer befriedigenden Lösung zugeführt werden.

---

74 Hier fallen die Bedenken gegen eine extensive Anwendung von OR 755 auf andere ähnlich liegende Fälle weg; es handelt sich um den *Erlass* einer Norm und nicht um einen richterlichen Entscheid.

Der Grund dafür ist darin zu erblicken, dass unsere geltende Rechtsordnung dem Konzern grundsätzlich die rechtliche Anerkennung versagt und sich darauf beschränkt, im Einzelfalle an den Tatbestand der faktischen Ausübung der Konzerngewalt bestimmte Rechtsfolgen zu knüpfen.

Diese Antinomie zwischen der rechtlichen Nichtanerkennung der Konzerngewalt und ihrer tatsächlichen Ausübung lässt sich nur mit einem *Grundsatzentscheid über den Erlass eines Konzernrechtes* überwinden. Die Konzeption von der Einzelgesellschaft als rechtlich geschütztem Interessenzentrum und der Grundsatz der Eigenverantwortlichkeit der Verwaltungsorgane der AG müssen zu diesem Zwecke neu überdacht werden.